CB141638

B. F. SKINNER

UMA BIOGRAFIA DO COTIDIANO CIENTÍFICO

ROBSON NASCIMENTO DA CRUZ

B. F. SKINNER

UMA BIOGRAFIA DO COTIDIANO CIENTÍFICO

Artesã

B. F. Skinner: uma biografia do cotidiano científico

Copyright © 2020 Artesã Editora

2ª edição, **1ª reimpressão 2024**

É proibida a duplicação ou reprodução deste volume, no todo ou em parte, sob quaisquer formas ou por quaisquer meios (eletrônico, mecânico, gravação, fotocópia, distribuição na Web e outros), sem permissão expressa da Editora.

DRETOR
Alcebino Santana

DIREÇÃO DE ARTE
Tiago Rabello

REVISÃO
Silvia P. Barbosa

IMAGEM DE CAPA
ALAMY LIMITED – 6 8 West Central, 127 Olympic Avenue, Milton Park, Abingdon, Oxon, OX14 4SA United Kingdom

PROJETO GRÁFICO E DIAGRAMAÇÃO
Conrado Esteves

C957 Cruz, Robson Nascimento da.

B. F. Skinner : uma biografia do cotidiano científico / Robson Nascimento da Cruz . 2. ed. – Belo Horizonte : Artesã, 2020.

254 p. ; 23 cm.

ISBN: 978-85-7074-016-8

1. Skinner, B. F. (Burrhus Frederic), 1904-1990. 2. Psicologia. 3. Biografia. I. Título.

CDU 929Skinner, B. F.

Catalogação: Aline M. Sima CRB-6/2645

IMPRESSO NO BRASIL
Printed in Brazil

(31)2511-2040 (31)99403-2227
www.artesaeditora.com.br
Rua Rio Pomba 455, Carlos Prates - Cep: 30720-290 | Belo Horizonte - MG
/artesaeditora

Lista de abreviaturas e siglas

ABA	Associação de Análise do Comportamento
ANOVA	Análise de Variância
APA	American Psychological Association
EPA	Eastern Psychological Society
JABA	Journal of Applied Behavior Analysis
JCPP	Journal of Comparative and Physiological Psychology
JEAB	Journal of the Experimental Analysis of Behavior
PSI	Personalized System of Instruction
SEAB	Sociedade de Análise Experimental do Comportamento

Arquivos consultados

Arquivo B. F. Skinner na Universidade de Harvard

Arquivo Fred S. Keller na Universidade de Hampshire

Agradecimentos

Sempre li com curiosidade as sessões de agradecimentos de dissertações, teses e livros. Esses supostos apêndices textuais nunca deixaram de intrigar-me, talvez porque revelam e ao mesmo tempo ocultam algo sobre a escrita de qualquer trabalho acadêmico: eles são compostos de muito mais do que aquilo que neles está escrito. Essa sensação, com certeza, perpassou toda a escrita deste livro. Mas, na impossibilidade de elencar tudo aquilo e todos aqueles que exerceram papel na pesquisa que o originou, agradeço àqueles que não poderia deixar de agradecer.

Primeiro, agradeço à professora Carolina Laurenti e ao professor Carlos Eduardo Lopes. Ainda na graduação, perdido na tentativa de fazer uma pesquisa teórica, e iludido com o fato de que essa tarefa era mais fácil do que imaginava, acolheram-me com verdadeiro respeito e autêntico interesse pelo meu trabalho. Agradeço, ainda, por terem, talvez, sem saber, me dado a oportunidade de compartilhar durante anos, em diferentes eventos científicos, passagens esboçadas daquilo que foi virando a minha tese de doutorado e agora este livro. Sinceramente, sem vocês minha tese não teria sido finalizada e este livro não teria sido escrito. Muito obrigado!

Agradeço aos meus amigos da vida cotidiana belorizontina: Otacílio de Oliveira Junior, Ramon Cardinali e Junio Rezende. Durante anos compartilhei passagens deste livro com vocês e durante anos vocês têm me dado retorno daquilo que tento – e a verdade é essa mesma – escrever. É bom saber que vida acadêmica e amizade podem andar juntas. Também agradeço a Luciana Maria de Souza pelos comentários de diversas partes deste texto e pelo apoio para que eu decidisse fazer a pesquisa que eu realmente deveria estar fazendo naquele momento. Igualmente, agradeço aos professores José Antônio Damásio Abib e Kester Carrara. Ao primeiro, por tornar a pesquisa histórica e conceitual em psicologia algo palpável em minha trajetória. Seus textos, suas palestras e cursos nos encontros da ABPMC foram fundamentais para me aproximar da obra de Skinner. Ao segundo, agradeço pelos contatos, ainda que virtuais, para leitura de alguns de meus textos, anos atrás, quando esse livro era um mero esboço. Seu excelente livro sobre a história do behaviorismo skinneriano definiu o início da pesquisa que me levou a escrever este manuscrito. Ainda como parte inevitável do percurso que me levou a escrever este livro, agradeço à professora Maria Cristiana Seixas Villani por ter me apresentado a vida e o pensamento de Skinner para além da caricatura e do preconceito tão comuns na formação em psicologia no Brasil. A Maria Teresa de Melo Carvalho sou grato por propiciar espaço para que os traumas que perpassam toda escrita não impedissem a existência da *minha* escrita.

Algumas passagens deste livro foram previamente publicadas na *Scientiae Studia*, *Psicologia: Teoria e Pesquisa* e *Perspectivas em Análise do Comportamento*.[1] Contudo, grande parte deste livro procede de ampla revisão destas publicações e de minha tese de doutorado.[2] Para esse empreendimento foi fundamental minha estada no Arquivo da Universidade de Harvard para o acesso, especialmente, aos documentos pessoais de Skinner. Agradeço à equipe do arquivo pela hospitalidade e pelo auxílio sempre eficiente na busca e localização de informações.

No processo de revisão deste livro, três pessoas foram vitais. Os revisores Tiago Starling de Mendonça, Viviane Baggio e Silvia Barbosa. Obrigado pelo cuidado e esforço em tornar este texto melhor. Também agradeço ao professor Marcus Bentes de Carvalho Neto. Os comentários

1 CRUZ, R. N. Desconhecimento e liberdade no caminho de uma nova ciência do comportamento. *Scientiae Studdia*, v. 12, n. 3, p. 465-490, 2014. CRUZ, R. N. Da informalidade à formalidade: o percurso inicial da organização social da análise do comportamento. *Perspectivas em Análise do Comportamento*, v. 2, n. 1, p.77-89, 2011. CRUZ, R. N. Percalços na história da ciência: B. F. Skinner e a aceitação inicial da Análise Experimental do comportamento entre as décadas de 1930 e 1940. *Psicologia: Teoria. e Pesquisa*, v.27, n.4, p.545-554, 2011 .

2 CRUZ, R. N. B. F. *Skinner e a vida científia: uma história da organização social da análise do comportamento.* Belo Horizonte, 2013. Tese (Doutorado em Psicologia) – Universidade Federal de Minas Gerais.

detalhados e críticos, quando da defesa de minha tese de doutorado, orientaram inúmeras decisões no processo de revisão para a escrita deste livro. Um dia, meu amigo Cyro Almeida me disse que eu precisava ir para os Estados Unidos, para terminar meu livro. Muito obrigado pelo incentivo! Eu fui. Igualmente sou grato a toda equipe da Editora Artesã pela presteza em todo o processo editorial. Em especial, agradeço a Karol Oliveira pelo cuidado na composição da capa do livro.

Por último, agradeço à Fundação de Amparo à Pesquisa do Estado de São Paulo (FAPESP) pelo auxílio financeiro durante a realização de estágio de pós-doutorado na Pontifícia Universidade Católica de São Paulo.[3] Não raro, as condições econômicas e materiais determinantes da possibilidade do trabalho acadêmico efetivamente acontecer são apagadas do discurso acadêmico. Não é o caso aqui. O dinheiro público destinado à pesquisa foi fundamental para a realização deste projeto.

[3] Estágio de pós-doutorado FAPESP, processo 15/00514-0, realizado, entre 2015 e 2017, no departamento de psicologia da PUC-SP.

Por que uma biografia do cotidiano científico

Nada mais distante da imagem pública da ciência do que a concretude do cotidiano científico. Por um lado, na televisão, nos jornais, nas revistas e nos demais meios de comunicação de massa, a ciência é ilustrada como uma atividade reservada a poucos homens e mulheres, que, com aventais brancos e mentes superiores, isolados em seus laboratórios, passam os dias desvendando a natureza em busca da verdade. Por outro lado, mesmo o mais neófito dos cientistas reconhece o seu ofício como uma atividade eminentemente coletiva, hierarquizada e orientada mais para a manutenção da tradição do que para a procura do novo e do revolucionário. Ainda assim, quando se dedicam ao ensino da história da ciência que praticam, grande parte dos cientistas conservam uma narrativa na qual a celebração do esforço individual dos chamados grandes homens prevalece. Com isso, os cientistas vivem o cotidiano de uma forma, mas narram a sua história de outra.

Essa dissonância silencia o dia-a-dia da vida científica como fenômeno digno de apreciação histórica. Não por acaso, informações biográficas ocupam, no máximo, barras laterais ou tópicos separados nas páginas iniciais de publicações introdutórias das mais diversas disciplinas científicas, evidenciando a separação arbitrária entre vida e ciência. O desdém pelo cotidiano e pela biografia na historiografia da ciência simboliza a recusa moderna em vislumbrar o ofício científico para além de seus produtos intelectuais, em vê-lo como um modo de vida que está submetido ao inevitável transcorrer da diversidade de relações interpessoais e às incontáveis regras informais e tácitas de qualquer grupo social.[4]

[4] SODERQVIST, T. No genre of history fell under more odium than that of biography: the delicate relations between scientific biography and the historiography of science. In SODERQVIST,

Na contramão do ensino tradicional de história da ciência, o propósito neste livro foi o de incluir o cotidiano no rol dos fenômenos legítimos de pesquisa histórica, tirando-o do lugar de mero pano de fundo das realizações intelectuais. Para tanto, investiguei a trajetória acadêmica do psicólogo experimental estadunidense B. F. Skinner, de modo a compor uma biografia da vida científica. Skinner é um desses nomes que suscita em certos leitores e leitoras reações exaltadas, por meio de rótulos definitivos e depreciativos sobre seu papel histórico na ciência do século XX, como um arauto do cientificismo na psicologia. Por isso, nada mais esperado do que questionamentos sobre a relevância do estudo da vida de tal personalidade, uma vez que, na visão de seus críticos, Skinner só poderia ter concebido a ciência como atividade neutra e, por conseguinte, imune aos pormenores da vida cotidiana.

A resposta que ofereço para indagações dessa natureza é que, exatamente por ser classificado como essa figura histórica monolítica – para não dizer caricata – do cientista moderno, a escrita de uma biografia de Skinner propicia um peculiar estudo de caso na história da ciência por permitir desvelar a inevitabilidade das relações entre a vida cotidiana e ciência. Além disso, talvez seja inusitado para críticos e até mesmo para os admiradores mais fervorosos de sua obra que Skinner tenha deixado rastros historiográficos abundantes para uma história sobre seu cotidiano na ciência. Evidência disso encontra-se nos três volumes de sua extensa e surpreendente autobiografia. Essa obra, composta por mais de 1.200 páginas, caracteriza-se pela enfática e meticulosa descrição sobre sua vida pública e privada, por meio de estilo literário no qual predominam a fragmentação narrativa, a ausência de compromisso com uma história dos grandes homens e uma reflexão sobre o valor epistemológico da autobiografia para a história da ciência.

As particularidades da autobiografia de Skinner tornam-se notáveis quando esta é comparada com a narrativa de vida de outros pensadores dos séculos XIX e XX. Basta dizer que, diferente de Skinner, nomes como Darwin, Einstein e Freud rejeitaram veementemente a legitimidade epistemológica do relato autobiográfico para a compreensão de suas

T. (Ed.), *The history and poetics of scientific biography* (pp. 241-262). Aldershot, HAM: Ashgate., 2006. TERRALL, M. Biography as cultural history of science. *Isis*, v. 97, p. 306-313, 2006.

realizações intelectuais.[5] Freud, por exemplo, possivelmente o maior responsável pela ascensão teórica e metodológica da biografia nas ciências humanas e sociais, ao longo do século XX, alegou, de modo ambíguo e um tanto esquivo, em sua lacônica autobiografia de pouco mais de 80 páginas, que:

> Dois temas atravessam estas páginas: a estória da minha vida e a história da psicanálise. Elas estão intimamente interligadas. Este estudo autobiográfico mostra como a psicanálise surge do conteúdo integral da minha vida e acertadamente assume que nenhuma das minhas experiências pessoais de vida são de qualquer interesse em comparação com minhas relações com aquela ciência.[6]

Quando comparada com as afirmações de Skinner sobre o papel explicativo de sua autobiografia para uma interpretação do seu pensamento, essa passagem da autobiografia de Freud, recorrentemente utilizada nos estudos biográficos da ciência como exemplar do temor de qualquer sinal do vínculo entre vida e obra,[7] sugere que, contrário à tradição, Skinner horizontaliza vida e ciência, como poucas vezes identificou-se na narrativa de vida de um cientista. A autobiografia de Skinner rompe com convenções culturais sedimentadas, na história da ciência, sobre as formas de descrever a vida em primeira pessoa, e mais: expõe que aquele psicólogo que teria relegado a subjetividade a mero epifenômeno, teve entre um dos seus maiores esforços intelectuais narrar seus pensamentos e sentimentos sobre o universo informal e privado da ciência.[8]

Se a autobiografia de Skinner é peculiar em sua composição e rica em detalhes das relações entre sua vida e sua ciência, então o próprio biografado já não teria dito tudo que havia para dizer sobre sua vida?

[5] BARLOW, N. (Ed.). *The autobiography of Charles Darwin:* 1809-1882. New York: W.W. Norton & Company, 1958. EISNTEIN, A. *Notas autobiográficas.* Rio de Janeiro: Nova Fronteira, 1982. FREUD, S. *The Standard Edition of the Complete Psychological Works of Sigmund Freud.* v. 20. London: Hogarth Press, 1958.

[6] FREUD, op. cit., p. 71.

[7] SHORTLAND, M.; YEO, M. *Telling lives in science: essays on scientific biography.* Cambridge, UK: Cambridge University Press, 1996.

[8] Se considerarmos que as três autobiografias de Skinner, sem contar seus demais textos autobiográficos, constituem uma obra, com um tema único, sua vida, então, sua autobiografia representa sua mais extensa obra sobre um único assunto.

A resposta que apresento a essa plausível pergunta é que a narrativa autobiográfica de Skinner, como toda narrativa de vida, é apenas uma variante da história, pautada em documentos, critérios e intenções delimitadas pelo próprio narrador, em um determinado tempo histórico e espaço social. O que Skinner oferece em sua autobiografia, como ele mesmo assumiu, é somente uma versão da sua vida.[9] Mas não uma versão qualquer, pois ao entrar em contato com o discurso autobiográfico de Skinner, seus leitores e leitoras deparam-se com um texto que impede a apreensão imediata de qualquer sentido lógico e linear que oriente uma história integral sobre qualquer âmbito de sua existência. Sobre isso, Coleman comenta que:

> Unidade e coerência não são imediatamente aparentes quando uma pessoa examina o desenvolvimento pessoal de B. F. Skinner, como foi reportado em suas autobiografias (Skinner, 1976, 1979, 1983), e compara esse desenvolvimento com as vidas dos indivíduos que dizem terem sido dominados por um pequeno número de problemas relacionados e persistentes como, por exemplo, Carl Jung (Jung, 1961). (p. 48). Por essas razões, a descrição do texto autobiográfico de Skinner "deixa o leitor com um leque de percepções" no qual "os fatos" da vida de Skinner normalmente suportam a impressão de diversidade.[10]

As dificuldades para se depreender uma coerência histórica da autobiografia de Skinner, capaz de suportar a construção de qualquer narrativa sobre as mais distintas dimensões de sua vida, têm sido superadas pelo empenho metodológico de pesquisadores de diferentes campos do conhecimento. Foi assim que o próprio Coleman empreendeu uma análise conceitual das origens de uma nova ciência do comportamento como resultado da iconoclastia de Skinner no cenário acadêmico da psicologia experimental estadunidense[11]; que Cerullo formulou uma tipologia social de Skinner como um cientista mais próximo da tradição

[9] SKINNER, B. F. *A Matter of Consequences*. New York: University Press, 1984. p. 400-401.

[10] COLEMAN, S. R. Quantitative Order in B.F. Skinner's Early Research Program, 1928-1931. *The Behavior Analyst*, v. 10, p. 47-65, 1987.

[11] COLEMAN, S. F. Historical Context and Systematic Function of the Concept of the Operant. *Behaviorism*, v. 9, p. 207-225, 1981.

intelectual europeia do final do século XIX do que da tradição acadêmica estadunidense do mesmo período[12]; e que Demorest e Siegel interpretaram o estilo literário de passagens da autobiografia de Skinner como simbólicas de traços marcantes da personalidade daquele psicólogo, como sua busca constante por independência intelectual, e concluíram que os modos de Skinner "olhar para o mundo são revelados em seu trabalho profissional, assim como em sua história de vida".[13]

Embora relevantes na criação de estratégias metodológicas para análise do relato de vida de Skinner, tais estudos, assim como as principais biografias sobre o psicólogo estadunidense, pouco exploraram uma das características marcantes da sua autobiografia: sua vasta e difusa descrição do cotidiano científico – elemento essencial na pesquisa que deu origem ao presente livro. A despeito de valiosa fonte de pesquisa, o recurso apenas à autobiografia de Skinner seria limitado e indesejável para a escrita de uma biografia do seu cotidiano científico. Por essa razão, pesquisei, também, em seu arquivo pessoal na Universidade de Harvard, e no arquivo pessoal do principal divulgador e primeiro adepto da ciência skinneriana, Fred S. Keller, locado na biblioteca da Universidade de New Hampshire. Igualmente, consultei, nesses e em outros locais, documentos da primeira e segunda geração de praticantes da ciência skinneriana, de personagens renomados na história da psicologia estadunidense e de outras personagens e instituições que, de uma forma ou de outra, entrelaçam-se à trajetória acadêmica de Skinner e da organização social de sua ciência. Da mesma forma, dediquei-me à pesquisa da produção biográfica sobre Skinner, de maneira a avaliar as diferentes versões de sua vida acadêmica que dela surgem, e que se relacionam com a construção de uma dimensão especial que aqui se buscou narrar: as relações sociais no dia a dia das instituições acadêmicas e os modos de ação dos cientistas na informalidade do cotidiano científico.

A compilação e a análise das fontes mencionadas estabeleceram as bases para a formulação da tese histórica que perpassa esta biografia, a saber,

[12] CERULLO, J. J. Skinner at Harvard: Intellectual or mandarin? In: SMITH, L. D.; WOODWARD, W. R. (Ed.). *B. F. Skinner and behaviorism in American culture.* Cranbury, NJ: Associated University Presses, 1996. p. 215-236.

[13] DEMOREST, A. P.; SIEGEL, P. Personal Influences on Professional Work: An Empirical Case Study of B. F. Skinner. *Journal of Personality*, v. 64, p. 243-261, 1996. p. 254.

que as peculiaridades da vida cotidiana de Skinner, no âmbito científico, elucidam condições de sua história pessoal e institucional que implicaram em singularidades marcantes em seu projeto científico, na recepção de seu pensamento, na organização social dos primeiros praticantes de sua abordagem psicológica, na definição de parte substancial dos rumos de sua trajetória acadêmica, e na dúbia posição de isolamento de sua figura e de sua comunidade científica no cenário da psicologia experimental estadunidense. Estabeleci como ponto de partida da cronologia desta biografia o ingresso de Skinner na psicologia quando do início do seu doutorado na Universidade de Harvard, ao final da década de 1920, indo até meados da década de 1970, quando sua figura científica era mundialmente reconhecida e sua ciência era fundamento de um grupo formalizado e institucionalizado em Universidades de vários países.

Por último, gostaria de dizer que esta biografia foi escrita com a intuito de ter relevância para estudantes e profissionais da psicologia no Brasil, país no qual se encontra a maior comunidade de praticantes da ciência skinneriana fora dos Estados Unidos, assim como para qualquer pessoa interessada em história da ciência e divulgação científica. Meu compromisso foi o de escrever uma biografia mais do que meramente informativa da vida do seu protagonista. O propósito foi, sobretudo, o de registrar uma história na qual o cotidiano científico emerge como parte de uma memória coletiva silenciada no universo acadêmico e desconhecida do grande público. Mais do que lançar luzes sobre a vida de um personagem controverso na história da ciência, espero que esta biografia amplie a consciência histórica dos leitores e leitoras para além da antiga, mas ainda insistente e hegemônica, história do gênio científico tão falsamente imune às minúcias e mesquinharias inevitáveis da vida cotidiana.

O DESCONHECIMENTO E A LIBERDADE NA CONSTRUÇÃO DE UM NOVO FATO CIENTÍFICO

Um estranho na psicologia

> *Eu trabalhei inteiramente sem supervisão. Ninguém sabia o que eu estava fazendo até que eu entregasse algum tipo de relatório contestável. Possivelmente os psicólogos pensaram que eu estava sendo orientado por Crozier e Hoagland, e eles podem ter pensado que alguém na psicologia estava de olho em mim, mas o fato é que eu estava fazendo exatamente o que me satisfazia.*[14]

Skinner iniciou sua graduação no Hamilton College, onde se formou em língua inglesa e literatura no ano de 1926. O período entre o final de sua graduação e a decisão pelo ingresso no doutorado em psicologia de Harvard, no decorrer de 1927, foi descrito por ele como seu *dark year*[15], fase em que, após uma tentativa frustrada de tornar-se escritor e de sua decorrente insurreição contra a literatura, elegeu a psicologia como a ciência capaz de suprir seus anseios intelectuais e a continuidade de sua carreira acadêmica. Porém, sua passagem, ainda que fracassada, pelo campo literário, foi decisiva na escolha de seu doutorado. Em retrospectiva dos acontecimentos que o aproximaram da psicologia, Skinner[16]

[14] SKINNER, B. F. *The Shaping of Behaviorist:* Part Two of an Autobiography. New York: Alfred A. Knopf, 1979. p. 35.

[15] SKINNER, B. F. *Particulars of My Life:* Part One of an Autobiography. New York: University Press, 1984.

[16] Idem.

revela que sua tentativa de tornar-se escritor não significou total perda de tempo, pois seu vínculo com a literatura forneceu-lhe o primeiro método de investigação do comportamento. Essa afirmativa pauta-se no fato de que seu apreço pela escrita ficcional – ainda que de modo rudimentar – esteve vinculado à sua estima pelo que classificou como uma espécie de psicologia da literatura. Notas escritas no decorrer da graduação atestam sua crescente consciência e curiosidade sobre os efeitos psicológicos da literatura nos leitores. Também demonstram o interesse pelos perfis psicológicos dos autores, os quais, para Skinner, explicavam características de suas respectivas produções literárias.[17] Indícios desse interesse fazem-se presentes nas alusões a escritores como Dostoievski e Proust. Este, responsável por intensificar dois comportamentos, posteriormente interpretados por Skinner, como úteis durante toda sua carreira de psicólogo: a auto-observação e a descrição minuciosa do ambiente.[18] Por essas razões, Skinner situa seu apreço inicial pela literatura como uma aproximação, ainda que imprecisa, do seu verdadeiro interesse: o estudo científico do comportamento humano.[19] Para ele, "esta era a minha pista, eu estava interessado no comportamento humano, mas eu estava investigando ele de maneira errada".[20]

Outros acontecimentos, sucedidos nos meses anteriores à escolha do doutorado em psicologia de Harvard, reforçaram o apreço de Skinner pelo estudo do comportamento. Em mais de um relato autobiográfico observa-se a ênfase dada à leitura de artigos do filósofo Bertrand Russell,

[17] Idem.

[18] SKINNER, B. F. B. F. Skinner, an autobiography. In: DEWS, P. B. (Ed.). *Festschrift for B. F. Skinner.* New York: Appleton-Century Crofts, 1970. p. 1-21.

[19] Isso não significou o abandono total da literatura por Skinner, pois ele manteve o hábito de escrever memórias proustianas em seu diário, após o ingresso em Harvard. Ademais, ainda que de modo ambivalente, como sugere Coleman (COLEMAN, S. R.; SKINNER, B. F. 1926-1928: From Literature to Psychology. *The Behavior Analyst*, v. 8, n. 1, p. 77-92, 1985), o recurso à literatura é localizada no decorrer de toda a obra de Skinner (SKINNER, B. F. Has Gertrude Stein a Secret? *Atlantic Monthly*, n. 153, p. 50-57, 1934; SKINNER, B. F. The Alliteration in Shakespeare's Sonnets: A Study in Literary Behavior. *Psychological Record*, n. 3, p. 86-92, 1939; SKINNER, B. F. A Quantitative Estimate of Certain Types of Sound-Patterning in Poetry. *American Journal of Psychology*, n. 54, p. 64-79, 1941; SKINNER, B. F. *Walden Two.* New York: MacMillan, 1948; SKINNER, B. F. *Science and Human Behavior.* New York: Macmillan, 1953; SKINNER, B. F. *Verbal Behavior.* New York: Appleton-Century-Crofts, 1957).

[20] SKINNER, *Particulars...*, p. 291.

publicados no periódico *Dial*, e de seu livro *Philosophy*, de 1927, obra em que Russell dedica-se, entre outras questões, a avaliar o behaviorismo de Watson e suas implicações para uma teoria do conhecimento e do significado. Com efeito, Skinner orientou seu ingresso na psicologia com vistas a resolver problemas de ordens epistemológicas, como o processo de construção do conhecimento científico e as metodologias legitimadoras desse tipo de empreendimento intelectual. Porém, a despeito de seus planos de fundar uma epistemologia, o contato com o trabalho de Russell foi o estímulo à investigação empírica do comportamento: "Inspirado por Russell, eu comprei o livro 'Behaviorismo' de Watson. Eu perdi o interesse em epistemologia e voltei-me para questões científicas. (...) eu mudei da 'filosofia' para uma análise empírica".[21]

Ainda sobre o período que antecede seu ingresso no doutorado, Skinner procurou seu antigo professor em Hamilton, Bugsy Morril, para discutir seu interesse pela psicologia e solicitar a indicação de uma instituição para realizar sua pós-graduação. Além de recomendar a Universidade de Harvard, Morril sugeriu a leitura de dois livros que despertaram a atenção imediata de Skinner: *Conditioned Reflex: an Investigation of the Physiological Activity of the Cerebral Cortex* (1927), de Ivan P. Pavlov, e *Physiology of the Brain and Comparative Psychology* (1900), de Jacques Loeb. No caso de Pavlov, Skinner sentiu-se atraído pelas implicações empíricas inovadoras no estudo do comportamento, propiciadas pela descoberta do processo de condicionamento reflexo e pelo meticuloso controle das condições experimentais desenvolvidas por aquele cientista. Loeb, por sua vez, estimulou Skinner por causa da veemente defesa de uma explicação determinista e antimentalista do comportamento dos organismos.[22]

Apesar dessas leituras, a decisão de Skinner pelo doutorado em psicologia e sua precoce simpatia pelo behaviorismo ocorreram quando seu conhecimento acerca de tal abordagem era incipiente. Igualmente, conquanto buscasse informações a respeito de Harvard, Skinner pouco sabia sobre o funcionamento daquela instituição e de sua pós-graduação em psicologia. Talvez a única informação precisa obtida por Skinner

21 Ibidem, p. 299.

22 SKINNER, B. F. *The Shaping of Behaviorist*: Part Two of an Autobiography. New York: Alfred A. Knopf, 1979; BJORK, D. W. *B. F. Skinner*: A Life. New York: Sheridan Books, 2006.

refira-se a facilidade de ingresso no doutorado, devido ao baixo *status* da psicologia em Harvard naquele momento. O processo seletivo envolvia reduzido número de concorrentes e acontecia sem grandes expectativas com relação à probabilidade de sucesso dos candidatos.[23] Apenas uma carta de recomendação ou uma entrevista, muitas vezes resumida, acompanhada de breve introdução ao chefe do departamento, eram suficientes para a aprovação do candidato. Provavelmente, tal processo seletivo facilitou a aprovação de Skinner, um aluno atraído pelo behaviorismo, mas oriundo de outra área do conhecimento e com parco conhecimento em psicologia.

A despeito do apreço, ainda que incipiente, de Skinner pelo estudo do comportamento humano, apresentado durante a graduação e nos meses prévios ao seu ingresso em Harvard, a escolha por um doutorado em psicologia não resultou apenas de sua total e exclusiva conversão àquela ciência – procedeu, também, da fuga de um futuro incerto na literatura. Sobre isso, ele recorda: "Eu tinha vindo para Harvard não porque eu estava totalmente comprometido a me converter à psicologia, mas porque eu estava escapando de uma alternativa intolerável".[24]

Decadência institucional e decepção científica em Harvard

Dois problemas históricos da psicologia para Skinner eram, quando do seu ingresso em Harvard, sua tardia configuração como ciência natural e sua atrasada independência da filosofia. Em Harvard, Skinner experimentou essa suposta deficiência da psicologia não somente em termos científicos, mas em termos institucionais, pois, no final da década de 1920, o departamento de psicologia daquela Universidade se mantinha subordinado ao departamento de filosofia. Na verdade, das principais Universidades estadunidenses da primeira metade do século XX, Harvard foi a última a ter seu departamento de psicologia desvinculado do

[23] KELLER, F. S. *At My Own Pace:* The Autobiography of Fred S. Keller. New York: Sloan Publishing, 2009.

[24] SKINNER, *The Shaping...*, p. 37.

departamento de filosofia.[25] Por essa e outras razões, nos primeiros meses de doutorado, Skinner[26] lamentou estar matriculado, ao mesmo tempo, em dois departamentos para ele totalmente incompatíveis.

Complementar ao problema de dependência à filosofia, ao final da década de 1920, a psicologia em Harvard enfrentava uma de suas piores crises institucionais desde sua criação, no final do século XIX. O declínio da área havia se iniciado com a morte de William James, em 1910, e com a saída de eminentes nomes da psicologia experimental, como Edward C. Tolman, Robert M. Yerkes e Edwin B. Holt, em razão da crescente decadência institucional da psicologia experimental naquela instituição e da oferta de melhores oportunidades de trabalho em outras universidades.[27]

O motivo principal para o declínio da psicologia em Harvard foi a recusa do então chefe de departamento, Edwin G. Boring, em aderir ao forte movimento de ascensão da pesquisa aplicada na psicologia estadunidense. Como principal discípulo do proeminente líder do estruturalismo inglês Edward B. Titchener, Boring defendeu de forma radical o ideal acadêmico de pesquisa pura e atacou a intensa convergência ao ideal social de serviço e eficiência, gerado pelas demandas advindas do fim da Primeira Guerra, no início dos anos 1920.[28] Para Boring, eram indubitáveis os danos profundos do avanço da pesquisa aplicada na composição de uma psicologia pura, fundamentada em concisa base experimental.[29] Por essa razão, ao assumir a chefia do departamento de psicologia em Harvard, como legítimo discípulo de Titchener, Boring fez do cargo "uma oportunidade de empreender a missão incompleta de seu mentor para resgatar a psicologia em Harvard dos filósofos e da psicometria".[30]

[25] CAPSHEW, J. H. *Psychologists on the March:* Science, Practice, and Professional Identity in America, 1929-1969. Cambridge, MA: Cambridge University, 1999.

[26] SKINNER, *The Shaping...*

[27] O'DONNELL, J. M. *The Origins of Behaviorism:* American Psychology, 1870-1920. New York: New York University Press, 1985; TRIPLET, R. G. Harvard Psychology, the Psychological Clinic, and Henry A. Murray: A Case Study in the Establishment of Disciplinary Boundaries. In: ELLIOT, C. A.; ROSSITER, M. W. (Org.). *Science at Harvard University:* Historical Perspectives. Massachusetts: Lehigh University Press, 1992. p. 223-250.

[28] O'DONNELL, *The Origins...*; O'DONNELL, J. M. The Crisis of Experimentalism in the 1920s: E. G. Boring and His Uses of History. *American Psychologist,* n. 34, p. 289-295, 1979.

[29] O'DONNELL, The Crisis...

[30] TRIPLET, op. cit., p. 225.

Por certo, a expansão vertiginosa da pesquisa aplicada, como um todo, nos Estados Unidos, durante aquela fase, impactou o desenvolvimento da psicologia naquele país. A reorientação de programas de pós-graduação e de linhas inteiras de pesquisa, antes dirigidas à realização de investigações experimentais sem fins aplicados, denota os resultados de vigorosa política científica que definiu prioridade máxima à realização de projetos aplicados.[31] Tal ênfase ocasionou a emergência da chamada "crise do experimentalismo" da década de 1920, nos Estados Unidos.[32] No departamento de psicologia em Harvard, essa crise refletiu na falta de financiamento e na crescente decadência institucional do experimentalismo ali praticado. Como resultado,[33] "Boring entrou em um vácuo psicológico", seu departamento "estava uma bagunça" e seus " financiadores haviam ido embora...".[34] Em 1927, ano anterior ao ingresso de Skinner no doutorado, a precariedade do laboratório de psicologia experimental em Harvard era exemplificada pelo orçamento total de cento e quarenta e oito dólares, dos quais trinta e um dólares oriundos do bolso do próprio Boring. A despeito disso, e para se ter clara noção do desprezo de Boring pela aplicação em psicologia, durante essa fase de crise, ele recusou ofertas para assumir a chefia de departamentos de psicologia de outras instituições, com salários e condições de trabalho superiores às de Harvard, devido à exigência que assumisse, impreterivelmente, a coordenação de projetos de pesquisas aplicadas.[35]

[31] CAPSHEW, op. cit.; SAMELSON, F. Organizing for the Kingdom of Behavior: Academic Battles and Organizational Policies in the Twenties. *Journal of the History of the Behavioral Sciences*, v. 21, n. 1, p. 33-47, 1985.

[32] O'DONNELL, The Crisis...

[33] Essas questões não significam a total inexistência de praticantes de uma psicologia aplicada em Harvard. Na década de 1920, havia também membros contrários à posição científica de Boring e orientados para questões aplicadas na psicologia, como o psicólogo clínico Henry A. Murray e o psicólogo social Gordon W. Allport. Como sugere Triplet: "isto foi uma mistura de competição entre teorias, pressões financeiras e conflitos pessoais que definiram a agenda da crise de identidade do departamento de psicologia em Harvard nas décadas de 1920 e 1930" (TRIPLET, op. cit., p. 224). Muito embora, o cargo de chefia do departamento e a subsequente ascensão institucional de Boring na psicologia estadunidense garantiram a ele o controle final dos rumos daquele ambiente acadêmico. (CAPSHEW, op. cit.).

[34] O'DONNELL,.The Crisis..., p. 290.

[35] CAPSHEW, op. cit.; O'DONNELL, The Crisis...

O ingresso de Skinner na psicologia dá-se, então, em um departamento em plena crise institucional e avesso a qualquer abordagem psicológica promotora de práticas aplicadas.[36] Em outros termos, Skinner principiou sua vida acadêmica na psicologia em ambiente institucional precário e refratário à abordagem teórica com a qual se identificara pouco antes de sua admissão no doutorado.[37]

Dado o panorama de Harvard no final da década de 1920, as impressões de Skinner acerca da ciência psicológica praticada naquele contexto, decorrência de sua participação em disciplinas e seminários de psicologia, no primeiro ano de sua pós-graduação, não deixam dúvida de sua aversão à psicologia com qual travou contato no começo de seu doutorado. Quase sempre, as impressões de Skinner foram descritas em tom de desapontamento e frustração. Razão geral para tanto era a ausência de conteúdos semelhantes àqueles encontrados na fisiologia de Pavlov e no behaviorismo de Watson, autores responsáveis por fornecer a Skinner uma definição propedêutica da psicologia como ciência do comportamento, a partir da noção de "reflexo condicionado". [38] Motivos que o levaram a afirmar que a "psicologia, como eu a encontrei em Harvard, não tinha sido tudo que eu esperava, e eu sempre gostei de biologia".[39]

O desapontamento de Skinner já se faz notável nos comentários sobre a primeira disciplina de psicologia cursada no doutorado: *Psicologia do Indivíduo.* Lecionada pelo psicólogo clínico e da personalidade Henry Murray, Skinner avaliou a disciplina como insuficiente "para

[36] CAPSHEW, op. cit. KELLER, F. S. Psychology at Harvard (1926-1931): A Reminiscence. In: DEWS, P. B. (Ed.). *Festschrift for B. F. Skinner.* New York: Appleton; Century; Crofts, 1970. p. 29-36.

[37] No final dos anos 1920, em mais de uma ocasião, Boring se pronunciou publicamente em eventos científicos de modo a expor suas críticas às propostas de formulação de uma ciência do comportamento. SKINNER, *The Shaping...*, p. 80, p. 93-94.

[38] A noção de "reflexo" não estava totalmente ausente da psicologia experimental em Harvard. Porém, a mesma noção apresentada como atrativa para Skinner, antes de seu ingresso no doutorado, foi investigada no departamento de psicologia por Boring como um fenômeno autocontido, independente de suas relações com o ambiente (SKINNER, *The Shapping...*, p. 8). Concepção essa diversa daquela proposta na fisiologia de Pavlov, Magnus e Sherrington, a qual, para Skinner, sinalizava o caráter do reflexo como produto de relações necessárias entre parte do ambiente e parte do organismo (SKINNER, *The Shapping...*).

[39] SKINNER, *The Shapping...*, p. 26.

meu gosto".[40] Primeiro, porque Murray utilizou abordagem freudiana e junguiana para analisar fobias. E, em segundo lugar, porque além de desaprovar as teorias adotadas, Skinner censurou, sobretudo, o teor literário das análises de Murray; não porque reprovasse esse tipo de recurso – algo que ele utilizou com frequência em diferentes momentos de sua carreira –, mas porque, como assumiu, estava no ápice de sua resistência e revolta contra a literatura.[41] Em outra disciplina lecionada por Murray, *Psicologia Clínica*, Skinner reafirmou seu desgosto pela psicologia em Harvard, a despeito de admitir que sua experiência de vida havia lhe propiciado certa inclinação para o trabalho clínico. Tal aptidão clínica teria se manifestado em experiências durante a graduação; por exemplo, quando empreendeu análise psicológica de Hamlet, quando conseguiu hipnotizar uma amiga e quando interpretou a história narrada por uma garota por quem foi brevemente apaixonado, interpretação esta responsável por levá-lo a provar um tipo de *insight* que "seria muito recompensador para um clínico".[42] Porém, mesmo com esses atributos, na visão de Skinner, a disciplina de Murray fazia pouco sentido, pois ele estava "determinado a ser um psicólogo científico".[43]

Também no curso intitulado *Psicologia experimental: laboratório quantitativo*, ministrado por Carrot Pratt, Skinner decepcionou-se com a psicologia em Harvard. O objetivo do curso era investigar como os indivíduos percebem a diferença entre dois estímulos. Para Skinner, assim como as demais disciplinas de psicologia, esta não tratava de "um tópico impactante, e nós não éramos encorajados a acreditar que fosse".[44] Igualmente, Skinner mostrou-se descontente com a participação em um seminário de Leonard Troland – pesquisador especialista em estudos sobre a visão –, entendendo rapidamente que o conteúdo ensinado era complexo demais para um calouro como ele. Isso o levou a abandonar o seminário e matricular-se em uma disciplina introdutória oferecida pelo mesmo professor. Do mesmo modo, ela foi insuficiente para elevar seu apreço pelo conteúdo lecionado. Como afirmou décadas

[40] Ibidem, p. 27.

[41] SKINNER, *Particulars*...; SKINNER, *The Shapping*...; COLEMAN, SKINNER, op. cit.

[42] SKINNER, *The Shapping*..., p. 27.

[43] Idem.

[44] Ibidem, p. 8.

depois, "no primeiro encontro, eu achei a aula incrivelmente estúpida e desisti do curso".[45]

É no mínimo reveladora a declaração feita por Fred S. Keller, em 1926, dois anos antes do ingresso de Skinner em Harvard, sobre a compatibilidade intelectual estabelecida nos anos seguintes entre os dois psicólogos, que se tornariam em breve amigos e corresponsáveis pela origem de uma nova comunidade científica. Na ocasião, também calouro do doutorado em psicologia, e um dos únicos alunos com declarada adesão ao behaviorismo na instituição, Keller descreveu a tendência mentalista de Troland como causa de seu descontentamento com a psicologia ensinada naquela Universidade. De modo semelhante à opinião de Skinner, em relação ao curso do professor Troland, Keller afirmou que frequentá-lo "foi uma decepção. Talvez como a maior autoridade mundial em visão humana, ele fosse mais subjetivista do que o próprio Titchener".[46]

Em seus primeiros meses em Harvard, o único contato formal de Skinner com o behaviorismo ocorreu em seminário lecionado pelo professor visitante Walter S. Hunter, da Universidade de Clark. Skinner declarou que a participação naquele seminário foi um alento em seu primeiro ano de doutorado, porque garantiu que esse período não transcorresse "sem as suas brilhantes marcas behavioristas".[47] Naquele momento, o livro de Köhler, *The Mentality of Apes* (1925), havia alcançado algum sucesso e Hunter debateu como os behavioristas haviam incorporado em suas pesquisas análises de processos simbólicos em primatas. Igualmente, discutiu o trabalho de Watson sobre a aprendizagem de locomoção de ratos em labirintos e apresentou sua própria versão desse tipo de pesquisa.

A despeito da identificação precoce com o behaviorismo e do contato com o trabalho de Hunter, os comentários de Skinner com respeito a essa abordagem, entre o final de sua graduação e o início do doutorado, sugerem a impossibilidade de designá-lo como estrito adepto do behaviorismo. Para o próprio Skinner,[48] isso é evidenciado na manutenção de sua linguagem mentalista, pouco antes e logo após

45 Idem.

46 KELLER, *At My...*, p. 104.

47 SKINNER, *The Shapping...*, p. 11.

48 Ibidem.

seu ingresso em Harvard, e em seu desconhecimento teórico quase completo acerca daquela tendência psicológica.[49] Sobre isso Skinner alega que, durante as primeiras disciplinas de psicologia em Harvard, "mal poderia saber sobre o que estava falando. Eu não tinha feito nenhum curso de psicologia antes da faculdade e estava na graduação há apenas um mês".[50] Porém, esses fatores não o impediram de manifestar críticas públicas ao mentalismo e defesas exaltadas do behaviorismo, mesmo sendo mero calouro sem formação em psicologia. Como ele declarou em entrevista concedida seis décadas após seu ingresso em Harvard, "Eu me tornei um grande defensor do behaviorismo antes de saber qualquer coisa sobre ele".[51]

Além disso, não há vestígio de que Skinner, durante sua permanência em Harvard, tenha assumido compromisso teórico exclusivo com qualquer autor ou perspectiva específica dentro do campo behaviorista. A explicação para tanto, talvez, seja a própria configuração do behaviorismo da primeira metade do século XX, que – diferente do que versões reducionistas da história da psicologia estadunidense sustentam – nunca se estabeleceu como escola psicológica monolítica, provedora de acordos teóricos e metodológicos compartilhados consensualmente entre psicólogos e psicólogas estadunidenses daquele período. Do mesmo modo, não existiu um único nome responsável por representar, ao menos na comunidade científica, todo e qualquer programa de pesquisa no campo.[52] Mesmo o trabalho de John B. Watson, decantado arauto do behaviorismo, não resultou em nenhuma matriz disciplinar responsável por orientar os rumos dos diferentes behaviorismos. Na realidade, no cenário de sua emergência, no começo do século XX, o behaviorismo teria sido menos

[49] Por outro lado, ainda que Skinner tenha apresentado explicações mentalistas, nota-se uma gradual extinção desse tipo de linguagem, no ano que antecede seu ingresso ao doutorado, e sua proximidade cada vez mais clara de um vocábulo behaviorista. Amostra disso pode ser verificada no aumento da frequência de palavras como "estímulo" e "resposta" em seu diário, nos meses precedentes ao início das aulas em Harvard.

[50] SKINNER, *The Shapping...*, p. 14.

[51] SKINNER apud WIENER, D. N. *B. F. Skinner*: Benign Anarchist. Needham Heights, 1996. p. 47.

[52] A percepção histórica de que Watson teria sido o fundador do behaviorismo prevaleceu entre o grande público, como resultado de suas controversas declarações, mas não na própria comunidade behaviorista.

uma versão única de projeto psicológico e mais "um posicionamento metafísico atraente para diversas preocupações ideológicas".[53]

No caso de Skinner – e, provavelmente, de outros jovens estudantes de psicologia simpáticos ao behaviorismo –, supõe-se que sua adesão à abordagem, portanto, estivesse menos vinculada a qualquer posição definida, correspondendo, sim, à estima declarada a compromissos metafísicos tão comuns nas distintas perspectivas behavioristas, como o determinismo e o antimentalismo; bem como suas compatibilidades com as ideologias de ordem e controle social em voga na sociedade estadunidense do final do século XIX e início do século XX.[54] Foi provavelmente nesse sentido que Skinner afirmou, no seu primeiro ano de doutorado, que "não era um behaviorista" e "não sabia nada sobre o behaviorismo", mas "era um behaviorista dedicado em meu posicionamento".[55] Por outro lado, tornar-se-á notável que a ausência de vinculação a qualquer autor ou vertente behaviorista, por parte de Skinner, é indício de sua precoce aspiração em fundar sua própria versão do behaviorismo. Prova maior dessa hipótese é que Skinner em momento algum agiu como um discípulo, como se esperaria de um jovem estudante de doutorado, com parca trajetória na psicologia.

A troca de correspondência de Skinner com expoentes do movimento behaviorista como Walter Hunter, Edward Tolman e Clark Hull, ocorrida entre 1930 e 1932, período entre o final do seu doutorado e o início do seu pós-doutorado, são sugestivas de como ele recusou-se a manter, perante renomes da psicologia experimental estadunidense, da primeira metade do século XX, qualquer deferência. Com Hunter, por exemplo, Skinner evita qualquer associação teórica e metodológica ao rejeitar convites para trabalhos em conjunto e publicações em coautoria de pesquisas realizadas durante a passagem do primeiro por Harvard, como seu professor.[56] Em mais de uma ocasião, na década de 1930, Skinner faz questão de expor a incompatibilidade entre suas formas de definir o comportamento e a incapacidade de Hunter compreender seu

[53] SAMELSON, op. cit., p. 35.

[54] PICKREN, W.; RUTHERFORD, A. *A History of Modern Psychology in Context*. New York: Wiley, 2010.

[55] SKINNER apud WIENER, op. cit., p. 32.

[56] SKINNER, *The Shapping...*, p. 31.

programa de pesquisa.[57] Do mesmo modo, Skinner, ao manter contato com Hull e Tolman, em nenhum momento comporta-se como um possível adepto dos projetos científicos, já avançados e reconhecidos, daqueles expoentes da psicologia experimental da época. Ao mesmo tempo, cônscios dos objetivos e potencial do jovem Skinner, nem Hull e nem Tolman tratam-no como possível adepto de suas abordagens psicológicas, mas, sim, como um igual, mesmo Skinner sendo ainda um estudante de doutorado.[58]

A origem informal de uma ciência

A adesão a qualquer área do conhecimento está condicionada à existência de um aparato institucional formalizado, composto por disciplinas científicas, sociedades de especialistas, linhas de pesquisa, bem como mestres promulgadores de uma ciência a novos discípulos.[59] Para Skinner, um jovem estudante de pós-graduação simpatizante do behaviorismo, um suporte institucional behaviorista nestes moldes inexistia em Harvard. Salvo por seu entusiasmo em ser aluno na disciplina de Hunter, seu contato com os demais professores e estudantes do departamento de psicologia sinalizava um contexto avesso a qualquer orientação behaviorista naquela Universidade. O único apoio behaviorista encontrado por Skinner em Harvard deu-se, de fato, por intermédio de um pequeno número de alunos simpáticos à abordagem, que mantinham, informalmente, um grupo de debates com o intuito de assegurar espaço mínimo para aquela perspectiva psicologia em Harvard. No contato com um de seus membros veteranos, o também aluno de doutorado Fred S. Keller, Skinner obteve o que ele designou, em diferentes ocasiões, como o primeiro apoio legítimo de sua adesão ao behaviorismo. Mais do

[57] Ibidem, p. 27, p. 170, p. 176.

[58] HUNTER, W. S. Carta para B. F. Skinner. 28 de julho de 1930. Arquivo B. F. Skinner da Universidade de Harvard; HUNTER, W. S. Carta para B. F. Skinner. 26 de junho de 1932. Arquivo B. F. Skinner da Universidade de Harvard; TOLMAN, E. C. Carta para B. F. Skinner. 16 de novembro de 1931. Arquivo B. F. Skinner da Universidade de Harvard.

[59] CRANE, D. *Invisible Colleges*. Chicago: University of Chicago Press, 1972; MENZEL, H. Scientific Communication: Fives Themes from Social Science Research. *American Psychologist*, v. 21, n. 11, p. 999-1004, 1966; KUHN, T. S. *A estrutura das revoluções científicas*. São Paulo: Broch, 2006.

que isso, o primeiro contato entre Skinner e Keller denota o protótipo da ciência skinneriana como um empreendimento comunitário que se desenvolverá, efetivamente, a partir da década de 1940. Representa, ao mesmo tempo, o valor de um fenômeno perene nas relações de Skinner ao longo de toda sua carreira: a informalidade no cotidiano científico.[60]

Skinner, um calouro, e Keller, um veterano do doutorado em psicologia de Harvard, conheceram-se, provavelmente, em uma disciplina sobre aprendizagem e motivação oferecida por Boring, no primeiro semestre de Skinner em Harvard, em 1928. É quando recorda daquela disciplina que Keller cita pela primeira vez o nome de Skinner em sua autobiografia e menciona ter conhecido um promissor membro para o pequeno grupo informal de estudantes behavioristas em Harvard. Como lembrou décadas depois:

> Eu encontrei um novo membro para o nosso grupo, com quem eu logo achei uma causa comum. O nome do aluno era Skinner; ele tinha acabado de voltar de Paris; ele queria se tornar um escritor; e a sua leitura de John Watson tinha sido parcialmente instrumental em conduzi-lo de volta à Universidade. Essas coisas o recomendaram para mim.[61]

[60] A acepção de informalidade nesse estudo se refere ao sentido expresso por Crane (KELLER, *At My...*, p. 119), que, no seu estudo clássico sobre a comunicação entre os cientistas, definiu a informalidade como espaço no qual a interação entre os pesquisadores independe de regras formais. Assim, a informalidade seria espaço propício para a discussão de temas controversos e ainda em processo de aceitação na ciência. Menzel (op. cit., p. 1001), em pesquisa também clássica sobre a função da informalidade científica, argumenta que, a despeito de suas consequências nos rumos de qualquer ciência, ela não é tradicionalmente vista como relevante. De modo a avaliar sua importância, Menzel (KELLER, *At My...*, p. 119) mostra como uma informação, muitas vezes, somente afeta uma ciência quando já se tornou recorrente dentro do campo das discussões informais em uma comunidade científica. Com isso, alega ser frequentemente necessária a repetição de uma informação, de maneira informal, antes que provoque impacto considerável. Dessa forma, a informalidade como interação social, aparentemente sem planejamento e controle, define muitas questões presentes nos mecanismos formais da ciência. Em razão de tais efeitos, haveria bons motivos para acreditar que a informalidade teria padrões de funcionamento. Nesse sentido, Menzel ressalta que "há alguma regularidade no conteúdo da informação que parece preferencialmente fluir através destes tipos de canais e não através dos mecanismos de palavra impressa mais regulares e sistematizados como aqueles apresentados nos dispositivos de controle bibliográfico. Por exemplo, há certo nível de *know-how* de informações sobre o uso e a criação de informações científicas que parece acontecer através do boca a boca, talvez porque este tipo de informação é considerado como sendo indigno de se tratar em pormenor na palavra impressa" (MENZEL, op. cit., p. 50).

[61] KELLER, *At My...*, p. 119.

O apreço mútuo pelo behaviorismo e a carência de oportunidades para debater essa abordagem em Harvard definiram a aproximação entre Keller e Skinner. Mas, diferente de Keller, que já contava com apoio de outros estudantes e estava inserido em Harvard sem maiores conflitos institucionais, no caso de Skinner, ter conhecido aquele aluno foi garantia de apoio para lidar com o isolamento acadêmico e institucional que começava a experimentar no departamento de psicologia. O início da relação entre os dois foi, para Skinner, "antídoto" contra as influências mentalistas existentes em Harvard. "Foi por causa grandemente de Fred que eu resisti à predisposição mentalista do departamento e permaneci um behaviorista".[62]

Skinner[63] recorda que chegou a receber apoio de outro estudante behaviorista em Harvard, Charles K. Trueblood. Mas em sua visão Trueblood era tímido e pouco expressivo, em comparação ao posicionamento de Keller. Para Skinner a inclinação de Keller para defender o behaviorismo publicamente foi essencial para o começo da amizade entre eles. O contato informal entre Skinner e Keller ocorreu e foi mantido, em seus primórdios, em função da ausência de espaços formais de ensino do behaviorismo no departamento de psicologia de Harvard. Mas à medida que Skinner avança em seu projeto científico, ao longo da década de 1930, sua relação com Keller, mantida ainda em nível informal, adquire novas dimensões. Como principal interlocutor dessa fase determinante da produção científica de Skinner, Keller reorientará sua posição no campo behaviorista ao final da década de 1930, tornando-se o primeiro adepto do behaviorismo skinneriano e assumindo função especial na institucionalização da análise do comportamento.[64] A germinação de

[62] SKINNER, *The Shaping...*, p. 14.

[63] SKINNER, *The Shaping...*, p. 14.

[64] Mesmo que o surgimento histórico dessa abordagem possa ser identificado com a origem do programa científico skinneriano na década de 1930, as denominações "análise do comportamento" e "analista do comportamento" passaram a ser utilizadas apenas a partir das décadas de 1960 e 1970. Até então, tal abordagem psicológica foi identificada no contexto estadunidense como "análise experimental do comportamento" ou "behaviorismo skinneriano" e seus praticantes, até a década de 1960, como "condicionadores operantes". De todo modo, adotamos, ao longo deste livros, as expressões "análise do comportamento" e "analista do comportamento", por serem amplamente conhecidas na atualidade como representativas do trabalho dos praticantes de uma perspectiva psicológica fundamentada no sistema explicativo skinneriano e por sintetizarem as relações entre os três ramos que compõem

um grupo inicial de praticantes da ciência skinneriana, que ocorrerá em meados da década de 1940, teve sua origem na intensa relação informal estabelecida entre Skinner e Keller em Harvard e carregará muito de suas marcas, como veremos ao longo da narrativa.

Identificação científica e ascensão institucional em Harvard

Em oposição às condições desfavoráveis do departamento de psicologia, Skinner expressou estima imediata ao entrar em contato com pesquisas e pesquisadores do departamento de fisiologia em Harvard. Foram razões para tanto o apreço pela ciência ali praticada, bem como o contato com um ambiente institucional com privilégios inexistentes no departamento de psicologia.

O departamento de fisiologia foi instituído, em 1925, por meio de uma subdivisão do departamento de biologia, e coordenado por William J. Crozier. Discípulo do fisiologista Jacques Loeb, Crozier foi uma partidário fervoroso da recém-criada fisiologia geral.[65] Segundo Skinner[66], a crença do fisiologista no valor dessa nova ciência era tão elevada que ele desprezava aqueles que não viam a fisiologia como o principal ramo da biologia. Na coordenação do departamento de fisiologia, Crozier iniciou investigações com medidas de reação em organismos intactos, situando seu laboratório na fronteira entre a biologia e a psicologia. Como

a disciplina: uma ciência experimental (a análise experimental do comportamento), uma ciência aplicada do comportamento (a análise aplicada do comportamento) e uma filosofia dessa ciência (o behaviorismo radical) (TOURINHO, E.Z. Estudos conceituais na análise do comportamento. *Temas em Psicologia da SBP*, v. 7, n.3, p.213-222, 1999. CARVALHO NETO, M. B. Análise do Comportamento: Behaviorismo Radical, Análise Experimental do Comportamento e Análise Aplicada do Comportamento. *Interação*, v.6, n.2, p.13-18, 2002.). No presente caso ampliamos essa definição ao definirmos o termo "análise do comportamento", ao mesmo tempo, como a junção das três áreas doconhecimento e o grupo de praticantes dessas áreas. Em outras palavras, significa um corpo de conhecimento experimental, filosófico e aplicado e a designação de uma comunidade científica fundamentada em tal corpo de conhecimento.

65 HOAGLAND, H.; MITCHELL, R. T. William John Crozier, 1983-1955. *American Journal of Psychology*, v. 69, n. 1, p. 135-138, 1956.

66 SKINNER, *The Shaping...*, 1979.

resultado, seu departamento tornou-se uma "Meca" para estudiosos dos dois campos do conhecimento.[67]

Uma das primeiras impressões de Skinner ao frequentar o departamento de fisiologia foi que "Crozier era ambicioso"[68], pois, de maneira contumaz, buscava meios de expandir sua influência em Harvard. A ampliação do espaço físico e a melhoria do laboratório de fisiologia comprovavam o esforço de Crozier para criar um espaço acadêmico fecundo. Na visão de Skinner, Crozier "estava construindo um império de outras formas",[69] porque suas estratégias institucionais e sua política científica eram incomuns. Por exemplo, em vez de contratar cientistas experientes e com reputação estabelecida em seus campos de pesquisa, como era esperado de qualquer recém-empossado chefe de departamento, Crozier admitiu e treinou uma equipe de jovens e promissores pesquisadores, tanto da biologia quanto de áreas afins,[70] o que levou Skinner e outros estudantes do laboratório de Crozier a recordarem que aquele departamento

> atraiu um grupo não usual de estudantes de pós-graduação, e foi naquele tempo uma Meca para pesquisadores em ciências biológicas; que tinha uma rara atmosfera de informalidade, amizade pessoal, excitação e gosto compartilhado pela aventura da pesquisa.[71]

Igualmente, expõem que Crozier "tinha pouca simpatia pelas fronteiras convencionais que tendem a separar os cientistas em compartimentos sobre as bases de seus treinamento, suas lealdades e seus padrões de pensamento".[72]

Sobre o conteúdo científico, diferentemente do seu contato com as disciplinas no departamento de psicologia, as impressões iniciais de Skinner sobre as disciplinas do departamento de fisiologia denotam sua

[67] BJORK, op. cit.

[68] SKINNER, *The Shaping...*, p. 17.

[69] Idem.

[70] Idem; BJORK, op. cit.

[71] BREW, J. O.; GRIFFIN, D. R.; SKINNER, B. F.; CASTLE, E. S. William John Crozier. *Harvard University Gazette*, 17 mar. 1956, p. 194.

[72] Idem.

imediata estima pela ciência ali ensinada e praticada. Em tom de entusiasmo, Skinner asseverou a respeito de sua primeira disciplina cursada, *Fisiologia geral 5*: "Este era exatamente o curso que eu estava procurando".[73] O motivo para tanto foi que, na disciplina lecionada pelo principal apoiador de Crozier, o professor Hudson Hoagland, Skinner sentiu-se aliviado, assim como, finalmente, grato por alguém em Harvard discutir o conceito de "reflexo condicionado". Skinner declarou ter compreendido na disciplina de Hoagland que, embora os reflexos condicionados e incondicionados pavlovianos fossem produzidos por secreções glandulares, havia espaço nesses conceitos para uma explicação do comportamento físico de um organismo intacto: "algo muito próximo do que eu estava ordinariamente chamando de comportamento".[74] No mesmo curso, Skinner conheceu as pesquisas de Rudolph Magnus sobre o reflexo que envolvia postura e locomoção, e entrou em contato com o trabalho de outro fisiologista de Harvard, John Fulton – que havia acabado de publicar seu livro *Muscular Contraction and the Reflex Control of Movement*, de 1926 –, bem como conheceu o livro de Sherrington, *Integrative Action of the Nervous System* (1906), do qual mencionou a leitura com entusiasmo.

Efeito imediato da estima de Skinner pelo conteúdo das disciplinas da área de fisiologia foi o surgimento da dúvida sobre em que departamento realizaria sua pesquisa de doutorado, visto que a transferência para o departamento de fisiologia era a opção mais coerente com suas predileções científicas e institucionais. Porém, mesmo sendo nítida a compatibilidade entre seus interesses e a ciência praticada no departamento de fisiologia, Skinner adiou sua decisão por um semestre, a fim de ter percepção mais transparente sobre os dois setores.[75]

No primeiro semestre de 1929, Skinner cursou uma disciplina em cada um dos departamentos, ofertadas por seus respectivos chefes, Crozier e Boring. O juízo emitido acerca dessas duas disciplinas designa como a decisão dificilmente seria outra senão a escolha do departamento de fisiologia. Não obstante a disciplina lecionada por Crozier fosse vista como incompatível com o objetivo de Skinner de lidar com

[73] SKINNER, *The Shaping...*, p. 17.

[74] Ibidem.

[75] BJORK, op. cit.; SKINNER, *The Shaping...*, p. 8.

o comportamento total de organismos intactos, uma vez que Crozier utilizou procedimentos cirúrgicos e análises de aspectos físico-químicos do comportamento animal, Skinner mostrou-se fascinado pela ciência ensinada, uma vez que:

> O curso de Crozier era compatível com minha linha de pensamento. Este foi chamado de "A Análise da Conduta". Crozier usou "conduta" porque Watson e os psicólogos haviam manchado o termo "comportamento".[76]

Por outro lado, em relação à disciplina de Boring no departamento de psicologia, o primeiro sinal do baixo apreço de Skinner é o fato de assumir não se recordar ao certo da percepção que teve sobre o curso, e muito menos do conteúdo tratado nele; lembra apenas ter sido "simplesmente doloroso".[77] A explicação para tanto era a previsível adoção, por parte de Boring, de uma abordagem titcheriana no tratamento de qualquer tópico psicológico, o que incitou Skinner a alegar: "Eu tenho certeza que o próprio Boring eventualmente olhou para o passado na sua vassalagem a Titchener com uma grande quantidade de dor também".[78] Essas opiniões denotam que a participação de Skinner nas disciplinas de Boring e Crozier serviu menos à resolução de uma indecisão e mais à reafirmação de sua admiração pela ciência praticada no domínio do departamento de fisiologia e de seu desapontamento com a ciência versada no departamento de psicologia.

Esse e outros episódios, no decorrer do primeiro ano do doutorado de Skinner, propiciaram a ele não só realce das discrepâncias entre as ciências praticadas nos dois departamentos, mas, também, asseguraram conhecimento acerca da estrutura institucional de cada um dos departamentos, do nível de incentivo e, principalmente, de liberdade para empreender projetos científicos individuais naqueles ambientes. Em correspondência enviada aos seus pais, no final do primeiro semestre de 1929, Skinner resumiu os motivos responsáveis por sua decisão de migrar para o departamento de fisiologia. Antes de tudo, mencionou

[76] SKINNER, *The Shaping...*, p. 44.

[77] Ibidem, p. 47.

[78] Idem.

que Crozier e Hoagland persuadiam aqueles que julgavam serem os mais promissores alunos do doutorado em psicologia a se transferirem para o departamento de fisiologia – e que era um dos alunos abordados diretamente por tais professores. Na mesma carta, Skinner sustentou como a fisiologia estava próxima daquilo que ele buscava estudar na psicologia: o comportamento como um todo. Com igual ênfase, porém, citou razões de ordem econômica e estrutural, bem como a influência social, como critérios para sua escolha do departamento de fisiologia. Na passagem a seguir, parte da correspondência enviada aos pais, Skinner detalhou esses fatores.

> a fisiologia do sistema nervoso é praticamente psicologia e as instalações do departamento de fisiologia são melhores. Eles acabaram de receber uma verba de 6 milhões de dólares e estão prestes a construir um novo edifício que irá custar 2 milhões no próximo ano. Crozier já é amplamente conhecido e neste momento o departamento de fisiologia é muito mais importante aqui do que o departamento de psicologia. Hoagland está particularmente ansioso por me ter no departamento. Isto significa, não só que um doutorado em fisiologia seria a melhor coisa, mas que haveria uma boa oportunidade de alinhar-se com um laboratório local ao abrigo deste novo investimento e obter uma boa posição, com nada a fazer além de minha própria pesquisa. Pode ser possível trabalhar no departamento de fisiologia e ainda obter meu doutorado em psicologia, como eu planejei. Eu vou falar sobre isso com os chefes de ambos os departamentos. Crozier tem sido muito bom para mim e parece ansioso em me ajudar. Ele é um ***big gun*** no campo e essa seria uma boa oportunidade para alinhar-se com um homem influente.[79]

Apesar de Skinner alegar certa indecisão, a escolha do departamento em que realizaria sua pesquisa de doutorado ocorreu sem grandes conflitos. Se algum conflito existiu, e se Skinner não se decidiu de imediato pelo departamento de fisiologia, é provável que isso tenha ocorrido em razão das implicações institucionais envolvidas nesse processo; como uma possível represália de Boring ou algo similar. O fato é

[79] Ibidem, p. 25-26, grifo nosso.

que sua transferência para o departamento de fisiologia encaminhou-se da forma almejada: Skinner obteve permissão para realizar sua pesquisa de doutorado no departamento de fisiologia e, também, se manteve vinculado ao departamento de psicologia, recebendo autorização para obter seu título de doutorado na área.[80]

Um caminho livre para a descoberta científica

A existência de uma atmosfera agradável e o incentivo à realização de pesquisas individuais eram dois atributos indispensáveis do departamento de fisiologia e do laboratório de Crozier. Por conta disso, na ocupação desses espaços acadêmicos, ele sempre "insistia em ter alunos confiantes, talentosos e determinados para seguir seus próprios interesses".[81] Provido desses predicados, Skinner foi avaliado por Crozier como um de seus alunos mais promissores. E, de fato, Skinner não tardou a desfrutar de toda a liberdade científica e institucional oferecida por Crozier, como fez questão de mencionar ao recordar do seu ingresso no departamento de fisiologia e o vínculo ao seu chefe:

> ele [Crozier] apoiou-me, ele me deu espaço, ele me deu dinheiro, ele me promoveu a bolsista e assim por diante, mas ele nunca disse uma vez "olha, porque você não faz algo com coeficiente de temperatura ou algo desta maneira".[82]

Uma vez que Skinner enfatizou o valor da liberdade científica e institucional em todas as vezes que se referiu à sua passagem pelo departamento de fisiologia e à sua afiliação a Crozier, o realce dado a esse fator significa mais do que mera descrição circunstancial em sua autobiografia e correspondência. Foi expressão das consequências positivas de sua escolha em realizar o doutorado naquele departamento e de alinhar-se a um pesquisador com o perfil científico e institucional de Crozier. Em termos práticos, o incentivo do departamento de fisiologia à busca por

[80] Ibidem.

[81] BJORK, op. cit.

[82] SKINNER apud BJORK, op. cit., p. 85; SKINNER, *The Shaping*..., p. 38.

interesses individuais constituiu plena liberdade para que Skinner se dedicasse a suas pesquisas sem sujeitar-se à imposição de teorias, temas e métodos de investigação.

Em mais de uma ocasião, Skinner descreveu outra dimensão benéfica de sua vinculação a Crozier: o desprendimento desse cientista em relação ao crédito científico e ao controle de sua produção intelectual – este, um atributo obviamente admirado por um jovem pesquisador com planos ambiciosos e precoces de tornar-se referência em seu campo de conhecimento. Acerca da inexistência de obrigação de seguir métodos e teorias, e da abnegação de Crozier por créditos científicos, Skinner salientou:

> Crozier nunca tentou me aproximar do seu campo, nem nunca levou crédito por alguma coisa que fiz. Quando levei a ele o manuscrito do meu primeiro trabalho como um membro do seu departamento, ele viu o reconhecimento padrão no pé da primeira página ("O autor deseja agradecer ao Professor W. J. Crozier por seu apoio e conselho..."). [83]
>
> Ele pegou um lápis azul e riscou o agradecimento. "Nós não recebemos homenagem". [84]

A ausência de imposição de temas e métodos de pesquisa, a despreocupação com créditos científicos e a disponibilidade de tempo, espaço e estrutura para desenvolver apenas pesquisas de seu interesse foram consequências concretas, segundo Skinner, responsáveis por induzi-lo a ter ótimo ritmo de trabalho. Nesse sentido, afirmou: "Minha presente condição é excelente. Eu estou trabalhando duro como jamais trabalhei, mas com tempo disponível e com objeto de estudo de minha própria escolha". [85] Aliás, o controle sobre as pesquisas de Skinner era tão ínfimo – se é que existiu alguma forma de monitoramento no sentido coercitivo da expressão – que todas as investigações realizadas por ele, no decorrer de seu doutorado, eram grandemente desconhecidas dos professores dos departamentos aos quais estava vinculado, ou seja, os de fisiologia e psicologia. Essa condição foi expressa por Skinner com grande satisfação:

[83] SKINNER, *The Shaping...*, p. 100.

[84] Idem.

[85] Ibidem, p. 35.

> Eu trabalhei completamente sem supervisão. Ninguém sabia o que eu estava fazendo até que eu entregasse algum tipo de relatório contestável. Provavelmente os psicólogos pensaram que eu estava sendo orientado por Crozier e Hoagland, e esses devem ter pensado que alguém na psicologia estava de olho em mim, mas o fato era que eu estava fazendo exatamente o que me satisfazia.[86]

A liberdade experimentada no laboratório de fisiologia e seus efeitos positivos sobre a prática científica de Skinner significaram que "com Crozier, ele poderia ser original e ter um caminho científico livre, sem medo de represálias ou ciúme profissional".[87] É provável que a postura e as condições estabelecidas por Crozier no departamento de fisiologia em Harvard reproduzissem sua própria formação, uma vez que seu mentor, Jacques Loeb, defendia radicalmente o incentivo a pesquisas individuais, preocupava-se em fornecer intenso suporte aos seus estudantes, bem como acreditava no valor criativo do clima informal e descontraído no ambiente acadêmico.[88]

Por certo, Skinner teve sua autonomia garantida no departamento de fisiologia, mas seria ingenuidade presumir que disso resultou total independência com relação a teorias e métodos de investigação existentes nas pesquisas daquele departamento; tampouco, que a proposta de uma nova ciência do comportamento – em gestação quando de sua permanência em tal contexto – resultou exclusivamente de ruptura com tradições de pesquisas fisiológicas e psicológicas, muito embora tais condições refletiram, como veremos, em possibilidades de afastamento substancial de Skinner tanto da fisiologia quanto da psicologia praticadas em Harvard.

A transferência de Skinner para o departamento de fisiologia isentou-o ainda mais de qualquer adesão àquilo que ele alegou conhecer de modo incipiente no período que antecedeu seu ingresso em Harvard: a produção científica da psicologia. Na verdade, a partir de então seus relatos de desconhecimento começaram a ser acompanhados de discursos de desprezo pela psicologia.

86 Idem.

87 BJORK, op. cit.

88 OSTERHOUT, W. J. V. Jacques Loeb. *The Journal of General Phisiology*, v. 8, 1928, p. ix-xcii.

> Eu nunca tinha sequer lido um texto de psicologia como um todo. Até mesmo como um "psicólogo interessado em psicologia animal" eu sabia pouco sobre os erros cometidos pelos ratos em labirintos, ou o número de escolhas feitas na aprendizagem de uma discriminação, ou os processos simbólicos ou insights de primatas – e eu nem tinha qualquer interesse em saber.[89]

Skinner assegura que, ao ler o trabalho de outros psicólogos do início da década de 1930 veiculados em periódicos representantes do *mainstream* da psicologia experimental estadunidense, como o *American Journal of Psychology*, sempre pensava que tal literatura não fazia sentido e que deveria haver maneira melhor de tratar tudo aquilo. Ao mesmo tempo, alega: "Eu nunca aprendi como ler a 'literatura' em psicologia, e a literatura permaneceu largamente ilegível para mim".[90] As participações de Skinner nas disciplinas de psicologia durante o doutorado também sugerem seu baixo interesse pela produção científica da área. Algo notado ao término de seu doutorado, quando lhe foi exigido que realizasse exames para provar conhecimento mínimo nas disciplinas de psicologia. Além de afirmar despreparo para realizar esses exames, Skinner recordou ter concluído somente dois cursos de psicologia durante todo o doutorado e nenhum deles abarcou de forma substancial a produção da área. Suas notas nas disciplinas foram aquém do esperado para um aluno razoável. Mas Skinner não lamentou essa situação, pois não tinha expectativas de aprender psicologia em Harvard. Sobre aquele momento, recorda que:

> Porque eu tinha passado nos Exames Preliminares, eu não fiz as provas finais naquela primavera e eu dei muito pouca atenção aos meus cursos. Daquele ponto pra frente, com apenas duas ou três exceções, eu me inscrevi para cursos de pesquisa que faziam pouco mais do que garantir ao administrador que eu estava pagando minhas taxas.[91]

Os relatos de descaso e desconhecimento com respeito à psicologia marcaram não só o ingresso de Skinner em Harvard, mas, também,

[89] SKINNER, *The Shaping...*, p. 179.

[90] Ibidem, p. 34.

[91] Idem.

seus sete primeiros anos naquela instituição. Não se pode, entretanto, concluir sua real desinformação e absoluta negligência pela área, dado que, em mais de uma ocasião, à medida que avançava em seu doutorado e, posteriormente, durante seu pós-doutorado, Skinner emitiu comentários críticos, algumas vezes pormenorizados, sobre pesquisas e teorias de expoentes de distintos ramos da psicologia. Portanto, não obstante Skinner fizesse questão de expor seu escasso conhecimento e seu desdém pelo saber psicológico, há indícios de que eles eram menos expressivos do que ele alegou. Prova disso é seu trabalho como resenhista de periódicos estrangeiros de psicologia durante o doutorado, e também seu contato e empenho de estudo de obras de eminentes psicólogos experimentais, ao longo de toda a década de 1930, como Clark L. Hull, Edward C. Tolman, Wolfgang Kohler, Kurt Lewin e Gordon Allport.[92]

A postura de Skinner perante o conhecimento psicológico deve ser vista menos como desonestidade intelectual e mais como representação de sua precoce intenção de elaborar uma ciência do comportamento, que, por conseguinte, designa sua extemporânea iconoclastia desde o ingresso em Harvard. Avaliar positivamente o trabalho de outros psicólogos significava não menos que a diminuição de suas próprias chances de sucesso no campo psicológico. Esse posicionamento foi assumido pelo próprio Skinner ao lamentar, em mais de um episódio, a falta de reconhecimento público de sua produção científica, ainda na década de 1930, por parte de renomados psicólogos como Edward C. Tolman e Clark L. Hull.[93]

Indo além do internalismo

A previsão de Skinner de que a escolha do departamento de fisiologia garantir-lhe-ia oportunidade de pesquisar aquilo que o havia conduzido à psicologia, o comportamento como um todo, sob a tutela de um pesquisador influente como Crozier, foi concretizada com sua transferência para tal espaço acadêmico. A consolidação dessa previsão, em conjunto com a postura de desprezo de Skinner perante o conhecimento

[92] Ibidem, p. 10, p. 11, p. 30, p. 31, p. 52, p. 73, p. 83, p. 121, p. 203, p. 204, p. 206, p. 207, p. 209, p. 214, p. 221, p. 223, p. 224, p. 227, p. 231, p. 232, p. 312, p. 323.

[93] Ibidem.

psicológico, incidiu na manutenção de um estilo peculiar de trabalho desse cientista, no qual prevaleceu a liberdade para investigar temas de seu exclusivo interesse; o que, por conseguinte, incidiu também na possibilidade de emergência de singularidades do seu projeto inicial de uma nova ciência do comportamento, incompatível com a produção psicológica de Harvard e incompatível, em termos metodológicos, com o *mainstream* da psicologia experimental estadunidense.

Talvez esse tipo de olhar sobre o começo da obra de Skinner raramente tenha sido desenvolvido, porque o viés internalista, voltado para o desenvolvimento de sua ciência como algo independente de sua vida cotidiana, na Universidade, predomine na historiografia de sua ciência. Vale dizer que tal historiografia menciona o desconhecimento e desprezo de Skinner pelo saber psicológico, e a sua vinculação ao departamento de fisiologia e a Crozier, como parte da explicação da história inicial da ciência skinneriana. No entanto, quando referidos, esses elementos figuram de forma secundária na elucidação desse quadro histórico; no melhor dos casos, como hipóteses históricas inacabadas, sem nenhum indício de seus papeis concretos nos rumos das formulações científicas de Skinner, no seu percurso profissional e na posterior organização social da sua comunidade científica.

Dois acurados exames conceituais das elaborações científicas de Skinner em sua primeira década[94] ilustram o tratamento secundário conferido a fatores institucionais do início de sua carreira. No primeiro caso, Coleman analisa a influência teórica de Crozier como explicação da imunização de Skinner contra o *mainstream* da psicologia animal estadunidense. Tal análise é realizada por meio de densa pesquisa conceitual e realça a complexa e peculiar acomodação do conceito de "reflexo" no programa de pesquisa inicial de Skinner. Nessa análise, Coleman também sugere, ainda que de modo breve e genérico, que a afiliação ao departamento de fisiologia e ao seu chefe explicaria parte da produção científica de Skinner. Contudo, o detalhamento dessa afiliação e seus efeitos não são analisados, uma vez que seriam parte de outra história. Como explica o autor:

[94] COLEMAN, Historical Context..., p. 211; SÉRIO, M. T. A. P. *Um caso na história do método científico*: do reflexo ao operante. São Paulo, 1990. Tese (Doutorado em Psicologia) – Pontifícia Universidade Católica de São Paulo. p. 52.

> Neste contexto de suspeita do reflexo no fim dos anos 20, os esforços de Skinner para reabilitar o reflexo para uso em uma ciência descritiva do comportamento parecia levemente anacrônico. A locação de sua mais recente pesquisa [pesquisa de Skinner] fora da corrente central da psicologia animal e dentro do Departamento de Fisiologia Geral, de W. J. Crozier, na Universidade de Harvard, provavelmente o isolou de alguns desses acontecimentos e deve ter contado, excentricamente, para o caráter de campanha de alguns dos seus primeiros escritos, particularmente seus escritos de 1932. Isso, no entanto, é uma história que não podemos explorar aqui.[95]

Em consonância com esse modo de avaliar a história acadêmica de Skinner, Sério[96] conjectura que Crozier influenciou cientificamente Skinner, e acrescenta que o fato de estar associado ao chefe de departamento de fisiologia o isentou de recorrer à produção da psicologia, isolando-o também de prováveis críticas advindas desse campo. A autora menciona que tais fatores foram responsáveis por Skinner adquirir determinado estilo de trabalho em sua primeira década na área. Segundo ela:

> mais do que uma mera influência inicial, estes dois fatores – o isolamento da psicologia e a vinculação a Crozier – parecem, de alguma forma, ter possibilitado um certo estilo de trabalho que se manteria, pelo menos, até 1938.[97]

Embora Sério levante a hipótese de que elementos como o isolamento em relação à psicologia e a influência teórica de Crozier contribuíram para a emergência e a manutenção de determinado estilo de trabalho de Skinner, essa suposição não é desenvolvida e sua análise histórica se mantém dirigida ao nível conceitual do avanço teórico e metodológico da ciência skinneriana em seus primórdios. Com isso, por se centrarem em uma história conceitual, as apreciações de Sério e Coleman pouco esclarecem como a produção científica de Skinner vincular-se-ia à esfera institucional do departamento de fisiologia geral em Harvard e às pretensões ambiciosas do jovem psicólogo.

[95] COLEMAN, Quantitative Order...

[96] SÉRIO, op. cit., p. 52.

[97] Idem.

A ênfase no desenvolvimento conceitual do sistema científico de Skinner, e a ausência de apreciação de fatores institucionais e seus desdobramentos, não desqualificam análises como as realizadas por Sério e Coleman, embora, por se conservarem direcionadas a uma história interna da análise do comportamento, revelem uma lacuna historiográfica, ao amenizarem o papel das relações sociais na ciência. Ao mesmo tempo, são representativas de um panorama mais amplo da historiografia do behaviorismo skinneriano, no qual elementos referentes à esfera microssocial, em geral, foram e são ainda muitas vezes relegados ao papel de mera história acessória. Contudo, isso não significa qualquer defesa extremada de apreciações sociais da ciência em detrimento de análises conceituais, internas. As investigações conceituais, como as de Coleman e Sério propiciam não menos que informações indispensáveis para uma complementação entre a história conceitual e social dos primórdios do sistema científico de Skinner, como veremos a seguir.

A transgressão do conceito de reflexo

A afiliação de Skinner ao departamento de fisiologia e a Crozier, para realizar seu doutorado, propiciou-lhe disponibilidade de espaço, tempo e financiamento para empreender suas investigações, sem qualquer tipo de imposição teórica e metodológica. Com essas condições, em menos de dois anos, de 1929 a 1930, Skinner concretizou oito projetos de pesquisa, muitos dos quais efetuados de modo simultâneo.[98] Tais projetos visaram o aperfeiçoamento de instrumentos para que a emissão de respostas comportamentais de sujeitos experimentais infra-humanos (ratos) ocorresse o mais rápido possível, sem a necessidade de supervisão do experimentador e registrada automaticamente. A finalidade das pesquisas era a busca e a descrição gráfica da regularidade comportamental de organismos intactos.[99] A caracterização completa dessas pesquisas

[98] COLEMAN, Quantitative Order...; SÉRIO, op. cit.; SKINNER, *The Shaping...*

[99] SKINNER, *The Shaping...*; SÉRIO, op. cit., p. 52; SKINNER, B. F. The Concept of the Reflex in the Description of Behavior. *Journal of General Psychology*, n. 5, p. 427-458, 1931.

seria uma tarefa quixotesca.[100] De toda forma, uma breve exposição das formulações teóricas e empíricas presentes na tese de doutorado de Skinner, fundamentais para a elaboração do principal conceito de sua ciência (condicionamento operante) e de seu singular método de pesquisa (delineamento experimental de sujeito único) é suficiente para interpretar o vínculo entre sua trajetória institucional e acadêmica às especificidades do seu projeto científico.

A primeira parte da tese de doutorado de Skinner foi publicada em 1931, no artigo *The Concept of Reflex in the Description of Behavior*.[101] Nela, a história da evolução do conceito de reflexo é delineada cronologicamente a partir do trabalho de filósofos e cientistas do século XVII, XVIII, XIX e começo do século XX, como Descartes, Robert Whytt, Marshall Hall, Sherrington, dentre outros. Para Skinner[102], a história do conceito de reflexo caracteriza-se pela crescente capacidade de demonstração observacional da correlação entre um estímulo e um movimento discreto do organismo, uma resposta. Mas, a despeito disso, em sua visão, o conceito mantinha pressupostos teológicos e metafísicos responsáveis por defini-lo como involuntário, inconsciente e inato. Por essa razão, para Skinner, o conceito de reflexo sempre foi analisado com base em fatos incapazes de justificá-lo cientificamente.

Ainda em sua interpretação, mesmo entre os autores que se afastavam do mentalismo e de tradições não científicas do conceito de reflexo, o avanço também se conservava restrito, dado que se dedicaram às investigações anatômicas em busca de mediações físico-químicas na correlação estímulo-resposta de um reflexo. Apesar disso, Skinner avaliou o conceito de reflexo como suficiente para fundamentar seu projeto científico, uma vez que a natureza relacional daquele conceito serviria ao seu propósito de investigar o comportamento total de organismos intactos[103]

[100] Coleman detalha as diferentes investigações realizadas por Skinner nesse período, as quais envolveram procedimentos que o próprio cientista não havia pormenorizado em nenhuma de suas publicações. COLEMAN, Quantitative Order...

[101] SKINNER, The Concept..., p. 451-454. Sério chama a atenção para o fato de que a relevância histórica do artigo é bem mais expressiva do que o título sugere, pois, com sua leitura, constata-se a proposta de elaboração de um programa de pesquisa e de um novo sistema científico com método e objeto próprios. SÉRIO, op. cit., p. 52.

[102] SKINNER, The Concept..., p. 451-454.

[103] SÉRIO, op. cit., p. 52; SKINNER, The Concept..., p. 451-454.

Portanto, os limites do conceito fisiológico de reflexo não fez com que Skinner o descartasse, pelo contrário: antes, viu nele a possibilidade de transposição para uma ciência do comportamento, pois, na sua perspectiva, quando transposta para a correlação entre ambiente e organismos intactos, a correlação estímulo-resposta independia de qualquer investigação fisiológica. Com isso, Skinner[104] sugere que a descoberta e a descrição dessa correlação no comportamento de organismos intactos tinha como consequência a isenção de quaisquer necessidades de pesquisas anatômicas precedentes; o que implicava a inédita inclusão de uma ciência do comportamento no mesmo patamar da fisiologia. Mais do que isso, Skinner supôs, ambiciosamente, que os avanços de uma ciência do comportamento dos organismos intactos levariam a fisiologia a ser dependente de uma ciência descritiva do comportamento, e não o contrário.[105]

Conclui-se, então, que Skinner foi além da produção de uma nova versão historiográfica do conceito de reflexo. Desenvolveu uma variante da história desse conceito, situando-se no cume de seu processo evolutivo ao transpor a noção de reflexo para o centro de sua proposta de uma ciência preocupada com o comportamento dito voluntário de organismos intactos. Para Coleman, essa atitude de Skinner chama atenção por sua audácia, pois o jovem estudante de doutorado propunha algo que nem mesmo os mais importantes psicólogos da época supunha possível: tornar a psicologia comportamental propedêutica das ciências do sistema nervoso.[106]

Na diferenciação entre leis "primárias" ou "estáticas" do reflexo e leis "secundárias" ou "dinâmicas" do reflexo[107], estabelecida na primeira parte de sua tese de doutorado, nota-se como o conceito de reflexo começa a adquirir feição singular no projeto científico de Skinner e como isso representa seu afastamento tanto da fisiologia quanto da psicologia experimental praticada em Harvard e, em parte expressiva, nos Estados Unidos.

As leis "primárias", ou "estáticas", representam quantitativamente a sujeição de atributos da resposta reflexa, como latência e duração, a

[104] SKINNER, The Concept..., p. 451-454.

[105] SÉRIO, op. cit., p. 52; SKINNER, The Concept..., p. 451-454.

[106] COLEMAN, S. R. When historians disagree: B. F. Skinner and. E. G. Boring, 1930. *The Psychological Record*, 35, p. 301-314, 1985. p. 305.

[107] SKINNER, The Concept..., p. 451-454.

determinadas propriedades do estímulo eliciador, por exemplo, a intensidade e a quantidade de estimulação, respectivamente. Tais leis, indeléveis em uma visão fisiológica do reflexo, foram percebidas por Skinner[108] como prova da natureza reflexa do comportamento. Entretanto, para ele, as relações estáticas do reflexo seriam também subordinadas a outras variáveis que não o estímulo eliciador. Skinner denominou-as de "terceiras variáveis", as quais são definidas pelo estado de um organismo quando submetido a alguma droga, pelo número de eliciações de respostas, entre outras condições.

Já as leis "secundárias", ou dinâmicas, do reflexo, como a fadiga, o condicionamento e a extinção, representam quantitativamente que a relação estática é necessariamente subordinada, em nível operacional, a uma terceira variável específica: o número de reforços responsáveis por determinar mudanças na força do reflexo medidas pela taxa de respostas de pressão à barra, no comportamento de organismos intactos. É com essa nova definição, que a transgressão do conceito de reflexo torna-se evidente na proposta científica de Skinner, uma vez que destituí o valor dado ao estímulo eliciador como principal variável de controle do comportamento em favor do foco no processo resposta-estímulo reforçador e das mudanças na força do reflexo.[109] Assim, embora Skinner especifique a história do conceito de reflexo como a evolução de técnicas capazes de descobrir um número cada vez maior de comportamentos por meio da identificação de estímulos eliciadores, sua extensão do conceito de reflexo foi determinada pela busca de leis dinâmicas, abstraídas das mudanças na força do reflexo, medidas pela taxa de respostas. Em suma, seu foco de análise é a resposta e não o estímulo eliciador.

Não obstante a transgressão do conceito de reflexo seja evidente, Skinner[110] manteve-se inconsciente de que sua proposta era incompatível com uma definição reflexa do comportamento, posto que explicava o alto nível de variabilidade no comportamento de organismos intactos, presente nas leis dinâmicas, como parte daquele fenômeno comportamental. Em outras palavras, na perspectiva de Skinner, a variabilidade – uma anomalia indesejável e conflitante com uma explicação reflexa

[108] Idem.

[109] SÉRIO, op. cit., p. 52.

[110] SKINNER, The Concept..., p. 451-454.

e mecânica do comportamento – era agora parte da própria explicação de um tipo de comportamento nomeado de reflexo e base do recém instaurado programa de pesquisa skinneriano.[111]

A violação da noção de reflexo torna-se mais perceptível quando observado que, em correspondência com o uso do conceito, o método desenvolvido por Skinner infringiu, igualmente, regras canônicas das pesquisas fisiológicas e psicológicas que investigavam o comportamento reflexo. Sobre isso, é notado, em primeiro lugar, que a ênfase quantitativa nas primeiras pesquisas de Skinner, naquele momento, voltada para medição da taxa de respostas individuais, era conflitante com algumas de suas fontes de inspiração, como Watson, Pavlov, Sherrington e Magnus, que não recorreram de modo predominante a uma perspectiva quantitativa em suas pesquisas.[112] A ênfase quantitativa localizada nas primeiras pesquisas de Skinner era originada da influência de Crozier, e não dos autores que o proveram da definição inicial de reflexo. Porém, seu conhecimento acerca de métodos quantitativos era incipiente e, por mais que Crozier o influenciou a buscar ordem quantitativa no comportamento dito livre, não é clara a semelhança entre a abordagem de Crozier e a abordagem inicial de Skinner para aquele empreendimento. Como sugere Coleman, em relação à quantificação, a afinidade entre os dois pesquisadores se deu, no melhor dos casos, no apreço que tinham por uma espécie de quantificação de menor significância matemática. Essa condição foi percebida pelo próprio Coleman quando afirma que Skinner:

> não tinha o *background* quantitativo para se tornar um discípulo de Crozier e, além disso, ele não tinha a menor vontade de ser um (B.F. Skinner, comunicação pessoal, Julho, 1985). No entanto, a estratégia científica de Skinner como um aluno-pesquisador da pós-graduação era assumir que a regularidade, de pelo menos um tipo simples quantitativo, existia no comportamento do organismo de movimentos livres, e procurou demonstrar isto em suas várias preparações.[113]

[111] COLEMAN, Historical Context..., p. 211; SÉRIO, op. cit., p. 52; SKINNER, The Concept..., p. 451-454.

[112] COLEMAN, Quantitative Order...

[113] Ibidem, p. 50.

Nas primeiras pesquisas no departamento de fisiologia, Skinner chegou a aproximar-se de modelos matemáticos ao efetuar análises quantitativas com o uso de logaritmos. O motivo para tanto foi seu contato com procedimentos quantitativos modelares da literatura fisiológica, dos quais se aproximou ao frequentar disciplinas do departamento de fisiologia e conhecer as investigações de Crozier e de seus alunos.[114] Entretanto, a adoção de métodos como aquele foi parcial e temporária, pois Skinner não estava preocupado com valores quantitativos específicos, mas com a possibilidade de confirmação da regularidade quantitativa do comportamento. Coleman apoia essa interpretação com base na identificação do declínio do recurso a procedimentos quantitativos nas pesquisas de Skinner, durante a década de 1930 e o início da década de 1940. Além disso, ainda que em pesquisas posteriores ao doutorado Skinner utilize recursos como a função de potência com algum expoente, sua finalidade foi observar a regularidade do fenômeno comportamental e dela abstrair conclusões não quantitativas relevantes.[115]

No nível operacional, a descrição da regularidade comportamental procurada por Skinner deu-se por meio da análise do que ele designou, na parte experimental de sua tese, como as mudanças na força do reflexo medidas em uma pesquisa sobre a taxa de resposta de ingestão de alimentos. Ele lembrou, no entanto, que o problema de usar essa medida era que ela não compunha a lista de medidas de pesquisadores, como Sherrington e Magnus. Como ele observou,

> Em um verdadeiro reflexo, o percentual não servia como medida; ele era determinado pelo percentual de estimulação. Nos meus experimentos, todavia, ele era uma sensível – na verdade, crucial – medida, um fato que ficou especialmente claro pelo meu uso de um registro cumulativo, no qual eu podia ver rapidamente como o percentual mudava momento a momento. O percentual era também particularmente apropriado na análise do comportamento porque ele poderia ser considerado como representante da probabilidade de que um organismo se comportaria de certa forma em um dado momento.[116]

[114] SKINNER, *The Shaping...*

[115] Idem.

[116] Ibidem, p. 69.

Nessa descrição retrospectiva, Skinner exibiu consciência de que o "verdadeiro" reflexo é um fenômeno investigado por meio da medição da taxa de estimulação eliciadora e não, como foi o caso de sua ciência, pela taxa de resposta capaz de prover descrição gráfica e quantitativa do comportamento de organismos intactos ocorrido momento a momento. Para Coleman[117] isso significa que, embora os resultados da tese de Skinner lembrassem a reflexologia e o behaviorismo, não eram equivalentes em termos conceituais e metodológicos a essas perspectivas sobre o comportamento. Woodward concluí que "Nem o laboratório de experimentos de Thornkike, nem de Pavlov, nem mesmo de Crozier permitiram esse registro detalhado do comportamento ao longo do tempo".[118]

Prova ainda das particularidades da ciência skinneriana, em construção naquele momento, é que sua ênfase não quantitativa é inconciliável com aquilo que se consagra na psicologia experimental estadunidense, a partir do início da década de 1930, como indispensável: o uso de grupos de controle com elevado número de sujeitos experimentais, de teste de hipóteses, e a análise dos dados por meio de estatística inferencial,[119] aspecto que será retomado, ao longo da narrativa, como central na explicação da dificuldades de aceitação da ciência skinneriana.

O descompasso entre o uso do conceito de reflexo por parte de Skinner e seus usos nas tradições de pesquisa psicológica, da época, é inquestionável. Pois, embora aquele conceito permeasse a produção científica da psicologia experimental nos Estados Unidos, no final do século XIX e início do século XX,[120] ele sofria contínuas críticas e seu uso estava em declínio na década de 1920. Uma das principais razões para tanto era a crescente tomada de consciência de sua limitação para explicar comportamentos complexos, uma vez que ao carregar o pressuposto de uma relação necessária entre estímulo e resposta, o conceito de reflexo não deixava espaço para as inúmeras variações identificadas

[117] COLEMAN, When historians..., p. 305.

[118] WOODWARD, W. R. Skinner and Behaviorism as Cultural Icons: From Local Knowledge to Reader Reception. In: SMITH, L. D.; WOODWARD, W. R. (Org.). *Skinner and Behaviorism in American Culture.* Bethlehem: Lehigh University Press, 1996. p. 7-34. p. 12.

[119] RUCCI, A. J.; TWENEY, R. D. Analysis of Variance and the "Second Discipline" of Scientific Psychology. *Psychological Bulletin*, n. 87, p. 166-184, 1980.

[120] COLEMAN, Historical Context..., p. 211.

no dito comportamento livre, ou seja, para a gama de fenômenos comportamentais do interesse de Skinner.

Ao tentar explicar a originalidade do projeto científico skinneriano, já em seus primórdios, Coleman[121] inclui atributos pessoais de Skinner, como seu não conformismo, sua iconoclastia e seu autodidatismo, como essenciais para compreender os rumos de seu pensamento. Coleman, no entanto, não interpreta como tais atributos relacionaram-se com as práticas institucionalizadas do departamento de fisiologia e psicologia de Harvard. Assim, deixa de considerar que o estilo de trabalho de Skinner associado ao contexto acadêmico e institucional não é mero pano de fundo da história do início do seu projeto científico. Os efeitos do suposto desconhecimento psicológico e, por conseguinte, do isolamento da psicologia em Harvard e dos privilégios no departamento de fisiologia são assumidos pelo próprio Skinner quando afirma que sua tese de doutorado apresentava vaga conexão com a psicologia praticada naquela instituição, e com a psicologia experimental estadunidense como um todo. Os impactos diretos daquele cenário sobre a originalidade de suas formulações são igualmente assumidos quando recorda do seu primeiro livro, publicado em 1938 – que apresentou muitos resultados derivados de seu doutorado e pós-doutorado em Harvard.

> O que o *Comportamento dos Organismos* pareceria hoje em dia se eu não tivesse negligenciado meus contemporâneos naquela época? Estaria cheio de labirintos temporais, "balanço centrífugo", "insight," plataformas de salto de Lashey, aprendizagem latente, e Deus sabe mais o quê.[122]

Skinner promulgou a defesa do conceito de reflexo como base de uma ciência do comportamento inserido em um departamento de fisiologia. Com isso, era de se presumir o surgimento de questionamentos e obstáculos, visto que, além de transgredir a noção de "reflexo" – autêntico representante da tradição fisiológica –, Skinner[123] conferiu primazia à ciência do comportamento em relação à ciência fisiológica.

[121] COLEMAN, When historians...

[122] SKINNER, *Particulars...*, p. 255-256.

[123] SKINNER, The Concept..., p. 451-454.

Posição, como indicado, facilitada pela inexistência de controle rígido de regras científicas e pela liberdade oferecida por Crozier, que além de não saber ao certo o que Skinner pesquisava, incentivava a busca de interesses individuais, ainda que fossem incompatíveis com as pesquisas realizadas por ele. O jovem Skinner, que não fora submetido a nenhum processo de disciplinarização na psicologia, também não foi obrigado a seguir de forma estrita normas científicas da fisiologia, o que explica seu afastamento gradativo do tipo de pesquisa realizada no departamento de fisiologia e, concomitante a esse afastamento, o aumento na frequência de seus relatos de sentimento de liberdade, autonomia, segurança e satisfação com os resultados de suas pesquisas.

A recepção da tese de Skinner nos departamentos de psicologia e fisiologia também designa as possibilidades de avanço de seu trabalho em cada um daqueles espaços acadêmicos. Primeiro, a tese de doutorado de Skinner foi avaliada de modo negativo pelo principal representante do departamento de psicologia em Harvard, Edwin Boring. Ao avaliar a parte histórica da tese de Skinner, Boring – que, no início da década de 1930, firmou-se como o principal historiador da psicologia experimental nos Estados Unidos – decidiu por reprová-la, classificando-a como uma história seletiva e tendenciosa do reflexo, pois empreendida de modo a sustentar um pedante projeto de ciência do comportamento.[124] Como membro da banca avaliadora da tese de Skinner, Boring exigiu inúmeras alterações de modo que o conceito de reflexo fosse analisado de forma menos pretensiosa. Skinner, todavia, não acatou nenhuma das sugestões descritas nas cinco páginas da crítica de Boring ao seu texto. Sua justificativa para tanto foi a de que os demais leitores, membros do departamento de fisiologia, haviam dado retornos favoráveis à tese. Por causa disso, educadamente, Boring retirou-se do comitê avaliador da tese de Skinner e solicitou a indicação de outro membro do departamento para substituí-lo.[125]

Skinner considerou previsível a decisão de Boring, porque ia além da discordância dos seus usos da história para definir o conceito de

[124] COLEMAN, When historians...

[125] Edwing G. Boring. Notas de avaliação da tese de doutoramento de B. F. Skinner. Arquivo B. F. Skinner da universidade de Harvard.

reflexo. Era, igualmente, consequência das contínuas críticas, muitas das quais públicas, de Boring à adesão de Skinner ao behaviorismo.[126] Veja o fato de que a oposição informal entre Skinner e Boring ocorreu mais de uma vez em disciplinas e colóquios no departamento de psicologia, o que, por sua vez, fez do desacordo sobre a tese de Skinner um microcosmo do cenário da psicologia de Harvard e de sua intensa rejeição a uma psicologia behaviorista.[127]

Em contraposição à opinião de Boring, Crozier, ao ler a primeira parte da tese de Skinner, alegou que o trabalho era de ótima qualidade, muito embora tivesse excesso de teoria, sendo assim incompatível com grande parte das pesquisas realizadas no departamento de fisiologia. Crozier reconhece a originalidade da tese de Skinner e prevê certeiramente que isso seria um problema para os psicólogos em Harvard. Por último, Crozier confia a Skinner a tarefa de alterar ou não o que quisesse no manuscrito final de sua tese.[128]

Essa situação, embora designe o afastamento inquestionável de Skinner em relação à produção acadêmica do departamento de psicologia em Harvard, não foi motivo para que Boring deixasse de apoiá-lo e fornecer auxílio institucional.[129] Essa postura de Boring, aparentemente contraditória, será posteriormente elencada por seus ex-estudantes como uma de suas marcas ao longo de sua carreira: o apoio financeiro e institucional igualitário para os estudantes avaliados por ele como talentosos e que estiveram de algum modo vinculados ao departamento de psicologia de Harvard, incluindo aqueles que compartilhavam de predileções científicas e filosóficas incompatíveis com as suas.[130]

Os elementos abordados até este ponto são consonantes com aquilo que Kuhn descreve como os responsáveis por um jovem cientista inovar em um campo do conhecimento. O autor remete ao parco tempo de estudo em uma área, à liberdade científica, à decorrente falta de controle

[126] KELLER, At My...; SKINNER, *The Shaping...*, p. 8.

[127] COLEMAN, When historians...

[128] CROZIER, W. Carta para Skinner. 4 de junho de 1931. Arquivo B. F. Skinner da Universidade de Harvard.

[129] SKINNER, *The Shaping...*

[130] QUINE, W. V. O. *The Time of My Life*: An Autobiography. Cambridge, MA: Bradford Books, 1985.

institucional e, por sua vez, ao pouco comprometimento com as regras de uma ciência como condições favoráveis para que cientistas neófitos sejam responsáveis por empreender inovações desencadeadoras de revoluções científicas. Em outras palavras, essas condições são necessárias, em significativa proporção, para que jovens pesquisadores realizem formulações científicas com alto grau de criatividade, responsáveis por mudanças paradigmáticas em uma ciência. Nas palavras de Kuhn:

> Quase sempre, os homens que fazem essas invenções fundamentais são muito jovens ou estão há pouco tempo na área de estudos cujo paradigma modificam. Talvez não fosse necessário fazer essa observação, visto que tais homens, sendo pouco comprometidos com as regras tradicionais da ciência normal em razão de sua limitada prática científica anterior, têm grandes probabilidades de perceber que tais regras não mais definem alternativas viáveis e de conceber um outro conjunto que possa substituí-las.[131]

Contudo, é necessário amenizar a extensão da interpretação kuhniana para a trajetória de Skinner. Primeiro, porque, para Kuhn, a psicologia não é uma ciência paradigmática e, em segundo lugar, pois mesmo que a transgressão do conceito de "reflexo" efetuada por Skinner – ao dar atenção à variabilidade do reflexo e ao processo resposta-estímulo, ao invés do processo estímulo-resposta – seja semelhante a um momento de identificação de anomalias científicas desencadeadores de crises científicas e de suas decorrentes resoluções, não é possível afirmar que ele trabalhou como se houvesse qualquer crise na tradição de pesquisa reflexológica.[132] Ainda assim, a interpretação de Kuhn elucida como determinadas condições idiossincráticas da trajetória de certos cientistas se relacionam aos rumos de produções científicas inovadoras. No caso de Skinner, a formulação de uma nova forma de explicação e estudo do comportamento, que se distanciava das tradições de pesquisa fisiológica e psicológica existentes na primeira metade do século XX, nos Estados Unidos.

[131] KUHN, *A estrutura...*, p. 122.

[132] SÉRIO, op. cit., p. 52.

Novas recompensas, mais liberdade e reconhecimento

Após completar todos os requerimentos para obtenção do grau de doutor, com a recomendação de Crozier e Boring, Skinner apresentou à Universidade de Harvard um pedido de bolsa de pós-doutorado para continuar suas pesquisas no laboratório de fisiologia. A bolsa concedida pelo *National Research Council Fellowship*, para 1931, teve renovações para os anos de 1932 e 1933.[133] A aprovação do financiamento denota o prestígio científico de Skinner em Harvard, como um jovem e promissor cientista, mas não significa aprovação, por parte do departamento de psicologia, de suas pretensões em formular uma ciência do comportamento. Na realidade, a partir desse período, uma ambiguidade acompanhará Skinner ao longo de toda carreira: o elevado reconhecimento das suas capacidades técnicas e científicas não será suficiente para a aceitação e a adesão ampla à sua ciência, como ele aspirava.

O ambíguo reconhecimento de Skinner faz-se presente na carta de recomendação escrita por Boring para comissão avaliadora do *National Research Council Fellowship.* Tal carta de recomendação, desconhecida por Skinner por várias décadas[134], configura-se como um prelúdio de vários outros episódios no decorrer da sua carreira, nos quais o reconhecimento científico da figura de Skinner foi desvinculado da aceitação de suas formulações científicas. Naquela correspondência, o então chefe do departamento de psicologia de Harvard descreveu Skinner como um pesquisador treinado para a realização de pesquisas sobre comportamento animal. Igualmente, exaltou as aptidões teóricas de Skinner e alegou ser este um estudante original e capaz de grandes realizações científicas. Nas palavras de Boring: "Ele tem um entusiasmo febril e efervescente. Nós pensamos nele aqui como um possível 'gênio', usando essa palavra para representar esta imagem".[135] Na correspondência, Boring, entretanto, alertou sobre o que pensava ser o único, mas sério defeito de Skinner: seu desejo de fundar uma ciência do comportamento. Esse desejo

[133] BJORK, op. cit.

[134] WIENER, op. cit.

[135] BORING, 1930, apud BJORK, op. cit., p. 101.

científico e epistemológico, na percepção de Boring, estava fora do campo de treinamento daquele jovem cientista. Boring, então, recomendou a aceitação da proposta de financiamento das pesquisas de pós-doutorado de Skinner como forma de suprimir as ambições deste. "Eu espero que ele possa ter a bolsa porque isso iria direcionar sua energia para longe daquele tipo de entusiasmo".[136] Apesar da intenção de afastar Skinner de seu propósito inicial, essa recomendação fez com que Boring, ironicamente, contribuísse decisivamente para que Skinner obtivesse mais tempo, mais espaço, mais liberdade e mais financiamento para continuar seus planos de edificar um novo sistema científico.

A manutenção do reconhecimento da figura científica de Skinner é notada quando, ao término de sua última bolsa de pós-doutorado, em março de 1933, ele foi selecionado para ser membro da recém-criada *Harvard Society of Fellows* e tornou-se um prestigiado *Junior Fellowship*, entre os anos de 1933 e 1936. Além de representar a ampliação do prestígio de Skinner em Harvard, sua admissão nessa sociedade o posicionou na elite acadêmica estadunidense, ao torná-lo membro de um seleto grupo de estudantes. A criação daquela sociedade e seus benefícios foram parte das estratégias para o restabelecimento de Harvard como o principal centro formador de expoentes da ciência estadunidense, tendo em vista sua perda de *status* nas primeiras décadas do século XX. A *Harvard Society of Fellows* garantia condições para que jovens e promissores pesquisadores desenvolvessem seus projetos de pesquisa com total liberdade científica, livres de obrigações burocráticas e de qualquer trabalho docente. Com esse propósito, para sua primeira edição, seis estudantes foram selecionados.

A descrição da Society of Fellows expõe que o perfil almejado para ocupar posto naquela sociedade, e desfrutar de seus privilégios, correspondia ao intuito declarado de Harvard em estabelecer um ambiente altamente informal e livre de obrigações, para seus membros mais aptos desenvolverem seus respectivos interesses intelectuais. Assim, é anunciado que

> o propósito da Sociedade é dar para cada mulher e homem, no começo de suas carreiras acadêmicas, uma oportunidade de buscar seus estudos em qualquer departamento da Universidade, livre

[136] Idem.

de requerimentos formais. Eles devem ser pessoas de excepcional habilidade, originalidade, e desenvoltura, e devem ser do mais alto calibre de realização intelectual, comparáveis aos candidatos bem sucedidos para posição de professor em Universidades líderes.[137]

Outra prova de que a Society of Fellows criou um espaço institucional, orientado para uma vivencia acadêmica altamente informal de seus membros, é a postura de seu fundador, o então presidente emérito de Harvard, Lawrence Lowell, em defender que a comunicação informal entre os membros da sociedade era essencial para o avanço de Harvard em diferentes áreas do conhecimento. Por isso, regras de convívio foram estabelecidas para os primeiros *Junior Fellows*, como almoçarem juntos ao menos duas vezes por semana e encontrarem-se todos os domingos para jantar. Além disso, durante os três anos de associação à *Harvard Society of Junior Fellows*, seus participantes eram isentos de qualquer exame e livres de entregarem qualquer relatório formal de suas atividades. A descrição do que se esperava do *Junior Fellows* denota compatibilidade com o perfil de Skinner em seus primeiros anos em Harvard:

> *Junior Fellows* são selecionados por sua desenvoltura, iniciativa e curiosidade intelectual, e porque seus trabalhos são excepcionalmente promissores. Eles são livres para devotar todo o seu tempo para produção acadêmica. Eles podem empreender projetos já em andamento ou pesquisas originais. Igualmente podem dedicar seu tempo à aquisição de conhecimento de disciplinas acessórias de modo a prepararem para a investigação de problemas em campos convencionais. Devido a esta total liberdade de escolha e de ação, é importante que os candidatos demonstrem capacidade de trabalhar de forma independente.[138]

A relevância dada à iniciativa extrapola os muros da Universidade e é percebida em jornal local, que anunciou serem os membros daquela sociedade "A 'nova aristocracia de cérebros' de Harvard".[139] Além do valor muito superior para uma bolsa de pesquisa daquele período, foi garantido

[137] HARVARD UNIVERSITY. *About The Society of Fellows*. 2004. Disponível em: <http://www.fas.harvard.edu/~socfell/about.html> Acesso em: 15 ago. 2012.

[138] Idem.

[139] BJORK, op. cit.

a seus membros quarto individual e acesso livre a todas as instalações de Harvard. Foi parte das atividades dessa sociedade a participação em eventos periódicos nos quais seus integrantes mantinham contato com eminentes pesquisadores de diversas áreas do conhecimento, tanto de Harvard quanto de outras Universidades. O encontro com vencedores do prêmio Nobel e outros expoentes de diversos campos do conhecimento são exemplares dos privilégios naquelas ocasiões programadas para os membros da *Harvard Society of Fellows*. Por essas e outras razões, Skinner noticiou a seus pais que "isto foi provavelmente o maior evento da minha vida".[140]

O valor de tal acontecimento na carreira de Skinner é expresso em sua autobiografia de modo semelhante àquilo que Denzin[141] designa como a narrativa de momentos desencadeadores de expressivas mudanças nos rumos de uma vida. Prova disso é o tom dramático conferido por Skinner ao comentar o ingresso naquela sociedade: "Eu não estava apenas sendo resgatado de um desastre, eu me encontrei com o que foi naquele tempo o mais generoso suporte que um acadêmico poderia querer".[142] As vantagens de ser membro da *Harvard Society of Fellows* foram também salientadas no relato de outro membro do primeiro grupo de bolsistas, que, como Skinner, tornou-se um dos expoentes de seu campo de conhecimento no século XX: o filósofo pragmatista Willard V. Quine. Ao recordar daquele momento de sua formação acadêmica Quine enfatizou a liberdade, a disponibilidade de tempo e o contato profícuo com outros pesquisadores como os principais benefícios de ser parte daquele grupo. O que para ele também "significou três anos de salário e nenhuma obrigação".[143]

A consciência da relevância de ser membro daquela sociedade, para Skinner, não ocorre apenas retroativamente, quando escreve sua autobiografia. Já no momento de aprovação do seu apontamento para ser um *Junior Fellow*, ao comunicar a Edward C. Tolman, da novidade, Skinner expressa clara percepção dos privilégios de ser membro daquela

[140] SKINNER apud BJORK, op. cit., p. 102.

[141] DENZIN, N. *Interpretative Biography*. Newbury Park: Sage Publications, 1989.

[142] SKINNER, *The Shaping...*, p. 123.

[143] QUINE, op. cit., p. 65.

sociedade ao afirmar que: "Isto me dará a grande chance de fazer somente aquilo que eu quero fazer".[144]

Os impactos de ser membro da *Harvard Society of Fellows* ainda propiciaram a Skinner o começo daquilo que também será recorrente ao longo de sua trajetória acadêmica: o reconhecimento da sua figura para além das fronteiras da comunidade científica. Um das evidencias disso é a presença do seu nome, no começo da década de 1930, na famosa lista *America's Young Men: the official Who's Who among the Young Men of the Nation,* popular publicação estadunidense das primeiras décadas do século XX, que apresentava breves biografias de jovens designados como promessas de grandes realizações na sociedade norte-americana. Igualmente, dentro da comunidade científica, ser membro da *Harvard Society of Fellows* foi condição para que Skinner fosse convidado e eleito para participar de diferentes associações científicas, como a Sigma XI, sociedade fundada no início do século XIX e responsável por apoiar o financiamento e divulgação da ciência nos Estados Unidos e Europa, tendo, já no começo do século XX, inúmeros vencedores do Prêmio Nobel como parte da sua lista de membros. A sociedade era responsável também por divulgar periodicamente a lista do que considerava serem os mais promissores cientistas da época. Contudo, assim como acontecerá em outros momentos de sua vida, Skinner rejeitou ser membro daquela sociedade, sem explicação dos motivos.[145]

Estar associado à *Harvard Society of Fellows* significava, para Skinner e para a própria instituição, a manutenção de vínculo de interesse mútuo. Essa era, na verdade, uma preocupação declarada em Harvard, posto que a "*Junior Fellows* era um lugar de privilégios especiais da Universidade"[146] que deveria ser transfigurada em retorno para a instituição. Seus membros eram assim percebidos como investimento de médio e longo prazo.

[144] SKINNER, B. F. Carta para E. C. Tolman. 1° de abril de 1933. Arquivo B. F. Skinner da Universidade de Harvard.

[145] LEET, L. T. Carta para B. F. Skinner. 18 de maio de 1933. Arquivo B. F. Skinner da Universidade de Harvard; SKINNER, B. F. Carta para L. T. Leet. 22 de maio de 1933. Arquivo B. F. Skinner da Universidade de Harvard.

[146] DIRETOR DE HARVARD [nome ilegível]. Carta para B. F. Skinner. 25 de março de 1935. Arquivo B. F. Skinner da Universidade de Harvard.

OS IMPACTOS DA VIDA INSTITUCIONAL NA TRAJETÓRIA ACADÊMICA

A inserção de skinner no mercado acadêmico

> *Os psicólogos estavam muito ocupados com a guerra para prestar qualquer atenção a experimentos com ratos ou em um livro como The Behavior of Organisms – apenas oitenta cópias haviam sido vendidas durante os quatro anos de guerra – e ninguém parecia estar voltado para o estudo do comportamento operante.*[147]

Nos setes primeiros anos em Harvard, entre 1928 e 1936, Skinner dedicou-se à formulação das bases de seu sistema científico, empreendimento propiciado pela ampla liberdade científica e institucional experimentada ao vincular-se ao departamento de fisiologia daquela instituição. Todavia, ao término de sua bolsa de pós-doutorado como membro da *Harvard Society of Fellows*, essa situação favorável foi alterada bruscamente. Primeiramente, a necessidade de obter um emprego não estava no "plano de campanha",[148] e, em segundo lugar, com a grande

[147] SKINNER, The Shaping..., p. 285.

[148] Em 1932, Skinner esboçou um planejamento inicial dos temas que seriam estudados por ele entre as décadas de 1930 e 1960. A esse planejamento ele deu o nome: "plano de campanha". Na sequência, é apresentada a transcrição da nota em que Skinner descreve tal "plano": "1). Descrição experimental do comportamento. Continuar ao longo das linhas atuais. Propriedades do condicionamento, extinção, drives, emoções, etc. Não se render à fisiologia do sistema nervoso central. Publicar. 2). Behaviorismo *versus* psicologia. Apoio metodológico a uma teoria behaviorista. Definições operacionais de todos os conceitos psicológicos. Não publicar muito. 3). Teorias do conhecimento (científicas somente). Definições de conceitos em

depressão econômica norte-americana pós-1929, os empregos para professores, nas Universidades estadunidenses, estavam escassos.[149] Pesquisa da American Psychological Association (APA) sobre as ofertas de emprego para psicólogos nos Estados Unidos, no início da década de 1930, mostra que 100 psicólogos tinham recebido o título de doutor entre 1931 e 1932, no entanto, havia disponíveis apenas 33 vagas para essa função. Para os psicólogos com titulação de mestrado, a situação era ainda mais desfavorável: 405 psicólogos receberam o título de mestre, entre 1931 e 1932, mas existiam apenas 45 vagas para tal cargo, "E havia pouca esperança de que a situação melhorasse nos próximos anos".[150] Portanto, um cenário novo e adverso se apresentou a Skinner, que viveu de modo confortável nos seus setes primeiros anos em Harvard, compartilhando um cotidiano acadêmico estimulante e usufruindo de excelentes condições de trabalho. Sobre aquele período, Skinner afirmou ter sido ele perfeito para seus planos, no entanto, sabia que em algum momento "precisava pagar o preço";[151] e aquele era o momento.[152]

A escolha de um campo de estudo pelo qual tinha interesse, e não de um campo popular na psicologia, e a declarada negligência de Skinner pela produção daquilo que denominou de "tradicional psicologia animal" foram outros empecilhos para conseguir o primeiro emprego como professor.[153] A falta de experiência docente de Skinner foi igualmente obstáculo para a inserção no mercado acadêmico, que, naquele

termos de comportamento. A ciência descritiva do que acontece quando as pessoas pensam. Relatar trabalhos experimentais. Incluir uma teoria do significado. Publicar tarde. 4). Teorias do conhecimento (não científica). Crítica literária. Teoria behaviorista da criatividade. Publicar muito mais tarde se for possível. Esses objetivos estão em ordem de sua importância, embora 2 e 3 sejam praticamente idênticos. De longe o maior volume de tempo será gasto com o objetivo 1. Plano para os anos 60 ? (Estes estão além do meu presente controle)". SKINNER, *The Shaping*..., p. 115. Uma análise detalhada do desenvolvimento do programa de pesquisa skinneriano foi realizada por ANDERY, M. A. P. A.; SÉRIO, T. M. A. P. Os programas de pesquisa de Skinner: proposições e problemas. In: GUILHARDI, H. (Org.). *Sobre comportamento e cognição*. São Paulo: Esetec, 2002. p. 257-268.

[149] Ibidem; CAPSHEW, op. cit.

[150] CAPSHEW, op. cit., p. 29.

[151] SKINNER, *The Shaping*..., p.178.

[152] HUNTER, W. S. Carta para Skinner. 8 de maio de 1936. Arquivo B. F. Skinner da Universidade de Harvard.

[153] SKINNER, *The Shaping*...

período, demandava doutores em psicologia com ampla experiência em sala de aula.[154]

Outras duas razões não explicitadas por Skinner dificultaram sua inserção no mercado acadêmico: suas altas aspirações acadêmicas e a reputação adquirida durante seu pós-doutorado. Sobre a primeira razão, é significativa a sua postura de recusar ofertas de emprego em instituições de ensino superior por ele consideradas de baixo *status* acadêmico.[155] Sobre sua reputação, a troca de correspondência de Boring com psicólogos de outras instituições, e com o próprio Skinner, revela que a fama do jovem psicólogo amedrontava possíveis empregadores de instituições acadêmicas de médio porte.[156]

Wiener sintetiza assim esse período de dificuldade para o ingresso de Skinner no mercado acadêmico: "Sua brilhante pesquisa foi estabelecida (...) Mas sua experiência docente era nula".[157] O motivo da falta de experiência docente era óbvio: diferente da maioria dos pós-graduandos em psicologia de sua geração, Skinner dedicou-se exclusivamente à pesquisa. Não por acaso, vários de seus colegas de pós-graduação, que adquiriram prática docente durante o mestrado e o doutorado, conseguiram rapidamente assumir cargos de professores.[158] Skinner expressou consciência dessa deficiência em sua formação e assegurou ter cometido um sério erro ao se dedicar apenas à pesquisa, dando rara atenção ao ensino: "Eu tinha perdido vários empregos... por falta de experiência docente. Ao mesmo tempo, eu fui recusado para empregos como professor iniciante, porque eu tinha muitas publicações".[159]

Outro obstáculo foi sua declarada falta de empenho em divulgar seus achados de pesquisa no departamento de psicologia de Harvard. Acerca disso, Skinner lembra que, apesar de já ter publicado alguns artigos, não fez esforço para promover os resultados de suas pesquisas, que todos sabiam não seguir nenhuma das linhas de pesquisa daquela instituição. Uma das consequências disso foi que, ainda durante o pós-doutorado,

[154] CAPSHEW, op. cit.

[155] WIENER, op. cit., p. 54-55.

[156] BJORK, op. cit., p. 85; SKINNER, *The Shaping...*

[157] WIENER, op. cit., p. 47.

[158] CAPSHEW, op. cit.

[159] SKINNER apud WIENER, op. cit., p. 49.

Skinner foi tratado como um desertor no departamento de psicologia,[160] o que, por sua vez, não o tornou opção viável às recomendações para ocupação de cargos acadêmicos em Harvard.

Skinner avaliou todo esse panorama do final do seu pós-doutorado de forma pessimista. Uma síntese dessa avaliação foi exposta por ele nos seguintes termos:

> No meu 'plano de campanha para os anos 30-60', eu não havia mencionado conseguir um emprego. Eu tinha escolhido um campo de pesquisa, não porque era popular, mas porque ele me interessava. Eu não tinha feito nenhum esforço para relacionar o meu trabalho com outros da área, e os outros pesquisadores não tinham nenhuma razão para relatar seus trabalhos para mim. Eu tinha publicado um bom número de artigos, mas eles não estavam na corrente principal da psicologia americana e quase nunca eram citados. Embora Lashley tivesse dito que gostou do meu artigo sobre o conceito de reflexo, ele nunca se referiu a ele em suas publicações. Hunter me apoiou profissionalmente, mas ele realmente não entendia minha pesquisa. Ninguém estava fazendo um trabalho publicável com meus métodos (Fred estava apenas começando), e a curva cumulativa ainda era uma curiosidade.[161]

Keller comenta que, em 1936, compartilhava com Skinner a preocupação em conseguir emprego, mas que os motivos para a apreensão eram bem distintos.

> Burrhus e eu tínhamos começado a procurar emprego por razões diferentes. Ele estava terminando seu período como bolsista de pós-doutorado em Harvard e, assim, era qualificado demais para trabalhar em muitas instituições educacionais. Eu estava simplesmente procurando encontrar um lugar que me provesse um futuro melhor. Muitas de nossas cartas eram sobre nossa preocupação com abertura de vagas para empregos.[162]

Mas Keller surpreendeu-se por ter conseguido emprego antes de Skinner, com melhores condições de trabalho, salário e possibilidades

[160] SKINNER, *The Shaping...*, p. 178.

[161] Idem.

[162] KELLER, *At My...*, p. 155.

de ascensão acadêmica.[163] Apesar da surpresa, a inserção de Keller no mercado acadêmico foi compatível com a demanda por professores com experiência docente, uma vez que ele havia acumulado práticas de ensino desde o início de sua pós-graduação. Nomes como Clark Hull e Edward Tolman também se surpreenderam com as dificuldades de Skinner conseguir seu primeiro emprego. Tolman, em carta enviada a Skinner, no início de 1936, mostra-se desapontado por saber que Harvard não havia percebido a importância da pesquisa de Skinner, pois estavam perdendo a oportunidade de contratar um cientista talentoso e promissor.[164]

Foi somente em 1936, após a indicação de Boring, desconhecida por Skinner até a década de 1980, que o jovem psicólogo conseguiu seu primeiro emprego como professor na Universidade de Minnesota. Assim, mais uma vez, Boring, mesmo crítico da posição científica de Skinner, continuou a apoiá-lo, assim como havia feito nos anos anteriores em Harvard.[165]A recomendação do nome de Skinner para a Universidade de Minnesota –expressa em carta enviada a Richard Elliot, ex-aluno do departamento de psicologia em Harvard e naquele momento chefe do departamento de psicologia daquela instituição – denota a avaliação de Boring acerca de Skinner como um pesquisador altamente capaz de extraordinárias realizações científicas, mas carente de oportunidades de emprego, porque havia feito o caminho inverso: tornou-se um renomado pesquisador antes de adquirir experiência docente.

> Tudo que posso dizer é que você tem a chance de ter um jovem gênio que, sob a sua proteção se desenvolveria muito mais... Ele foi muito protegido... [em] Harvard. Agora ele sabe que ele deveria ter encarado a realidade de um emprego como professor mais cedo, antes que ele ganhasse tal reputação como um homem de pesquisa que as pessoas temem para um trabalho trivial (...) Skinner está muito ansioso em agradar e é excepcionalmente capaz de fazê-lo.[166]

[163] Ibidem.

[164] TOLMAN, E. Carta para Skinner. 9 de fevereiro de 1936. Arquivo B. F. Skinner da Universidade de Harvard.

[165] BJORK, op. cit.; WIENER, op. cit.

[166] BORING apud WIENER, op. cit., p. 49.

Esse episódio revela algo inimaginável por Skinner na década de 1930: a emissão, por parte de Boring, de um juízo positivo a seu respeito. Para Skinner[167], Boring tinha restrita propensão a agradá-lo, por isso esperava dele nada mais do que indiferença sobre sua precária situação. Por essa razão, é provável que Skinner tenha acreditado durante muito tempo ter obtido a inserção na Universidade de Minnesota exclusivamente por sua reputação.[168] Todavia, por certo, foi após a recomendação de Boring, e perante a conclusão de que dificilmente alcançaria uma ocupação melhor do aquela oferecida em Minnesota, que Skinner assumiu o cargo e iniciou sua carreira docente.

Em termos institucionais, a passagem de Skinner pela Universidade de Minnesota, entre 1936 e 1945, foi marcada pela vivência de adversidades inexistentes em seu doutorado e pós-doutorado em Harvard. A mais significativa foi a subordinação teórica e metodológica às pesquisas de outro psicólogo experimental, William T. Heron, chefe do laboratório de psicologia experimental. Embora Skinner assuma ter compartilhado com Heron opiniões sobre a determinação do comportamento, este era adepto da utilização de grupos de controle, com grande número de sujeitos experimentais, e de análise estatística inferencial – procedimentos incompatíveis com o projeto científico de Skinner.

Em virtude da afiliação a Heron e a seu laboratório de psicologia experimental, Skinner[169] assumiu ter sido persuadido, durante parte da segunda metade da década de 1930, a empreender pesquisas com métodos inconciliáveis com aqueles utilizados no arcabouço de sua ciência do comportamento. Nesse novo ambiente institucional, em conjunto com Heron, Skinner realizou uma série de experimentos sobre o efeito de drogas no comportamento de ratos em labirintos e alguns estudos sobre aparatos e procedimentos para a investigação do comportamento animal.[170]

[167] SKINNER, *The Shaping...*; SKINNER, *A Matter...*

[168] WIENER, op. cit.

[169] SKINNER, *The Shaping...*; SKINNER, The Concept...

[170] HERON, W. T.; SKINNER, B. F. An Apparatus for the Study of Animal Behavior. *The Psychological Record,* n. 3, p. 166-176, 1939; HERON, W. T.; SKINNER, B. F. Rate of Extinction in Maze-Bright and Maze-Dull Rats. *Psychological Bulletin*, n. 36, p. 520, 1939; HERON, W. T.; SKINNER, B. F. Rate of Extinction in Maze-Bright and Maze-Dull Rats. *The Psychological Record*, n. 4, p. 11-18, 1940.

Ao comentar a recepção de seu primeiro livro, *The Behavior of Organisms,* e as pesquisas desenvolvidas em Minnesota na segunda metade da década de 1930, Skinner explicou as razões da discrepância entre o seu projeto científico, desenvolvido em Harvard com o uso do delineamento experimental de sujeito único, e suas pesquisas em Minnesota com Heron. Em suas palavras:

> A maior parte dos experimentos descritos no livro *O Comportamento dos Organismos* foi realizado com grupos de quatro ratos. Uma reação bastante comum ao livro foi a de que esses grupos eram muito pequenos. Como eu saberia que outros grupos de quatro ratos fariam a mesma coisa? Keller, ao definir o livro, afirma que grupos de quatro eram na verdade grandes demais. Infelizmente, porém, eu me permiti ser persuadido do contrário, devido, em parte, à minha associação à Universidade de Minnesota com W. T. Heron. Por causa dele, eu entrei em contato próximo pela primeira vez com a tradicional psicologia animal.[171]

Dois aspectos dessa passagem merecem comentários. O primeiro é a confirmação de Skinner de que seu comportamento científico foi parcialmente controlado pelo vínculo a um novo ambiente institucional e a um pesquisador (chefe do laboratório) adepto de métodos e procedimentos de pesquisa diversos daqueles formulados por ele durante sua estada em Harvard. O segundo comentário é que, ao declarar ser aquela a primeira vez que entrava em contato com a tradicional pesquisa em psicologia animal, a despeito das ambiguidades com respeito a sua relação com o conhecimento psicológico, decerto o ingresso de Skinner em Minnesota e sua vinculação a Heron definem o primeiro e único momento em sua carreira, após sua saída de Harvard, no qual foi obrigado a realizar pesquisas com métodos e procedimentos incompatíveis com seu sistema científico.

Apesar disso, as primeiras descrições de Skinner acerca de sua situação na Universidade de Minnesota indicam certa satisfação com o trabalho com Heron[172] e com as condições de trabalho naquela instituição. É assim que ele diz a Crozier, em março de 1937: "Minha posição

[171] SKINNER, B. F. A case history in scientific method. *American Psychologist*, v. 11, n. 5, p. 89-94, 1956.

[172] SKINNER, *The Shaping...*

aqui é tudo o que podia desejar. Meus deveres como professor são leves, meus estudantes interessados, e eu tenho todas as facilidades para a pesquisa que eu preciso".[173] Mas essa imagem de otimismo não foi a mesma que Skinner descreveu para Keller, meses depois dessa carta enviada a Crozier. Para seu amigo, Skinner confidenciou que, à medida que o tempo passava, sua situação tornava-se cada vez menos confortável em Minnesota, visto que, para ele, a ineficácia do tipo de método utilizado por Heron era patente. Além disso, declarou-se preocupado, pois sentia estar cada vez mais distante de retomar as pesquisas relacionadas a seus achados nos anos anteriores em Harvard. Por fim, Skinner expôs que, em Minnesota, tinha medo de divulgar sua ciência, uma vez que temia represálias de Heron, que já apresentava sinais de insatisfação em relação ao seu trabalho. Diante desse cenário, parecia cada vez mais improvável uma posição que permitisse a ele independência acadêmica e institucional. Como ele ressaltou:

> Eu não via nenhuma maneira rápida de conseguir uma boa posição em Minnesota porque eu tinha meus próprios problemas. Heron estava tornando-se "descontente e distante". Eu tinha que evitar falar sobre o meu "sistema" com alunos de pós-graduação que estavam interessados em trabalhar com animais.[174]

O descontentamento de Heron ia além da incompatibilidade científica com a posição de Skinner. Heron também criticava os hábitos de trabalho de seu novo professor.[175] Mais especificamente, Heron via Skinner como um pesquisador individualista e desatento a problemas do departamento que não diziam respeito a seus interesses de pesquisa. Para Heron, essa postura incentivava comportamentos individualistas nos alunos de pós-graduação. Em função desse motivo e da divergência científica, Heron solicitou mais de uma vez à diretoria do departamento de psicologia a isenção de responsabilidade sobre a atuação de Skinner.

Assim como em Harvard, o isolamento de Skinner no departamento de psicologia será marcante durante sua passagem por Minnesota.

[173] SKINNER, B. F. Carta para W. J. Crozier. 18 de março de 1937. Arquivo B. F. Skinner da Universidade de Harvard.

[174] SKINNER, *The Shaping...*, p. 236.

[175] WIENER, op. cit., p. 52.

Todavia, é preciso lembrar que o isolamento nesta instituição se deu por motivos bem diversos. Em Harvard, Skinner obteve liberdade e condições materiais que o imunizaram da necessidade de aderir estritamente a perspectivas teóricas e metodológicas praticadas no departamento de psicologia naquela instituição. Em Minnesota, no entanto, os relatos do isolamento de Skinner não mais se referiam apenas aos benefícios de manter-se desobrigado de recorrer, teórica e metodologicamente, a determinadas tradições de pesquisa psicológica. O isolamento de Skinner em Minnesota constitui-se em clausura intelectual por não haver outro membro do departamento com quem pudesse, minimamente, discutir suas ideias. Em Minnesota, o isolamento foi também geográfico, impedindo-o de manter contato com outros pesquisadores e de participar de eventos científicos relevantes e, por conseguinte, de divulgar suas pesquisas.

Esse isolamento não resultou exclusivamente das condições desfavoráveis daquele contexto institucional e da incompatibilidade de seu método com os procedimentos estabelecidos da psicologia experimental estadunidense, adotados em Minnesota. Foi também consequência da predileção de Skinner por desenvolver tão somente pesquisas de seu exclusivo interesse, sem nenhuma obrigação além daquelas referentes a seus estudos. Do mesmo modo, o isolamento estava relacionado com sua propensão para manter relações informais em detrimento da ocupação de qualquer cargo institucional, formal, como se depreende da sua contínua recusa a assumir cargos burocráticos em Minnesota. Mesmo quando discordava da política departamental, algo frequente em seus relatos, raramente se opôs a ela por meios institucionais como reuniões, comitês, colegiados e outras instâncias burocráticas e políticas. Preferivelmente, reservou suas forças para projetos individuais, sobretudo, mantendo seus esforços para o avanço de sua ciência.

Ainda sobre a preferência pela informalidade no ambiente acadêmico, é expressivo que, após desvincular-se do trabalho com Heron, Skinner afastou-se definitivamente do convívio com o corpo docente e da vida burocrática e social do departamento de psicologia, ao mesmo tempo em que se aproximou informalmente de alunos de pós-graduação interessados em pesquisas sobre comportamento animal. Wiener,[176] seu ex-aluno em Minnesota, descreve a postura de Skinner naquele momento:

[176] SKINNER, *The Shaping...*, p. 8.

> Bem isolado no topo das escadas no segundo andar do prédio de psicologia em Minnesota, o escritório de Skinner era mais acessível aos alunos do que o normal. Os outros professores estavam principalmente agrupados perto do escritório do departamento, no primeiro andar, e tinham que ser contatados formalmente. Fred [Skinner] sempre estava em seu escritório, com a porta aberta, e sem secretária para anunciar os visitantes. Os alunos apareciam para falar de interesses mútuos – no behaviorismo, pesquisas, comunidades utópicas, artes.[177]

Além do contato com estudantes de pós-graduação em Minnesota, Skinner deu início a um seminário informal realizado mensalmente em sua residência, dirigido aos alunos considerados por ele os mais inteligentes. Todavia, apesar da manutenção de relações informais e da disponibilidade de Skinner para o debate, isso não se traduziu em proximidade com os estudantes. Na verdade, muitos o viam como um indivíduo distante nas relações interpessoais, alguém que, embora divulgasse sua ciência de forma entusiasta e sedutora, não se empenhava em vincular estudantes a ela.

> Até mesmo os poucos que tentaram se pós-graduar sob sua orientação raramente sentiam que ele estava envolvido pessoalmente, mesmo quando apoiava seus esforços. Com frequência, depois de terem aula com ele sentiam-se estimulados por suas novas ideias e suas largas implicações para o comportamento humano. Motivados por esta iniciação, eles começavam a pensar como ele e a conversar com ele para tentar conseguir seu apoio para as suas ideias.[178]

Mas como essa proximidade nunca de fato era estabelecida,

> Alguns dos alunos de Skinner imediatamente aceitaram as limitações que ele estipulou em qualquer relação pessoal com ele, e desenvolveram-se independentes do seu estímulo, mas muitos foram desencorajados por sua falta de acompanhamento próximo para apoiá-los (...). Ele agia como se ele pudesse ensiná-los melhor, deixando-os sozinhos.[179]

[177] WIENER, op. cit., p. 52.

[178] Ibidem, p. 54.

[179] Ibidem, p. 54-55.

O próprio Wiener afirmou ter experimentado, ao conhecer Skinner, uma reação comum entre os demais estudantes de pós-graduação em psicologia daquela instituição: a excitação pela imponência e pelo vigor intelectual de Skinner, seguida de um desapontamento por sua atitude um tanto indiferente.

Apesar dessa aparente limitação interpessoal de Skinner, sua vivência profissional em Minnesota, depois de desvincular-se de Heron, foi mencionada por ele como o período mais fértil e reforçador de toda a sua carreira como professor.[180] Naquele momento foi intensificado o contato informal com os alunos do departamento de psicologia, de modo a debater temas de seu interesse, bem como grande parte de suas aulas foi utilizada para testar suas ideias. Ao alcançar em Minnesota liberdade institucional próxima daquela experimentada em Harvard, durante seu doutorado e pós-doutorado, Skinner empreendeu atividades idiossincráticas no departamento de psicologia. Exemplo disso foi sua oferta de disciplinas de graduação e pós-graduação nunca antes lecionadas por um psicólogo experimental naquela Universidade. Uma lista dos cursos ensinados por Skinner, entre 1937 e 1944, expõe ao mesmo tempo a diversidade de cursos ensinados e a impossibilidade de lecionar uma disciplina específica sobre sua ciência do comportamento. *Psicologia da Arte e da Música, Psicologia da Motivação e Conflito, Psicologia da Linguagem, Psicologia da Literatura, Psicologia da Estética* e *Psicologia do Pensamento* foram alguns dos cursos oferecidos por ele durante aquele período.[181]

A despeito das melhorias da condição de trabalho de Skinner em Minnesota, não findaram os percalços para o estabelecimento de sua ciência do comportamento. A recepção negativa do seu sistema explicativo na comunidade científica, entre o final da década de 1930 e meados da década de 1940, designa o principal obstáculo enfrentado naquela fase de sua carreira. Tal situação é notada na recepção negativa ao primeiro livro de Skinner, *The Behavior of Organisms: an experimental analysis* (1938), um livro publicado em momento no qual se inicia maciça institucionalização da estatística inferencial como procedimento *par excellence* nas pesquisas em psicologia experimental. Considerando os impactos dessa transformação

[180] SKINNER, *The Shaping...*

[181] Ibidem, p. 217, p. 218, p. 229, p. 230, p. 238, p. 243, p. 247.

nos rumos da recepção do primeiro livro de Skinner e, posteriormente, na organização social de sua ciência, uma breve explanação sobre essa mudança histórica faz-se necessária.

O império da estatística na psicologia experimental

A defesa do uso de análises estatísticas na psicologia estadunidense deu-se de forma crescente desde o início do século XX e teve consequências visíveis a partir de meados da década de 1930.[182] Ao examinar esse cenário, Dunlap, então secretário da recém-fundada Sociedade Psicométrica, apontou a proliferação da estatística na psicologia dos Estados Unidos no período como fenômeno responsável por exigir aptidão matemática dos psicólogos. Porém, mesmo sendo defensor da incorporação de métodos estatísticos na psicologia, de forma irônica, o próprio Dunlap comentou um dos prováveis resultados da intensa integração da estatística nessa ciência:

> Eu só posso estender minha compreensão ao psicólogo do futuro, pois parece que ele primeiro deve ser um matemático, depois um estatístico, depois um fisiologista, depois um médico, e, se ele não estiver morto na velhice, um psicólogo.[183]

Portanto, o que teve início como um movimento na psicometria, rapidamente expandiu-se para toda a psicologia experimental ao longo das décadas de 1930 e 1940, atingindo seu ápice na década de 1950, momento no qual o delineamento de pesquisas, com elevado número de sujeitos experimentais, grupos controle e análises estatísticas de pesquisas experimentais, fundamentadas em procedimentos como a Análise de Variância (ANOVA), institucionalizou-se e tornou-se parte da formação básica em psicologia. Amostra disso foi a ampla inserção da ANOVA em livros-texto, manuais de psicologia experimental e a introdução de cursos de estatística – de forma obrigatória – nos currículos de pós-graduação em psicologia nos Estados Unidos.[184]

[182] CAPSHEW, op. cit.

[183] DUNLAP, J. W. Recent Advances in Statistical Theory and Applications. *The American Journal of Psychology*, v. 51, n. 3, p. 558-571, 1938. p. 571.

[184] RUCCI, TWENEY, op. cit.

O avanço da ANOVA, assim como de outras técnicas estatísticas orientadas para a análise de variáveis múltiplas, ajustou-se à tendência metodológica da psicologia naquele contexto. Com isso, entre as décadas de 1940 e 1960, ocorreu aumento expressivo de pesquisas experimentais com análises de grupos experimentais e grupos controle, simultaneamente ao declínio de pesquisas com resultados derivados de delineamentos individuais. Esse movimento é averiguado em publicações como o *Journal of Experimental Psychology* e o *Journal of Clinical Psychology*, nas quais apenas 5% das pesquisas citadas, entre as décadas de 1940 e 1960, utilizavam algum tipo de delineamento individual.[185] Esse quadro designa substancial mudança da noção de experimento na psicologia estadunidense – que, até o início da década de 1930, tinha diversos significados –, mas transformou-se, de forma restrita, em sinônimo de análise estatística inferencial de múltiplas variáveis, com elevado número de sujeitos experimentais.[186]

Simultaneamente a esse crescente uso da estatística inferencial na psicologia experimental estadunidense, Skinner estabelecia as bases de uma ciência do comportamento fundamentada em um método – o delineamento experimental de sujeito único –, em que eram praticamente nulas as necessidades de análises estatísticas inferenciais e de utilização de grupos controle, uma vez que o comportamento de sujeitos experimentais individuais é comparado com ele mesmo, por meio da medição contínua em determinadas condições, até alcançado um estado de regularidade; ou até que o comportamento foco indique variações capazes de serem observadas dentro de um percurso temporal.[187] Como resultado da adoção desse tipo de delineamento de pesquisa, o modelo científico de Skinner sofreu duras críticas do *mainstream* da psicologia experimental, pois divergia claramente da tendência metodológica hegemônica na área.

Cumpre mencionar que o antagonismo da proposta metodológica skinneriana não significou ruptura com a tradição psicológica experimental estadunidense em suas diferentes roupagens. O delineamento experimental de sujeito único e a definição de experimento subjacente a esse delineamento de pesquisa mantiveram proximidade com ao menos

[185] CAPSHEW, op. cit.

[186] RUCCI, TWENEY, op. cit.

[187] SIDMAN, M. *Tactics of Scientific Research*: Evaluating Experimental Data in Psychology. New York: Basic Books, 1960.

um dos aspectos centrais daquilo compreendido como característica intrínseca à ideia de experimentação na psicologia estadunidense, a partir da década de 1930: a definição restrita de experimento como a manipulação de variáveis independentes e dependentes. Essa consonância entre o método presente já nos primórdios do projeto científico skinneriano e aquele predominante na psicologia experimental estadunidense é averiguado quando Skinner menciona que

> Esta é a nossa 'variável dependente' – o efeito para o qual procuramos a causa. Nossas 'variáveis independentes' – as causas do comportamento – são as condições externas das quais o comportamento é função. As relações entre as duas – as 'relações de causa e efeito' no comportamento – são as leis de uma ciência.[188]

Em outro momento, Skinner, com ênfase ainda maior, diz que

> a noção de controle está implícita em uma análise funcional. Quando descobrimos uma variável independente que possa ser controlada, descobrimos um meio de controlar o comportamento que é uma função dela. Este fato é importante para propósitos teóricos. Provar a validade de uma relação funcional por meio de uma demonstração real do efeito de uma variável sobre outra é o coração da ciência experimental.[189]

A compatibilidade parcial da perspectiva metodológica de Skinner com a definição de experimento enquanto a manipulação de variáveis independentes e dependentes, dominante na psicologia experimental estadunidense a partir de meados da década de 1930, chama atenção menos por sua compatibilidade com as demais perspectivas do campo e mais pela verificação de que a relação entre uma variável independente e dependente não define hegemonicamente os métodos de ciências experimentais, como a física e a biologia.[190] Isso contraria as afirmações emitidas

[188] SKINNER, B. F. *Ciência e comportamento humano.* São Paulo: Martins Fontes, 1978. p. 45.

[189] Ibidem, p. 227.

[190] DANZIGER, K.; DZINAS, K. How Psychology Got its Variables. *Canadian Psychology*, n. 38, p. 43-48, 1997; WINSTON, A. S.; BLAIS, D. J. What Counts as an Experiment? A Transdisciplinary Analysis of Textbooks, 1930-1970. *American Journal of Psychology*, n. 109, p. 599-616, 1996.

ad nauseam por psicólogos experimentais, que alegam ter advindo de tais ciências esse tipo de manipulação experimental tão decantada como legitimadora do conhecimento da psicologia científica no século XX.

Os usos dos termos "variável independente" e "variável dependente" estiveram praticamente ausentes dos manuais e livro-textos de física e de biologia no século XX. Uma análise dos usos dessas expressões na psicologia, na sociologia, na biologia e na física, nos Estados Unidos, entre as décadas de 1930 e 1970, aponta que o uso de tais termos, como parte da definição de experimento nos livro-textos de psicologia, aumentou drasticamente no período: passaram de 5% na década de 1930 para 95% na década de 1970. Por outro lado, os termos "variável independente" e "variável dependente" apareceram apenas uma vez nos principais livro-textos e manuais de biologia até a década de 1970, e nunca foram usados na física no período analisado. "Em suma, o uso desses termos em textos de outras disciplinas foi raro".[191]

Na psicologia, a defesa e a exposição constante do uso dos termos "variável independente" e "variável dependente", com amparo nos seus supostos usos nas ciências da natureza, significa a conservação de um mito de origem metodológica com o objetivo de reconhecer historicamente o caráter científico da psicologia. Um rastreamento histórico da noção de manipulação de variáveis independentes e dependentes indica que sua origem se remete a ciências aplicadas como a agricultura, a educação e a engenharia.[192] Nesse sentido, a experimentação como manipulação de variáveis objetivou na psicologia experimental estadunidense, assim como naquelas áreas do conhecimento, uma análise de fenômenos naturais orientada pelo propósito deliberado de manipulação de comportamentos, de forma a produzir consequências práticas. Em outras palavras, o intuito de manipular variáveis não era revelar a natureza do mundo; mas sim, produzir informação socialmente útil para o controle comportamental. Tal concepção é diferente da justificativa histórica encontrada para esse tipo de experimentação na psicologia, na qual a análise de variáveis independentes e dependentes constituiria método epistemologicamente superior, devido a sua origem em ciências como a física e biologia.

[191] WINSTON, BLAIS, op. cit., p. 600.

[192] Ibidem.

Portanto, o sucesso de ciências como a física e a biologia, e a função do experimento nessas áreas, não são particularmente relevantes para justificar a extensão de seu método à psicologia.

A relação, ainda que parcial, entre a proposta metodológica de Skinner e o restante da psicologia experimental estadunidense expõe a impossibilidade de ruptura metodológica total da ciência skinneriana com o restante da psicologia experimental nos Estados Unidos. Todavia, sua não adesão àqueles procedimentos que se tornaram base indiscutível da pesquisa psicologia experimental, naquele país, a partir do final da década de 1930, foi suficiente para afastá-lo do *mainstream* da área, e motivo principal de críticas e justificativas para recepção negativa de sua ciência, como veremos a seguir.

A recepção de *The Behavior of Organisms*

Na segunda metade da década de 1930, ao ingressar na Universidade de Minnesota, Skinner experimentou dificuldades para dedicar-se ao desenvolvimento de seu sistema explicativo. Porém, essas dificuldades não implicaram no abandono dos seus planos. A tarefa mais relevante efetuada na segunda metade da década de 1930 em direção ao estabelecimento de sua ciência foi a organização e a publicação do seu primeiro livro, *The Behavior of Organisms: An Experimental Analysis*, obra composta de uma síntese dos resultados das pesquisas de Skinner nos anos de doutorado e pós-doutorado em Harvard, na qual ele alega que "não estava propondo apenas uma explicação de minha pesquisa, mas um 'sistema'".[193]

Ao referir-se à expressão "*an experimental analysis*", Skinner diz que foi uma tentativa inicial de demarcar novo campo de estudo na psicologia, o qual se diferenciava das demais ciências do comportamento por não utilizar teste de hipóteses, uso de grupos controle e médias estatísticas. A respeito da questão, Skinner recorda:

> Eu tinha acrescentado "uma análise experimental" ao título do meu livro, e eu comecei a me referir a toda a empreitada como "a Análise Experimental do Comportamento". Isso difere de outros

[193] SKINNER, *The Shaping...*, p. 201.

> trabalhos sobre psicologia Animal, principalmente porque eu não tinha médias estatísticas. Eu tinha quatro aparelhos e geralmente publicava resultados de quatro ratos em cada experimento, mas eu considerava cada rato separadamente.[194]

Ainda que *The Behavior of Organisms* seja um marco na história da psicologia experimental no século XX[195], sua aceitação não se deu de forma automática e sem críticas. Os primeiros percalços para a aceitação dos resultados divulgados no livro de Skinner foram expressos nas críticas negativas recebidas logo após sua publicação, em 1938. O próprio Skinner[196] categorizou, a partir das resenhas de *The Behavior of Organisms,* aquilo que julgou serem as críticas mais comuns. Na sequência, a lista é descrita em conjunto com os comentários de Skinner sobre cada uma das censuras feitas ao livro.

A primeira crítica foi a de que o título do livro era pretensioso demais. Segundo Skinner, tal crítica foi emitida com base na ideia de que experimentos com ratos eram incapazes de prover dados suficientes para um sistema científico do comportamento.

Outra crítica afirmava que o livro havia negligenciado inúmeras pesquisas sobre aprendizagem e motivação. Skinner observou que os críticos o acusaram de ter desprezado o conhecimento disponível sobre esses tópicos e de não ter realizado nenhum esforço sério para analisar a enorme literatura existente sobre aprendizagem e condicionamento. Para ele, isso seria uma perda de tempo, pois não via nada de promissor na literatura mencionada.

Também foi recorrente a crítica de que havia pouca novidade na afirmação de Skinner de que uma ciência do comportamento não deveria ser sobrecarregada de hipóteses fisiológicas. Para Skinner, aqueles que efetuaram tal crítica, como Tolman e Hull, não perceberam que suas próprias explicações recorriam a estados fisiológicos e neurológicos como causa do comportamento.

[194] Ibidem, p. 214.

[195] CATANIA, A. C. The Behavior of Organisms as Work in Progress. *Journal of the Experimental Analysis of Behavior,* v. 50, n. 2, p. 277-281, 1988; TODOROV, J. C. Uma revisão de revisões por ocasião dos 70 anos de "O Comportamento dos Organismos", de B. F. Skinner. *Revista Brasileira de Análise do Comportamento,* v. 4, n. 1, p. 1-7, 2008.

[196] SKINNER, *The Shaping...*

Igualmente foi observado que o livro desprezou questões essenciais da psicologia da percepção e do pensamento. Skinner afirmou que essas questões poderiam ser redefinidas operacionalmente a partir de sua explicação do comportamento e, portanto, fazer parte de sua ciência.

Outra acusação era de que Skinner havia abandonado o uso de teste de hipóteses. Sobre isso, ele argumentou que essa crítica era injustificada, pois a única hipótese em seu sistema era de que o comportamento poderia ser explicado como um sistema ordenado.

Por último, uma das críticas mais recorrentes era a falta de tratamento estatístico dos dados. Para Skinner, seus dados envolvendo sujeitos únicos apresentavam resultados mais ordenados e reproduzíveis do que os dados de seus contemporâneos, que recorriam a médias estatísticas e a grupos controle.

Em suma, todas as críticas ao livro de Skinner são unânimes em advertir que o sistema científico ali descrito era excessivamente pessoal, e que não relacionar seus achados com os de outros pesquisadores, além do uso delineamento experimental de sujeito único como método, constituíram os pontos frágeis daquele livro.[197]

Uma das consequências da recepção negativa do primeiro livro de Skinner foi a de que sua ciência não havia alcançado a visibilidade tão almejada por ele. Ao comentar o encontro, em 1941, com Ernest Hilgard, psicólogo experimental da Universidade de Stanford em visita à Universidade de Minnesota, Skinner expressou insatisfação por suas ideias não estarem sendo disseminadas. Ainda revelou-se descontente porque, mais do que ter reconhecimento, desejava que naquele momento seu projeto científico já tivesse se transformado em fundamento de uma nova ciência comportamental, nos Estados Unidos. Em tom de lamento, Skinner descreveu aquele episódio:

> Quando estávamos andando pelo *campus*, ele (Hilgard) disse que lamentava que minha pesquisa não fosse ainda bem conhecida e que outros não estavam usando meus métodos. Eu dei a ele a

[197] HILGARD, E. R. The Behavior of Organisms by B. F. Skinner. *Psychological Bulletin*, n. 36, p. 121-125, 1939; KRECHEVSKY, I. The Behavior of Organisms by B. F. Skinner. *Journal of Abnormal and Social Psychology*, n. 34, p. 404-407, 1939; WOLF, E. The Behavior of Organisms by B. F. Skinner. *Pedagogical Seminary and Journal of Genetic Psychology*, n. 54, p. 475-479, 1939.

> resposta que Crozier havia me dado quando eu reclamei que os psicólogos estavam negligenciando importantes questões: 'Por que você deveria se importar. Isso lhe dá mais coisas para fazer'. A resposta foi boa o suficiente naquele momento, mas eu já não estava satisfeito com ela. Eu queria ser parte de um campo em expansão.[198]

Além de acentuar o sentimento de insatisfação, provocado pela inexpressiva aceitação do seu projeto científico, a visita de Hilgard à Minnesota realçou a consciência de que Skinner encontrava-se em uma situação acadêmica desfavorável naquela instituição, pois Hilgard, que foi seu colega na pós-graduação em Harvard, ocupava posto acadêmico de destaque, desde meados da década de 1930, em uma respeitável Universidade.

Outro fator representativo do escasso reconhecimento das ideias de Skinner naquele momento foi a inexpressiva vendagem de seu livro quase uma década após a publicação. Sobre isso, Skinner observou que a edição original de *The Behavior of Organisms*, em 1938, foi de oitocentas cópias e que, sete anos depois, após a Segunda Guerra Mundial, uma nova edição não parecia ser necessária.

Keller foi um dos únicos a recepcionar positivamente o livro de Skinner, que acabou por exercer influência decisiva na sua decisão de aderir ao projeto científico que ali se apresentava pela primeira vez formalizado. Mesmo conhecendo as pesquisas de Skinner desde o final da década de 1920, e utilizando os métodos de pesquisa desenvolvidos por ele ao longo da década de 1930, foi com a publicação de *The Behavior of Organisms* que Keller proclamou seu entusiasmo pelo trabalho do amigo. Consideração expressa em carta enviada para Skinner, em 1938, logo após realizar a primeira leitura da obra.

> Isto é a coisa mais excitante que já me roubou o sono tão necessário. Na minha humilde opinião, é a contribuição mais importante que este século viu no campo da psicologia. Como um belo exemplo de método indutivo e operacionalismo, põe à vergonha Hullianos e Titchenerianos, dentre outros, com suas fortes deduções, suas estreitas aplicações, suas fisiologizações e seus vagos

[198] SKINNER, *The Shaping...*, p. 286.

> sonhos de psicologia como ciência. Inferno! Você sabe o que quero dizer, com toda essa conversa.[199]

Keller[200] afirma ter compreendido o que Skinner pretendia com a publicação daquele livro: a fundação de um novo sistema científico, e não o lançamento de uma mera obra acerca de algum tópico específico da psicologia da aprendizagem. Skinner observou que, até então, havia recebido somente críticas a seu livro e assumiu certa indisposição para lidar com elas: "na verdade, eu dava pouca atenção aos meus críticos. Mas eu estava contente de ser reconfortado por Fred que disse que: 'Agora estou definitivamente na onda Skinner'".[201] O entusiasmo de Keller foi tão significativo que, em entrevista concedida cinco décadas após a publicação de seu livro, Skinner afirmou que Keller tinha mais fé no livro do que ele próprio, e que Keller usou o livro como base para o ensino de psicologia, muitos anos antes dele.[202]

Ainda que Skinner declare ter dado pouca atenção aos seus críticos, em mais de uma ocasião alegou ter sido injustiçado por seu primeiro livro não ter sido comentado publicamente pelos expoentes da psicologia experimental da época. Dentre aqueles de quem Skinner mais aguardava algum posicionamento público e positivo sobre seu livro estavam Clark L. Hull e Edward C. Tolman.

As disputas pelo reconhecimento na ciência

Skinner escolheu as opiniões de Clark L. Hull e Edward C. Tolmam sobre seu primeiro livro como exemplares da recepção negativa de sua ciência, o que denota como Skinner se posicionava como parte integrante de um campo de disputa por hegemonia científica na psicologia experimental estadunidense. Indica também como ele aspirava ser alocado em posto de autoridade científica, a exemplo daqueles nomes

[199] KELLER, *At My...*, p. 164.

[200] Ibidem.

[201] SKINNER, *The Shaping...*, p. 233.

[202] Transcrição de áudio: SKINNER e KELLER [sem data]. Arquivo B. F. Skinner da Universidade de Harvard.

que gozavam de grande prestígio na comunidade psicológica da época. Revelador desse ímpeto de Skinner é vislumbrado em sua opinião sobre o contexto histórico de surgimento de seu livro:

> Duas outras análises teóricas experimentais do comportamento constituem o contexto histórico em que este livro deve ser avaliado. *Comportamento Intencional em Animais e Homens* precedeu *O Comportamento dos Organismos* em seis anos; *Princípios do Comportamento de Hull* foi publicado cinco anos depois. Os três livros diferem em muitas maneiras: eles se comprometem a resolver diferentes problemas e eles buscaram soluções em diferentes lugares.[203]

Para julgar como o primeiro livro de Skinner insere-se na conjuntura histórica da psicologia experimental estadunidense, interessa, sobretudo, compreender como Hull e Tolman recepcionaram o trabalho de Skinner e como este reagiu à recepção daqueles dois psicólogos ao seu livro, uma vez que sua expectativa era que eles se pronunciassem publicamente sobre a relevância de seu projeto científico.

Hull foi o primeiro alvo das reivindicações de Skinner por reconhecimento. Em carta enviada a Keller, meses após a publicação de *The Behavior of Organisms,* Skinner se mostrou insatisfeito perante a ausência de comentários públicos de Hull sobre seu livro. Para Skinner, tal desagrado teria justificativa no fato de que Hull utilizava o seu método de pesquisa, sem, contudo, fazer referência a ele: "Hull ainda não quebrou seu completo silêncio sobre o livro [*O Comportamento dos Organismos*] e sobre seu próprio trabalho com o método".[204] Skinner ainda relatou que muitos experimentos apresentados por Hull foram realizados com "caixas de Skinner", porém quase não havia menção a seu livro. Por essas razões, para ele, "Hull tendeu a passar por cima do meu trabalho".[205]

A falta de pronunciamento público de Hull não significou, todavia, completa negligência pelo trabalho de Skinner. Hull escreveu para Skinner em 1934, ainda quando este cursava seu pós-doutorado em

[203] SKINNER, B. F. Preface to The Behavior of Organisms. *Journal of The Experimental Analysis of Behavior,* n. 2, 1988, p. 355.

[204] SKINNER, *The Shaping...*, p. 269-270.

[205] SKINNER, *The Shaping...*, p. 269-270.

Harvard, comunicando-o que estava seguindo suas pesquisas com grande interesse.[206] Hull solicitou a Skinner acesso a toda sua produção até aquele momento e afirmou ter ficado impressionado com o seu laboratório, e que confiava que "aquele seria o início de um contato próximo entre Harvard e os grupos de Yale interessados nos problemas tremendamente importantes do condicionamento e da formação de hábito".[207]

Por sua vez, o próprio Skinner recordou que Hull demonstrou simpatia por suas pesquisas, ainda em 1933, e lembrou que após sua apresentação no encontro da Associação Americana para o Avanço da Ciência (AAAS) daquele ano, "ele [Hull] se levantou e disse que queria chamar a atenção do público para o trabalho desse jovem homem".[208] Uma semana após o episódio, Hull enviou carta a Skinner relatando o mérito de suas investigações e solicitando-lhe o envio de cópia da apresentação. Na mesma carta, Hull convidou Skinner para apresentar um seminário em seu laboratório, na Universidade de Yale. Esse foi apenas o início do contato entre Skinner e Hull,[209] que se manteria constante em termos formais e informais até 1938, quando da publicação do primeiro livro de Skinner e, por conseguinte, da explicitação do propósito em fundar o seu próprio sistema científico.[210]

A insatisfação de Skinner quanto à falta de menção pública de Hull acerca do livro é legítima se considerarmos que este utilizou a caixa de condicionamento operante e o registro cumulativo, ambos instrumentos científicos inventados por Skinner. Porém, necessita ser atenuada no que diz respeito à aplicação do método e da teoria do comportamento desenvolvida por Skinner. Mesmo que Hull tenha recorrido à caixa de Skinner e ao registro cumulativo, ele não empregou o delineamento experimental de sujeito único e muito menos usou qualquer dos conceitos

[206] HULL, C. L. Carta para B. F. Skinner. 8 de janeiro de 1934. Arquivo B. F. Skinner da Universidade de Harvard.

[207] HULL, C. L. Carta para B. F. Skinner. 4 de abril de 1934. Arquivo B. F. Skinner da Universidade de Harvard.

[208] SKINNER, *The Shaping...*, p. 204.

[209] HULL, C. L. Carta para B. F. Skinner. 11 de dezembro de 1934. Arquivo B. F. Skinner da Universidade de Harvard; HULL, C. L. Carta para B. F. Skinner. 14 de dezembro de 1934. Arquivo B. F. Skinner da Universidade de Harvard; HULL, C. L. Carta para B. F. Skinner. 29 de novembro de 1935. Arquivo B. F. Skinner da Universidade de Harvard.

[210] SKINNER, *The Shaping...*

desenvolvidos por Skinner. Além do mais, Hull efetuou adaptações no aparato, utilizando, por exemplo, duas barras de pressão, em vez de uma.

Ulteriormente, o próprio Skinner[211] alegou que Hull não havia deliberadamente desconsiderado suas formulações. Hull era, até então, o único psicólogo – excetuando-se Keller – que mostrou interesse pelas suas pesquisas. Não por coincidência, Hull e seus alunos, a contragosto de Skinner,[212] foram os responsáveis por denominar de caixa de Skinner a caixa de condicionamento operante. Por essas razões, e pelo fato de que não se utilizava também das formulações de Hull, Skinner posteriormente mitigou seu descontentamento:

> Eu raramente reclamei, porque eu mesmo nunca fiz qualquer uso do trabalho de Hull ou de seus estudantes, particularmente de Kenneth Spence ou Neal Miller. Meus resultados não se encaixavam em suas teorias nem os seus resultados em minhas formulações.[213]

Ao contrário de Hull, Tolman, por sua vez, ainda que apenas informalmente, pronunciou-se sobre o livro de Skinner. Em carta enviada a Ferrin, editor da *Appleton-Century-Crofts*, responsável pela publicação dos seus primeiros livros, e também dos primeiros livros de Skinner e Hull, Tolman expressa opinião positiva sobre *The Behavior of Organisms*:

> *O Comportamento dos Organismos*. Eu o considero um livro marcante, tanto por causa dos resultados experimentais muito importantes e por causa do claro e, a meu ver, extremamente significativo "sistema" que se apresenta como arcabouço para esses resultados. Ele sempre terá um lugar muito importante na história da psicologia.[214]

Skinner também recebeu do próprio Tolman carta com comentários favoráveis sobre o livro. Na correspondência, Tolman declarou:

> Há muito tempo eu não ficava tão animado intelectualmente como agora quando estou folheando o seu livro. É, naturalmente,

[211] Idem.

[212] Idem.

[213] Ibidem, p. 270.

[214] TOLMAN, E. C. Carta para Dana H. Ferrin. 26 de outubro de 1938. Arquivo B. F. Skinner da Universidade de Harvard.

> uma contribuição muito importante para a "real" psicologia (...) Acho que as duas palavras, operante e respondente, são excelentes. Sua análise das funções do estímulo é também extremamente importante e todo o trabalho esclarece muitas das questões que sempre me preocuparam... Quero parabenizá-lo por sua passagem por Harvard tão belamente ileso! (...) P.S. E claro que eu fiquei satisfeito como nunca por ter sido mencionado no Prefácio.[215]

Além da evidente exaltação das qualidades do livro, Tolman parabenizou Skinner por ter passado incólume por Harvard; pois sabia que a proposta científica de Skinner distanciava-se fortemente das tendências psicológicas presentes no departamento de psicologia daquela Universidade. Mesmo que Tolman tenha informalmente elogiado o trabalho de Skinner, como Hull, manteve inalterados os rumos de suas pesquisas e não se pronunciou publicamente sobre a obra de Skinner, seja por meio de uma resenha, seja por meio de qualquer publicação formal que referenciasse o primeiro livro do jovem psicólogo.

Sobre o fato de Hull não comentar o esboço do projeto científico skinneriano e Tolman comentá-lo positivamente, apenas em âmbito informal, Skinner hipotetizou que "não foi, creio eu, um isolamento autocentrado por parte de ninguém, a ciência ainda não tinha encontrado uma formulação geral aceita".[216] A alegação de Skinner deve ser interpretada com certa ressalva, porque o senso de isolamento dificilmente foi experimentado por Hull e Tolman da mesma forma que foi experimentado por Skinner. Os dois primeiros estavam alinhados com o *mainstream* teórico e, principalmente, metodológico da psicologia experimental da época. Além disso, contavam com reconhecimento na comunidade científica e adesão de seus trabalhos por outros inúmeros psicólogos. Já Skinner, a despeito de reconhecida promessa na psicologia experimental estadunidense, ainda era um jovem pesquisador e seu sistema científico tinha até então mais críticos do adeptos.

[215] TOLMAN, E. C. Carta para B. F. Skinner. 14 de novembro de 1938. Arquivo B. F. Skinner da Universidade de Harvard.

[216] SKINNER, *The Shaping...*, p. 270. Mas, diferentemente de Hull, Skinner pronunciou-se acerca do principal livro de Hull, em uma revisão publicada no *American Journal of Psychology*, trabalho no qual Skinner enfatizou suas críticas ao modelo formal derivado das proposições de Hull em detrimento de uma análise funcional do comportamento.

Sem dúvidas, a única coisa que aqueles três psicólogos partilharam foi a crença em vigor, na época, de que ainda haveria um modelo teórico hegemônico a dominar toda a psicologia.

O livro principal de Hull, *Principles of Behavior: An Introduction to Behavior Theory (1943)*, buscava declaradamente o estabelecimento de uma teoria geral do comportamento. A respeito do empenho de Hull, Kenneth Spencer, seu ex-aluno e discípulo, frisou a ambição do seu mentor: "Hull tornou-se um defensor entusiasta do postulado do método formal. Ele estudou cuidadosamente o principal livro de Newton, *Principia*, e se esforçou para usá-lo como seu modelo (...)".[217] A crença de Hull na construção de uma teoria geral do comportamento o levou a sugerir para Skinner que: "Para o bem da sua alma eu fortemente recomendo que você obtenha uma cópia do *Principia* de Newton".[218] Hull entendia que todos os problemas podiam ser superados pela transposição dos fundamentos teóricos da física para a ciência psicológica, por isso acreditava que era uma espécie de Newton da psicologia.

Igualmente, ainda que com pretensões mais moderadas, o principal livro de Tolman, *Purposive Behavior in Animals and Men*, de 1932, funda um sistema explicativo geral do comportamento. E, ainda que seu próprio autor não tenha o conceituado assim na época, ele também será representado historicamente como "um dos grandes sistemas da Era dos Construtores de Sistema na Psicologia Americana".[219]

Esse cenário sugere que o reconhecimento e a adoção assumida de formulações teóricas de outros psicólogos por parte de Hull, Tolman e Skinner diminuiria as chances de reconhecimento de seus projetos científicos como modelos a ocuparem lugar especial na comunidade científica. Portanto, a ausência de referências ou apenas elogios pontuais – como foram os casos de Hull e Tolman acerca do livro de Skinner – simboliza a situação da psicologia experimental estadunidense daquela época, em que diversos psicólogos buscavam estabelecer a supremacia de suas teorias. Isso é manifesto pelo próprio Skinner quando afirma

[217] SPENCE, K. Editorial. In: HULL, C. L. *Principles of Behavior*: An Introduction to Behavior Theory. New York: Appleton-Century-Crofts, 1943. p. xvi.

[218] HULL, C. L. Carta para B. F. Skinner. 8 de janeiro de 1936. Arquivo B. F. Skinner da Universidade de Harvard.

[219] KRECH, D. Editorial. *Purposive behavior in animals and men*. New York: The Century, 1967.

que se dedicava mais ao ataque de Hull e Tolman do que ao elogio ou reconhecimento de suas valiosas realizações científicas.[220]

Embora *The Behavior of Organisms* tenha tido muito menos impacto do que os dois primeiros livros de Hull e Tolman, a sua publicação demarca a posição de Skinner como inegável representante de uma nova perspectiva comportamental na psicologia experimental estadunidense. Por sua vez, o livro de Skinner sinaliza também sua independência teórica e metodológica e, por conseguinte, independência de qualquer associação com os projetos científicos de Hull e Tolman que, guardadas as devidas proporções, apresentam compatibilidades entre si mais evidentes do que com a proposta científica de Skinner. Não parece ser por acaso que uma diminuição abrupta de intercâmbio científico de Skinner com Hull e Tolman ocorra após a publicação de *The Behavior or Organisms.* Até aquele momento, é de se supor que Hull e Tolman não tinham total clareza de que as proposições científicas de Skinner distanciava-se de premissas centrais da psicologia experimental estadunidense; como o tratamento estatístico inferencial de dados, o uso de teste de hipóteses e o tratamento teórico formal que, ainda que presente em parte do primeiro livro de Skinner, fora mitigado naquela publicação, quando comparado aos sistemas científicos daqueles dois psicólogos.

Essa hipótese é pautada na constatação de que, ao longo da década de 1930, Hull e Tolmam sugeriram, em diferentes ocasiões, que Skinner adaptasse a "caixa de condicionamento" com o propósito de estudar fenômenos conceituados por aqueles dois pesquisadores, o que revela como desconheciam a verdadeira distância das formulações de Skinner para as suas formulações.[221] Não apenas Hull e Tolman possuíam conhecimento impreciso da distância que se formava entre o projeto científico skinneriano e as demais tendências hegemônicas na psicologia experimental estadunidense. Os inúmeros pedidos de artigos e de informações derivadas das pesquisas de Skinner, solicitada por incontáveis pesquisadores, antes da publicação de seu livro em 1938, mostram que o interesse pelo seu trabalho era na maioria das vezes orientado para discussões técnicas sobre procedimentos, e, quando voltado para aspe-

[220] SKINNER, *A Matter...*, p. 12.

[221] TOLMAN, E. C. Carta para B. F. Skinner. 15 de setembro de 1937. Arquivo B. F. Skinner da Universidade de Harvard.

tos teóricos, referiam-se quase sempre à possibilidade das elaborações de Skinner auxiliarem em estudos de fenômenos fora do escopo de sua ciência naquele momento, como, por exemplo, o fenômeno do *insight* em ratos, entre outros.[222]

Fora do ambiente de Harvard, quando do período de doutorado e pós-doutorado de Skinner, e antes da publicação de *The Behavior of Organisms*, era pouco evidente para os primeiros leitores e entusiastas, especialmente, dos seus primeiros artigos, que ele elaborava as bases de uma ciência do comportamento incompatível com o *mainstream* da psicologia experimental estadunidense. Ou seja, até a publicação de *The Behavior of Organisms* é provável que os primeiros interlocutores de Skinner o tenham percebido como parte totalmente integrante da tradição, e não como um jovem e ambicioso psicólogo que não aderia à premissas teóricas e metodológicas amplamente aceitas na comunidade científica. Essa incompreensão decorre, provavelmente, primeiro, porque o vocábulo científico de Skinner, mesmo que apresente inovações e usos singulares de conceitos em voga, conserva termos e expressões correntes na psicologia experimental da época. Segundo, porque as particularidades metodológicas do seu projeto científico só começam a ser tomadas como anômalas após a publicação de seu primeiro livro. Até então, de um modo ou de outro, o delineamento experimental de sujeito único era aceito como parte da diversidade de métodos presentes na psicologia experimental, nos Estados Unidos. Todavia, como vimos, é justamente, a partir do começo da década de 1930 que a noção de experimento adquire sentido monolítico na psicologia experimental estadunidense.

Em suma, é somente com a publicação de *The Behavior of Organisms* que as pesquisas realizadas por Skinner, na década de 1930, são percebidas

[222] Sobre o tema, ver as seguintes correspondências: HOWTZ, R. E. P. Carta para B. F. Skinner. 28 de novembro de 1934. Arquivo B. F. Skinner da Universidade de Harvard; MCCULLON, T. L. Carta para B. F. Skinner. 15 de outubro de 1937. Arquivo B. F. Skinner da Universidade de Harvard; MITRANO, A. J. Carta para B. F. Skinner. 25 de abril de 1935. Arquivo B. F. Skinner da Universidade de Harvard; MITRANO, A. J. Carta para B. F. Skinner. 3 de março de 1936. Arquivo B. F. Skinner da Universidade de Harvard; BUGELSKI, R. Carta para B. F. Skinner, 12 de maio de 1937. Arquivo B. F. Skinner da Universidade de Harvard; TOLMAN, E. C. Carta para B. F. Skinner. 23 de fevereiro de 1946. Arquivo B. F. Skinner da Universidade de Harvard; TOLMAN, E. C. Carta para B. F. Skinner. 14 de novembro de 1938. Arquivo B. F. Skinner da Universidade de Harvard.

retrospectivamente como um projeto científico, com métodos e conceitos próprios. Por conseguinte, é a recepção negativa desse livro que também demarcará o distanciamento da sua proposta em relação ao restante da psicologia experimental estadunidense nas décadas seguintes.

O início da aceitação da ciência skinneriana

Intérpretes da história da psicologia afirmam que à medida que as ideias de Skinner tornavam-se conhecidas e aceitas, a partir da década de 1940, o inverso ocorria com as formulações de Hull e de Tolman, percepção histórica notada em afirmações como a de Bjork:

> Com o país enfrentando a Grande Depressão, B. F. Skinner trabalhava em relativa obscuridade, em comparação com Clark L. Hull de Yale e Edward Chace Tolman da Universidade da Califórnia. Hull estava empenhado em descobrir equivalentes matemáticos para leis do comportamento, enquanto Tolman analisava o "comportamento intencional". Além disso, ambos eram professores com leais estudantes de pós-graduação e apoiados por colegas behavioristas. Na década seguinte, Skinner reuniria um programa experimental que condenaria Tolman e Hull à relativa obscuridade, enquanto a sua estrela profissional brilhava.[223]

Mesmo sendo evidente a emergência de uma comunidade científica fundamentada nos princípios da análise experimental do comportamento a partir de meados da década de 1940, afirmações como a de Bjork, sobre a suposta supremacia do pensamento de Skinner, devem ser relativizadas. Dificilmente a aceitação e a disseminação das ideias de Skinner aconteceram em função da substituição ou do abandono dos sistemas científicos de Hull e Tolman. Em outras palavras, é não menos que precipitado asseverar que ocorreu, na psicologia estadunidense, o abandono desses autores e uma adesão maciça às proposições skinnerianas. Primeiro, porque Hull e Tolman mantiveram-se como proeminentes influências no desenvolvimento de teorias e campos de investigação internos e externos à psicologia; e, segundo, porque a formação inicial de um grupo

[223] BJORK, op. cit., p. 105.

de adeptos às proposições de Skinner não significou, de modo algum, o domínio da análise experimental do comportamento enquanto grupo científico. Apenas um fato é inquestionável: em meados da década de 1940, era crescente o reconhecimento da figura científica de Skinner. Muito embora esse reconhecimento ainda estivesse longe de significar maciça aceitação e adesão às suas formulações científicas.

Veja, por exemplo, o fato de que o suposto declínio de Hull nas décadas de 1940 e 1950 não ocorreu como presumido por muitos. Na verdade, seu principal livro, *Principles of Behavior* (1943), publicado cinco anos após a edição do primeiro livro de Skinner, "marcou o início de uma era na pesquisa psicológica em que Hull tornou-se inquestionavelmente o líder da pesquisa em aprendizagem no país".[224] O impacto de *Principles of Behavior* foi tão expressivo que 70% das pesquisas sobre psicologia da aprendizagem publicadas nos Estados Unidos entre meados dos anos 1940 e em toda a década de 1950 – em periódicos como o *Journal of Experimental Psychology* e o *Journal of Comparative Psychology* – faziam referência a algum estudo realizado por Hull e, principalmente, citavam seu livro.[225] De igual forma, a influência de Hull ultrapassou o campo da psicologia da aprendizagem. Análises recentes identificam suas proposições como constituintes da história da inteligência artificial e de outros campos de pesquisa em ascensão, a partir da segunda metade do século XX (como a cibernética) e em pleno desenvolvimento na atualidade.[226]

Sobre Tolman, igualmente, é improvável que seu trabalho tenha simplesmente entrado em declínio, a partir da década de 1940, em decorrência do avanço da ciência skinneriana. O próprio Skinner[227] sugeriu que Tolman foi um dos precursores da moderna psicologia cognitiva que surgiu nas décadas de 1950 e 1960. Chiesa alega que "como um psicólogo tentando desenvolver métodos mais alinhados com as ciências naturais, Tolman pertence à tradição 'comportamental'. Já no contexto da psicologia

[224] MARX, M. H.; HILLIX, W. A. *Systems and theories in psychology*. New York: McGraw-Hill, 1976. p. 244.

[225] Ibidem.

[226] CORDESCHI, R. The Discovery of the Artificial: Some Protocybernetic Developments 1930-1940. *AI & Society*, v. 5, n. 3, p. 218-238, 1991; SCHLIMM, D. Learning from the Existence of Models: On Psychic Machines, Tortoises, and Computer Simulations. *Synthese*, v. 169, n. 3, p. 521-538, 2009.

[227] SKINNER, Preface to...

contemporânea, sua abordagem S-O-R é seguramente cognitiva".[228] Além disso, embora a obra de Tolman parecesse esquecida nas décadas de 1950 e 1960, sua relevância é explícita em diversos estudos sobre esse período que revisitam conceitos como "mapas cognitivos", "expectativas" e "hipóteses". Por sua vez, o trabalho de Tolman, mesmo que de forma indireta, contribuiu também para a moderna cibernética, que incorporou a ideia de "intenção" manifesta em seu sistema explicativo como um fenômeno passível de ser definido em termos operacionais.[229]

Talvez seja impossível definir precisamente quem foi o protagonista da história da psicologia experimental estadunidense entre as décadas de 1940 e 1960, e o mais coerente seja interpretar esse período como uma fase em que despontaram os trabalhos de Hull, Tolman e Skinner. Spence, no prefácio da sétima edição de *Principles of Behavior*, publicada em 1966, expressa precisamente essa percepção histórica:

> Em curto espaço de tempo, nos últimos 11 anos, apareceram, na *Century Psychology Series*, três livros que não apenas decisivamente determinaram o curso que uma área da psicologia estava tomando nos 20 anos seguintes, mas também literalmente instigaram a maioria das pesquisas na mesma. Os livros, por ordem de seus lançamentos, foram *Comportamento Intencional em Animais e Homens* (1932), de Tolman, *O Comportamento dos Organismos* (1938), de Skinner, e *Princípios do Comportamento* (1943), de Hull.[230]

Não foi mera presunção de Skinner situar seu primeiro livro em referência histórica ao primeiro livro de Hull e ao primeiro livro de Tolman. Contudo, o número de edições dos livros de Skinner e Hull sinaliza difusão mais expressiva das formulações desses dois psicólogos, em comparação com Tolman.[231] A disseminação do projeto científico

[228] CHIESA, M. *Radical Behaviorism*: The Philosophy and the Science. Boston: Authors Cooperative, 1994. p. 193.

[229] CARRARA, K. *Behaviorismo radical*: crítica e metacrítica. Marília, SP: Ed. da Unesp, 2005.

[230] SPENCE, op. cit., p. xvi.

[231] A falta de unidade do programa de pesquisa de Tolman e a natureza fortemente hipotética de suas formulações estão entre os possíveis motivos que dificultaram o uso de suas proposições científicas como base para a formação de uma nova escola psicológica. GENGERELLI, J. A. Graduate School Reminiscences: Hull and Kofka. *American Psychologist*, v. 31, n. 10, p. 685-688, 1976; BJORK, op. cit., p. 101.

de Skinner deu-se de maneira bastante peculiar, quando equiparado aos programas de pesquisa de Hull e Tolman. Isso porque, a partir de meados da década de 1940, as propostas científicas de Skinner tornam-se base para um fenômeno social na psicologia estadunidense: a formação de um grupo de psicólogos identificados de forma restrita com um única ciência do comportamento. Fenômeno inexistente com os sistemas científicos de Tolman e de Hull, os quais, embora difundidos na comunidade psicológica dos Estados Unidos, não se constituíram como fundamento único para institucionalização de uma nova comunidade científica.

Ainda chama atenção que as declarações de morte do behaviorismo, iniciadas a partir de meados do século XX, ocorreram, paradoxalmente, simultâneas à emergência de uma comunidade científica identificada com o behaviorismo skinneriano. Alguns elementos históricos, situados entre as décadas de 1940 e 1960, que permitem essa afirmação são a inserção da ciência desenvolvida por Skinner em currículos de cursos de psicologia,[232] a fundação da primeira sociedade científica da área,[233] o estabelecimento de revistas especializadas [234] e de programas de doutorado e mestrado [235] e a aplicação da teoria operante em diversas esferas da sociedade [236]. Todos esses dispositivos configuram estratégias disciplinares consonantes com a visão promulgada por Kuhn sobre o período em que novos paradigmas científicos emergem na comunidade científica. Para ele:

> a criação de publicações especializadas, a fundação de sociedades de especialistas e a reivindicação de um lugar especial nos currículos

[232] KELLER, F. S.; SCHOENFELD, W. N. The Psychology Curriculum at Columbia College. *American Psychologist*, v. 4, n. 2, p. 165-172, 1949.

[233] LATIES, V. G. Society for the Experimental Analysis of Behavior: The First 30 Years (1958-1987). *Journal of the Experimental Analysis of Behavior*, n. 48, p. 495-512, 1987; DINSMOOR, J. A. A Visit to Bloomington: The First Conference on the Experimental Analysis of Behavior. *Journal of the Experimental Analysis of Behavior*, v. 48, n. 3, p. 441-445, 1987.

[234] WIXTED, J. Jeab and the Skinnerian Interpretation of Behavior. *Journal of the Experimental Analysis of Behavior*, v. 89, n. 1, p. 137-139, 2008; SCHOENFELD, W. N. Reminiscences, You Say? *Journal of the Experimental Analysis of Behavior*, v. 48, n. 3, p. 464-468, 1987.

[235] MICHAEL, J. A Brief Overview of the History of Western Michigan University's Behavioral Programs. *Journal of Applied Behavior Analysis*, v. 26, n. 4, p. 587-588, 1993; RUBIN, H. B.; CUVO, A. J. The Behavior Analysis and Therapy Program at Southern Illinois University at Carbondale. *Journal of Applied Behavior Analysis*, v. 26, n. 4, p. 583-586, 1993.

[236] RUTHERFORD, A. *Beyond the Box*: B. F. Skinner's Technology of Behavior from Laboratory to life, 1950-1970s. Toronto: University of Toronto Press, 2009.

> de estudo têm geralmente estado associadas ao momento em que um grupo aceita pela primeira vez um paradigma único. Pelo menos foi isso que ocorreu, há um século e meio, durante o período que vai desde o desenvolvimento de um padrão institucional de especialização científica até a época recente, quando a parafernália de especializações adquiriu prestígio próprio.[237]

Como já mencionado, o projeto científico skinneriano, assim como qualquer outro projeto psicológico, não é passível de ser interpretado como um paradigma científico no molde das formulações kuhnianas. Ainda que tenha se tornado recorrente, entre os psicólogos, o uso da noção de ciência paradigmática, Kuhn via limitações nesse conceito quando se referia a ciências como a psicologia; pois a multiplicidade de escolas de pensamento em constante e forte competição, e o progresso apenas no interior de cada uma delas, impediam a emergência de um paradigma dominante a orientar toda a comunidade psicológica em torno de métodos e problemas científicos considerados legítimos por todos os praticantes da área.[238]

É verdade que em seus textos finais, Kuhn avaliou que a psicologia experimental e a economia funcionavam de acordo com sua noção de ciência normal. Ou seja, aquelas áreas teriam estrutura social semelhante às ciências paradigmáticas, uma vez que seriam orientadas para resolução de problemas e quebra-cabeças definidos de maneira restrita pela comunidade científica.[239] Esse é o caso dos primórdios da organização social da ciência skinneriana, em meados da década de 1940, quando se inicia uma comunidade científica amparada por um único modelo científico que fornece problemas e soluções exemplares para os seus membros. Com a diferença, relevante nesse caso, de que a formação inicial de um grupo de praticantes da análise do comportamento não resultou da ampla aceitação da ciência de Skinner, e nem muito menos do amplo debate na literatura de periódicos, mas da sua contínua rejeição e do decorrente

[237] KUHN, *A estrutura...*, p. 40.

[238] COLEMAN, S. R.; REBECA, S. Kuhn's Structure of Scientific Revolutions in the Psychological Journal Literature, 1969-1983: a Descriptive Study. *The Journal of Mind and Behavior*, v. 4, p. 415-446, 1988.

[239] KUHN, T. S. *O Caminho desde A Estrutura*. São Paulo: Ed. da Unesp, 2006.

sentimento de isolamento, o que foi recorrentemente mencionado por Skinner e pelos primeiros adeptos de sua ciência.[240]

Embora essa fase da carreira de Skinner seja caracterizada pelas dificuldades de inserção institucional e aceitação de seu projeto científico, a manutenção de privilégios – embora menos significativos do que aqueles experimentados em Harvard – também se fazem notáveis durante sua estada na Universidade de Minnesota, e resultam da crescente autoridade da figura científica de Skinner e da manutenção das relações constituídas com outras instituições acadêmicas durante seu doutorado e pós-doutorado. Exemplos disso são os subsídios oferecidos por Harvard para que Skinner publicasse seu primeiro livro,[241] os inúmeros convites, ainda na segunda metade da década de 1930 [242] e durante toda a década de 1940, para ser professor visitante na própria Universidade de Harvard e na Universidade de Chicago, e a indicação, realizada por nomes como Edward L. Thorndike e Edward C. Tolman, para Skinner assumir o posto de professor e pesquisador em diferentes instituições universitárias.[243]

[240] Para um estudo da possibilidade de a análise do comportamento ser interpretada como uma ciência normal, ver PAULINO, L. R. P. *Análise do Comportamento enquanto uma ciência normal*: possibilidades e considerações. Londrina, 2012. Dissertação (Mestrado em Filosofia) – Departamento de Filosofia, Universidade Estadual de Londrina.

[241] FERRIN, D. Carta para B. F. Skinner. 18 de janeiro de 1938. Arquivo B. F. Skinner da Universidade de Harvard.

[242] Memorial Fellowship *Application Form* – John Simon, 1941. Documentação interna. Arquivo B.F. da Universidade de Harvard.

[243] WOLFE, D. L. Carta para B. F. Skinner. 28 de dezembro de 1940. Arquivo B. F. Skinner da Universidade de Harvard; FERNBERG, S. W. Carta para B. F. Skinner. 11 de abril de 1938. Arquivo B. F. Skinner da Universidade de Harvard.

AS RELAÇÕES INFORMAIS E FORMAIS NO COTIDIANO CIENTÍFICO

Da punição ao reforço

Foi uma confraternização estimulante, uma das melhores das quais já participei. Nós conversamos sobre os experimentos feitos... Todos participaram de modo informal e a reunião foi considerada um grande sucesso.[244]

Ainda que Skinner recupere, em Minnesota, a partir do final da década de 1930, condições de trabalho semelhantes àquelas experimentadas em Harvard durante seu doutorado e pós-doutorado, é somente em meados da década de 1940 que, de fato, a sua situação acadêmica torna-se novamente confortável. Isso acontece, especificamente, a partir de sua transferência para a Universidade de Indiana, em 1945, para assumir a chefia do departamento de psicologia. Nessa nova instituição, peculiaridades do estilo de vida acadêmica de Skinner tornam-se cada vez mais visíveis. É nesse novo ambiente que Skinner e os primeiros praticantes da sua ciência efetivam o início da organização comunitária da análise do comportamento, por meio de uma transição, mesmo que não linear e não esgotada, da informalidade para a crescente formalidade daquela ciência.

A mudança de Skinner para uma instituição mais renomada do que a Universidade de Minnesota procede do contínuo reconhecimento público da sua autoridade científica, na primeira década de 1940, através

[244] KELLER, *At My...*, p. 200.

do recebimento de prêmios como a medalha nacional de ciência, em 1942. A partir de então, Skinner ganha lugar de destaque em importantes publicações de divulgação científica nos Estados Unidos, merecendo, inclusive, menção na revista *American men of Science*, em 1944, que o posicionou entre os cem mais promissores cientistas estadunidenses do século XX.[245] A partir do final da década de 1930 é crescente, também, o número de ofertas de emprego em outras Universidades, quase sempre para ocupar o lugar de chefe ou diretor de departamentos de psicologia, como foram os casos dos convites realizados, mais de uma vez, pelas Universidades de Columbia, Lousiana e Indiana.[246] Esta última, por exemplo, por meio de outro eminente behaviorista, Jacob R. Kantor,[247] já havia realizado um primeiro convite para Skinner chefiar o departamento de psicologia em 1940 – porém, a negociação que definiu a mudança de Skinner para Indiana somente se concretizou em 1945.[248]

[245] STEVENS, S. S. Carta para B. F. Skinner. 24 de abril de 1942. Arquivo B. F. Skinner da Universidade de Harvard; MCCONNELL, T. R. Carta para B. F. Skinner. 28 de abril de 1942. Arquivo B. F. Skinner da Universidade de Harvard; MCCONNELL, T. R. Carta para B. F. Skinner. 31 de março de 1944. Arquivo B. F. Skinner da Universidade de Harvard.

[246] STEPHENSON, W. H. Carta para B. F. Skinner. 9 de outubro de 1941. Arquivo B. F. Skinner da Universidade de Harvard; SKINNER, B. F. Carta para Henry E. Garrett. 7 de dezembro de 1940. Arquivo B. F. Skinner da Universidade de Harvard.

[247] SKINNER, *The Shaping...*; CAPSHEW, J. H.; HEARST, E. Psychology at Indiana University: From Bryan to Skinner. *Psychological Record*, v. 30, p. 319-342, 1980; FULLER, P. R. Professors Kantor and Skinner: The "Grand Alliance" of the 40's. *The Psychological Record*, n. 23, p. 318-324, 1973. p. 324.

[248] Sobre o fato de ter sido contratado por outro expoente behaviorista, também com planos de estabelecimento de uma ciência do comportamento, embora assuma simpatia pelo behaviorismo de Kantor, por esse também se ater a análises funcionais do comportamento, Skinner afirma ter aceitado o cargo exclusivamente em virtude da oportunidade de uma substancial melhoria nas suas condições de pesquisa e nos rumos de sua carreira. Skinner já havia reconhecido o trabalho de Kantor, em 1938, em *The Behavior of Organisms,* como exemplo de um behaviorista que enfatizou o valor da noção de "relação funcional", da mesma forma como quis enfatizar em seu primeiro livro (SKINNER, *The Shaping...*). Além disso, mesmo sem desenvolverem pesquisas conjuntas, para Fuller, ex-aluno de Kantor e Skinner em Indiana, a interação entre esses dois psicólogos resultou no fortalecimento da aplicação dos princípios operantes, a partir do final da década de 1940 e início da década de 1950 (SKINNER, *The Shaping...*). Motivo para tanto foi a compatibilidade do pensamento desses dois cientistas, o que fez com que Kantor incentivasse muitos de seus alunos envolvidos com questões aplicadas a recorrem a conceitos e técnicas da análise do comportamento. Por isso, de acordo com Fuller, "sem a influência de Kantor, estudos operantes poderiam ter ficado exclusivamente no laboratório animal um longo tempo" (SKINNER, *The Shaping...*, p. 284-285). Ainda que um tanto exagerada, a conclusão de Fuller expõe o contexto de Indiana como favorável à disseminação da produção científica de Skinner.

A Universidade de Indiana, assim como as demais Universidades estadunidenses, expandiu significativamente suas atividades de ensino e pesquisa após a Segunda Guerra Mundial.[249] Naquele momento, o sentimento generalizado de confiança nos rumos da nação, por meio dos avanços da ciência e da tecnologia, e, por sua vez, por uma estruturada política científica, repercutiram positivamente no desenvolvimento da psicologia, que havia participado ativamente dos esforços de guerra.[250] Na Universidade de Indiana, em resposta às demandas de ensino, aplicação e pesquisa, esse clima traduziu-se em acelerada expansão do departamento de psicologia. O súbito aumento do corpo docente, que foi ampliado de oito membros, em meados de 1940, para 40 membros, ao final da década de 1950, é um dos sinais desse crescimento. Em conjunto, ocorreu significativo aumento do número de disciplinas, vagas, financiamento e linhas de pesquisa.[251]

Portanto, em contraste com o período de término da última bolsa de pós-doutorado de Skinner, em Harvard, dez anos antes, quando sofreu dificuldades para ingressar no mercado acadêmico, a proposta de assumir a chefia do departamento de psicologia em Indiana deu-se em momento no qual ótimas ofertas de trabalho eram-lhe oferecidas e seu lugar de destaque estava cada vez mais garantido na comunidade psicológica. Porém, assumir um cargo de chefia era algo incompatível com a experiência profissional de Skinner, que foi orientada, desde o doutorado, para o trabalho exclusivo com a pesquisa. E foi também incompatível com seus objetivos declarados de dedicar-se exclusivamente à continuidade do seu projeto científico, uma vez que o contrato em Indiana definia que suas funções dividir-se-iam entre atividades de pesquisa, administrativas e de docência.[252] Como o próprio Skinner[253] admitiu quando da ocasião do seu ingresso em Indiana, exercer o cargo de chefia implicava fazer tudo aquilo que havia evitado em sua vida acadêmica: assumir responsabilidades burocráticas.

[249] CAPSHEW, HEARST, op. cit.

[250] CAPSHEW, op. cit.

[251] CAPSHEW, HEARST, op. cit.

[252] WELLS, H. B. Carta para B. F. Skinner. 19 de dezembro de 1944. Arquivo B. F. Skinner da Universidade de Harvard.

[253] SKINNER, *The Shaping...*

Apesar da presumível objeção de Skinner quanto às incumbências de um posto de chefia de departamento, ele aceitou o cargo sem maiores conflitos. Tendo em vista o seu histórico de parca experiência e de aversão por envolvimento na vida institucional, a contratação de Skinner para um cargo burocrático foi comentada entre aqueles que conheciam seu apreço por um estilo de vida acadêmica informal: Elliot e Heron, da Universidade de Minnesota, e o chefe do departamento de psicologia em Harvard, Boring. Em primeiro lugar, esses acadêmicos mostraram-se surpresos com a contratação de Skinner, pois concordavam que ele não tinha qualificações para ocupar um cargo administrativo e político. Igualmente, são unânimes em afirmar que Skinner era valioso demais cientificamente para assumir um posto de chefia, porque ele tinha coisas muitos mais importantes a fazer naquele momento de sua carreira. Essa alegação, pautada no reconhecimento das capacidades científicas de Skinner, contudo, não foi acompanhada de nenhum esforço para mantê-lo em Minnesota por meio de qualquer contraproposta. Em realidade, Heron opôs-se veementemente a qualquer incentivo para mantê-lo naquela instituição, e declarou-se aliviado com sua saída.[254]

A transferência para a Universidade de Indiana para assumir um cargo de chefia designa a primeira vista uma anomalia na trajetória de Skinner, uma vez que ele, deliberadamente, havia se mantido afastado de cargos burocráticos nos últimos dezessete anos de sua carreira, de modo a dedicar-se apenas às suas pesquisas. Mas essa anomalia é explicada pela alegação do próprio Skinner, ao dizer que a decisão por assumir aquele cargo tinha intenções práticas bem definidas: recuperar sua independência científica, de modo a estabelecer novamente um ambiente de trabalho em que a realização de suas pesquisas fosse prioridade e não sofresse nenhum tipo de impedimento institucional, como ocorrido parcialmente em Minnesota. Ao negociar com Kantor sua mudança para Indiana, Skinner declarou que sua ida para aquela Universidade era uma oportunidade de gerenciar, de maneira harmoniosa, um departamento de psicologia e suas pesquisas. "Meu tempo e energia é, eu assumo, para ser dividido igualmente entre o ensino e a administração de um lado e a pesquisa de outro", e era do seu entendimento que "Indiana está muito interessada

[254] WIENER, op. cit.

naquilo que eu posso fazer como um homem de pesquisa e na minha contribuição como chefe do departamento".[255]

Contudo, como o próprio Skinner reconheceu quatro décadas depois, a sua ida para aquela instituição foi definida prioritariamente por motivos acadêmicos: ele pensou que a vida política e institucional seria um meio para realizar, de maneira mais efetiva, com mais tempo e dinheiro, suas pesquisas, que sofriam represálias e restrições em Minnesota. Dentre outras vantagens consideradas por Skinner em transferir-se para Indiana estavam a retomada de uma localização geográfica estratégica para manter contatos com outros psicólogos, a possibilidade de participação nos principais eventos científicos da área, a construção de um laboratório para realização de pesquisas fundamentadas em seu sistema científico e a orientação de estudantes de mestrado e doutorado sem medo de retaliações e sem a mínima necessidade de associar-se a pesquisadores com teorias e métodos de pesquisa incompatíveis com os seus.[256] Ao mesmo tempo, para Skinner, todas essas vantagens ampliariam sua influência profissional e sua liberdade científica. Como alegou,

> Eu aceitei a oferta de Indiana em parte porque eu estava me sentindo muito fora das coisas. ...Sob as restrições do tempo de guerra, eu não participei de nenhum encontro profissional e perdi contato com meus velhos amigos no Leste.[257]
>
> Minha posição em Indiana conseguiria mais peso profissional. Eu poderia construir um novo laboratório para aproveitar o que tínhamos aprendido no Pigeon Project. Eu poderia escapar daquele santuário à memória de R. A. Fisher – aquela monstruosa caixa de 24 compartimentos – e estudar um rato ou um pombo por vez. Eu poderia ter os meus próprios alunos de pós-graduação.[258]

Ainda que tenha aceitado o cargo de chefia em Indiana com vistas a retomar o desenvolvimento de suas pesquisas, Skinner esboçou um plano de mudanças para o departamento de psicologia. Sua primeira proposta

[255] SKINNER, B. F. Carta para J. R. Kantor. 5 de novembro de 1944. Arquivo B. F. Skinner da Universidade de Harvard.

[256] SKINNER, *The Shaping...*, p. 285-288.

[257] Ibidem, p. 286.

[258] Idem.

previa alterações drásticas no curso introdutório de psicologia daquela Universidade, visto que, mesmo antes de assumir seu novo cargo, tomou conhecimento de que aquele curso era percebido, por docentes e alunos, como uma forma de estudantes de outros cursos complementarem seus créditos de maneira extremamente fácil. Por essa razão, professores de diversos departamentos, em meados da década de 1940, propunham a sua extinção.[259] Para evitar isso, e mudar a imagem do ensino de psicologia em Indiana, Skinner sugeriu sua reestruturação, e aludiu que Keller seria a pessoa ideal para desempenhar aquela tarefa. Mas Skinner não anteviu que propor aquela mudança implicaria lidar com um "terreno sagrado"[260] em Indiana, uma vez que tanto Kantor quanto os demais professores daquele departamento lecionavam seus cursos introdutórios de maneira independente durante anos, e com conteúdos definidos por motivações teóricas e metodológicas individuais. Razão pela qual, logo após sugerir a alteração daquele curso, Skinner recebeu uma carta incisiva de Kantor, repreendendo-o por propor aquelas modificações em Indiana. Por isso, Skinner desistiu de seus planos.[261]

Esse é o único episódio em que Skinner empreendeu uma tentativa de transformação acadêmica e institucional no curso de psicologia em Indiana. Outros planos foram descritos por ele,[262] sempre de forma superficial, sem evidências de empenho concreto de sua parte. Na verdade, ainda no primeiro ano do cargo de chefia em Indiana, Skinner[263] mostra insatisfação com as tarefas burocráticas e com os encargos políticos que lhe cabia responder. De modo a lidar com aquelas novas incumbências, ele contratou um assistente qualificado e elaborou meios eficazes para administrar o departamento sem que essa atividade ocupasse muito de seu tempo e, principalmente, sem prejudicar suas atividades de pesquisas.

Decerto, ocupar um cargo de chefia em Indiana apenas fortaleceu a aversão de Skinner pela vida burocrática e institucional na Universidade. Quando de sua saída de Indiana, em 1947, essa aversão e seus efeitos

[259] WIENER, op. cit.

[260] SKINNER, *The Shaping...*, p. 285.

[261] Ibidem; KELLER, *At My...*

[262] SKINNER, *The Shaping...*, p. 286.

[263] Ibidem.

são descritos nos seguintes termos: "Eu tinha visto o lado político da administração universitária e resolvi nunca mais ver isso de perto novamente".[264] Mas, ainda que Skinner evidencie seu desprezo pela vida burocrática da ciência, sua passagem por Indiana como chefe de departamento marca um momento especial no processo de institucionalização de sua ciência.[265] Naquela instituição, em conjunto com Keller, Skinner empreende um dos primeiros esforços de organização comunitária de sua ciência, com a realização da primeira conferência de análise experimental do comportamento.

A realização desse evento, e seus subsequentes desdobramentos na formação da análise do comportamento, como comunidade científica, designam o valor central do intenso contato informal entre Skinner e Keller, no início da década de 1940, e do crescente papel de Keller como o primeiro adepto e principal divulgador do projeto científico skinneriano.

Keller e a disseminação de uma nova ciência

Os primórdios da organização social da análise do comportamento remontam ao final da década de 1920, com o início da relação informal entre Skinner e Keller, quando ambos cursavam o doutorado de psicologia em Harvard. Nessa fase, tanto Skinner quanto Keller compunham parte de um pequeno grupo informal de alunos atraídos pelo behaviorismo, em um contexto acadêmico avesso a essa perspectiva psicológica. Após esse período, ao longo da década de 1930, Keller manteve-se como o principal e, muitas vezes, o único interlocutor behaviorista de Skinner. Interlocução mantida de forma intensa por meio de encontros pessoais e troca de correspondências.[266]

Mas foi somente após a leitura de *The Behavior of Organisms*, em 1938, que Keller declarou-se o primeiro adepto da análise experimental

[264] Ibidem, p. 340.

[265] Embora alegasse nunca mais querer participar da vida institucional na ciência, Skinner assumiu, em 1947, a presidência da *Midwestern Psychological Association* e, no início da década de 1960, da *Pavlovian Society* (SKINNER, *A Matter*...). Todavia, Skinner apenas menciona esses cargos de forma breve, dando a entender a baixa relevância de tais funções.

[266] Ver capítulo 3.

do comportamento.[267] Além da adesão entusiasta ao sistema científico proposto naquele livro, o papel de Keller na disseminação daquela nova ciência do comportamento torna-se manifesto com a sua contratação para o departamento de psicologia da Universidade de Columbia, no final da década de 1930. Keller ingressa nessa instituição com objetivos declarados de dedicar-se à pesquisa e ao ensino do conteúdo apresentado no primeiro livro de Skinner.[268] Porém, essa intenção não se concretizou de imediato. Mesmo Keller desfrutando de uma excelente estrutura acadêmica, o ambiente em Columbia não se mostrou imediatamente favorável à sua empreitada behaviorista, porque "não havia nenhum verdadeiro behaviorista em Columbia em 1938, até mesmo no segundo andar entre os ratos e macacos".[269] Logo, Keller experimentou a indisposição de membros do departamento de psicologia para iniciar pesquisas e disciplinas pautadas no projeto científico skinneriano.

De qualquer forma, os empecilhos sofridos por Keller não o impediram de iniciar pesquisas inspiradas em *The Behavior of Organisms*, ainda que para tanto tivesse que realizar seus primeiros experimentos fora da Universidade de Columbia. Assim, seu primeiro experimento fundamentado no livro de Skinner foi realizado em seu apartamento, tendo sua filha como sujeito experimental. Para Skinner,[270] é provável que esse experimento tenha sido a primeira tentativa de uma análise experimental do comportamento humano. Nas palavras de Keller, esse episódio foi assim descrito:

> Uma tentativa inicial de pesquisa ocorreu em nosso apartamento, com Anne como meu sujeito experimental. Eu levei meu equipamento para casa e coloquei-o sobre a mesa da sala de jantar, próximo à porta corrediça que se abria para a sala de estar. Por meio de uma estreita abertura por entre a porta, preparei uma extensão da alavanca na sala de estar e afixei um tubo que descia para uma pequena vasilha sob a barra da alavanca. Isto me permitia jogar um pedaço de biscoito ou doce na vasilha sempre que a barra era pressionada, e a resposta era registrada no meu gravador.

[267] KELLER, *At My...*

[268] Idem.

[269] Ibidem, p. 162.

[270] SKINNER, *The Matter...*

> Após me atrapalhar com o procedimento por um tempo, coletei dados sobre o efeito de vários procedimentos que tinham sido usados efetivamente em ratos. A pressão *condicionada* da alavanca foi estabelecida com biscoitos em formato de animais e pedaços de chocolates como recompensas (tecnicamente, reforçadores); um teste de extinção foi realizado por descontinuidade do reforço; um recondicionamento aconteceu pelo restabelecimento do reforço; e dados de reforços periódicos foram coletados por meio de recompensa por certo número de respostas ou após certos intervalos de respostas.[271]

Em tom bem-humorado, Keller[272] recorda que apresentou os resultados daquele primeiro experimento em um evento científico e cogitou a possibilidade de conduzir estudos de pressão à barra em casa. Entretanto, essa situação foi tomada como temporária e insatisfatória, porque seu objetivo era estudar o comportamento operante em laboratório, por meio de condições experimentais adequadas. Isso, porém, Keller conseguiria apenas de maneira gradual, em Columbia, no começo da década de 1940, quando inicia pesquisas abalizadas em *The Behavior of Organisms* e, simultaneamente, introduz o conteúdo do livro em suas aulas na graduação, incentivando informalmente seus alunos e colegas a lerem aquela obra.

Em que pese o esforço de Keller, ele mantinha-se insatisfeito com sua posição institucional em Columbia, já que não lhe era permitido ter orientandos de mestrado e de doutorado. Essa situação foi lembrada por ele como frustrante, tendo em conta a existência de estudantes interessados em realizar pesquisas baseadas no livro de Skinner, demanda que continuou a crescer devido a sua insistente divulgação informal daquele livro.[273] As recordações de Keller sobre esse período denotam os entraves institucionais em Columbia, no começo da década de 1940, e como a informalidade era o principal meio para divulgar aquela ciência, não só em Columbia, mas em outros espaços acadêmicos:

> Eu escrevi a Burrhus dizendo que havia vários alunos de pós-graduação que gostariam de desenvolver estudos de condicionamento,

[271] KELLER, *At My...*, p. 165.

[272] Ibidem.

[273] Idem.

> mas que me evitavam por causa de C. J., e porque eu não tinha recebido patrocínio de pesquisa de doutorado, que forneceria um precedente a eles. De fato, meu estudante de mestrado (Hyman) está um pouco assustado em trabalhar comigo e fará o que puder para colocar um (Gordon) Allport ou (Gardner) Murphy em conformidade com seus resultados (...). Em 06 de dezembro de 1941, eu falei informalmente sobre minhas descobertas da luz de aversão, em uma Mesa Redonda de Psicologia (MRP), em Massachusetts. A adesão à MRP era restrita aos experimentalistas com 40 anos ou que fossem mais jovens, e eu estava com quase 43, mas compareci como convidado de John e Dick, ambos já membros.[274]

A partir da década de 1940, a divulgação informal da ciência skinneriana será uma tarefa a qual Keller realizará continuamente com grande esforço e ímpeto. Do mesmo modo, Keller incorpora a partir de então o papel de divulgador e disseminador formal daquela perspectiva psicológica, como veremos melhor no próximo capítulo.

A rejeição como mola propulsora

Embora Keller divulgue e realize, a partir do final da década de 1930, ainda que de modo informal, pesquisas baseadas no sistema explicativo skinneriano, foi ao final da Segunda Guerra Mundial que pesquisas em conformidade com o primeiro livro de Skinner começaram a ser realizadas por um grupo de pesquisadores. Em meados da década de 1940, Skinner lembra que tais pesquisas foram empreendidas em Columbia, "onde o rato era o principal sujeito experimental, e em Indiana, onde o pombo era o rei",[275] Universidades nas quais ele e Keller ocupavam postos institucionais que lhes propiciavam condições de pesquisa e de divulgação da área. Porém, para Skinner, isso não era suficiente, nem significava que seu sistema explicativo estava em plena expansão e havia alcançado o reconhecimento almejado. Pelo contrário, na sua avaliação, entre a segunda metade da década de 1930 e o final da

[274] Ibidem, p. 169.

[275] SKINNER, *The Shaping...*, p. 330.

Segunda Guerra Mundial poucos pesquisadores tinham se interessado por suas ideias, algo refletido na baixa vendagem de *The Behavior of Organisms*, após quase uma década de sua publicação.[276] Além disso, o pequeno grupo de pesquisadores oriundos de Columbia começa, a partir de meados da década de 1940, a sofrer contínuas dificuldades para publicar pesquisas que recorriam ao delineamento experimental de sujeito único. Sobre essa situação ainda insatisfatória, Skinner lembra:

> Tivemos dificuldades em publicar nossos relatórios em periódicos comuns. Nós utilizávamos um número muito pequeno de sujeitos, nós não "projetávamos nossos experimentos" com grupos comparativos, nossos registros cumulativos não se pareciam com curvas de aprendizado, e nós estávamos fazendo perguntas (por exemplo, sobre programas de reforçamento) que não eram encontradas na "literatura". Nas reuniões, nossos artigos eram misturados a outros que nós raramente queríamos conhecer.[277]

Nesse relato de Skinner, e, principalmente, nos relatos de muitos daqueles que compõem a primeira geração de adeptos da sua ciência,[278] são frequentes as alegações de que as dificuldades iniciais de aceitação do delineamento experimental de sujeito único compunham fator determinante para que surgissem meios de organização social dessa ciência. Prova disso são as justificativas para a realização do primeiro evento científico da área. Para Skinner,[279] esse evento, organizado em 1947 por ele, Keller e William N. Schoenfeld, seria "uma solução temporária" aos problemas de aceitação dos relatos de pesquisas conduzidos pelos primeiros praticantes da área e ao sentimento de isolamento crescente entre eles.

Vale dizer que o cenário desfavorável de recepção da ciência skinneriana e das pesquisas de seus primeiros adeptos não condizia com o

[276] (cf. capítulo 4).

[277] Idem.

[278] DEWS, P. B. An Outsider on the Inside. *Journal of the Experimental Analysis of Behavior*, n. 48, p. 459-462, 1987; KELLEHER, R. T.; MORSE, W. H. The Yerkes Connection. *Journal of the Experimental Analysis of Behavior*, n. 48, p. 456-457, 1987; LATIES, V. G. The Journal of the Experimental Analysis of Behavior at Fifty. *Journal of the Experimental Analysis of Behavior*, n. 89, p. 95-109, 2008; LINDSLEY, O. L. Collecting the First Dollars for JEAB. *Journal of the Experimental Analysis of Behavior*, n. 48, p. 469-471, 1987; SCHOENFELD, Reminiscences...

[279] SKINNER, *The Shaping...*, p. 330.

reconhecimento da figura científica de Skinner, em plena ascensão em meados da década de 1940. A própria contratação para a Universidade de Indiana sugere esse reconhecimento desvinculado da aceitação e aderência ampla à sua ciência. Além disso, nesse período as pesquisas de Skinner continuavam a ser aceitas e publicadas nos principais veículos de comunicação científica da psicologia experimental estadunidense. Enquanto, por outro lado, os primeiros praticantes de sua ciência sofriam contínuas rejeições às suas pesquisas com o delineamento experimental de sujeito único, inclusive pelos mesmos meios de comunicação científica que publicavam muitas das pesquisas de Skinner.

Embora seja impossível precisar se Skinner teve artigos rejeitados, é digno de nota que em seu extenso arquivo pessoal encontra-se somente uma carta de rejeição a um de seus artigos. O episódio revela mais da sua autoridade científica do que sobre qualquer sinal de sanção direta a sua produção. Essa rejeição aconteceu em meados da década de 1970, quando submeteu o manuscrito "*Human Behavior and Democracy*", posteriormente publicado em seu livro *Reflections on Behaviorism and Society (1978)*, ao periódico *American Psychologist.* O artigo que foi submetido a convite do editor foi rejeitado devido a uma falha no processo editorial, sendo a razão para tanto, como sugeriu um dos seus pareceristas, o fato de que, embora o tema fosse de interesse geral, a questão nele discutida já havia sido tratada por Skinner.[280]

A realidade dos primeiros praticantes da ciência skinneriana era bem diferente da realidade de Skinner. Um dos periódicos de maior expressão na psicologia experimental estadunidense, entre o final da década de 1940 e o início da década de 1950, o *Journal of Comparative and Physiological Psychology,* é representativo desse cenário no qual a rejeição de pesquisas que recorriam ao delineamento experimental com sujeito único torna-se assumida publicamente na comunidade científica. Amostra dessa rejeição é vislumbrada no editorial do primeiro número daquele

[280] SCARR, S. Carta para B. F. Skinner. 2 de dezembro de 1976. Arquivo B. F. Skinner da Universidade de Harvard; SKINNER, B. F. Carta para Sandra Scarr. 9 de dezembro de 1976. Arquivo B. F. Skinner da Universidade de Harvard; SKINNER, B. F. Carta para Theodore H. Balu. 21 de março de 1977. Arquivo B. F. Skinner da Universidade de Harvard; SCARR, S. Carta para B. F. Skinner. 27 de maio de 1977. Arquivo B. F. Skinner da Universidade de Harvard; SKINNER, B. F. Carta para Sandra Scarr. 6 de junho de 1977. Arquivo B. F. Skinner da Universidade de Harvard.

periódico no ano de 1951, com o título "*Publication Policy for the Journal of Comparative and Physiological Psychology*". Escrito por Harry F. Harlow, então editor dessa publicação e principal alvo de ataques dos primeiros analistas do comportamento, por causas de críticas e rejeições que seus trabalhos sofriam[281], tal publicação expõe as decisões tomadas acerca da nova política editorial daquele periódico, definidas durante o encontro da APA em 1950. Dentre elas estava a enfática objeção às pesquisas com dados individuais que não utilizavam o recurso do teste de hipóteses e tratamento estatístico dos dados. Assim prescreve a política editorial do *Journal of Comparative and Physiological Psychology:*

> A discussão [dos artigos] deve ser limitada à interpretação e significância dos dados realmente obtidos. ...dados obtidos em termos de hipóteses não testadas e não testáveis não têm lugar no JCPP [*Journal of Comparative and Physiological Psychology*] (...) A apresentação de dados de derivados de pesquisas com sujeitos individuais deve ser evitada sempre que possível.[282]

Outros episódios emblemáticos da rejeição às pesquisas dos primeiros adeptos da análise do comportamento, envolvendo Harlow, serão discutidos neste e nos próximos capítulos. Por ora, além de expor o cenário inóspito para os primeiros adeptos da ciência skinneriana, vale mencionar um ambíguo fenômeno, percebido por meio de breve exame da produção veiculada no *Journal of Comparative and Physiological Psychology* entre o final da década de 1940 e a primeira metade da década de 1950. Desse exame, conclui-se que constavam, em pesquisas publicadas nesse periódico – maior símbolo da rejeição ao método de pesquisa desenvolvido por Skinner –, artigos que recorriam à noção de condicionamento operante, ao uso da caixa de Skinner e à taxa de respostas de pressão à barra como variável dependente. Ou seja, conceitos, instrumentos, medidas e procedimentos característicos do projeto científico de Skinner. Porém, essas mesmas pesquisas utilizavam-se de procedimentos incompatíveis com o método desenvolvido por Skinner;

[281] HARLOW, H. F. Publication Policy for the Journal of Comparative and Physiological Psychology. *Journal of Comparative and Physiological Psychology*, v. 44, n. 1, p. 1-2, 1951. p. 1.

[282] Idem.

como o recurso a elevado número de sujeitos experimentais, a grupo controles e à análise estatística inferencial dos dados.[283]

Duas explicações não excludentes para esse fato são plausíveis, considerando o contexto de emergência da ciência skinneriana. Uma primeira seria que o recurso a procedimentos incompatíveis com o delineamento experimental de sujeito único, como o uso de grupos controle e o tratamento estatístico dos dados, foi uma forma de os primeiros praticantes da ciência skinneriana evitarem as constantes rejeições pela incompatibilidade do delineamento experimental de sujeito único com os procedimentos *par excellence* na psicologia experimental estadunidense. Uma segunda explicação é pautada no argumento de que, naquele momento, procedimentos e instrumentos inventados por Skinner, como a análise de taxa de respostas, as caixas de condicionamento operante e o registro cumulativo, foram apropriados e transfigurados sem o necessário compromisso com a sua teoria do comportamento.

Independentemente de qual explicação seja a mais coesa, o que se destaca é que essa suposta anomalia ocorre concomitante ao início do fenômeno mais recursivo na prática dos primeiros analistas do comportamento entre as décadas de 1940 e 1950: a rejeição generalizada de suas pesquisas nos principais periódicos da psicologia estadunidense.

A organização da primeira conferência de análise experimental do comportamento foi a primeira tática comunitária e formal para enfrentar esse problema. A proposta desse evento, os motivos envolvidos para sua organização, além dos já expostos, e algumas consequências dessa conferência marcam o início de uma série de estratégias de organização comunitária da análise do comportamento, a partir de meados da década

[283] COATE, W. B. Weakening of Conditioned Bar-Pressing by Prior Extinction of its Subsequent Discriminated Operant. *Journal of Comparative and Physiological Psychology*, v. 49, n. 2, p. 135-138, 1956; DINSMOOR, J. A. The Effect of Periodic Reinforcement of Bar-Pressing in the Presence of a Discriminative Stimulus. *Journal of Comparative and Physiological Psychology*, v. 44, n. 4, p. 354-361, 1951; DINSMOOR, J. A. Resistance to Extinction Following Periodic Reinforcement in the Presence of a Discriminative Stimulus. *Journal of Comparative and Physiological Psychology*, v. 45, n. 1, p. 31-35, 1952; JENKINS, W. O.; MCFANN, H.; CLAYTON, F. L. A Methodological Study of Extinction Following a Periodic and Continuous Reinforcement. *Journal of Comparative and Physiological Psychology*, v. 43, n. 3, p. 155-167, 1950; MARX, M. H.; HENDERSON, R. L.; ROBERTS, C. L. Positive Reinforcement of the Bar Pressing Response by a Light Stimulus Following Dark Operant Pretests with No After Effect. *Journal of Comparative and Physiological Psychology*, v. 48, n. 2, p. 73-76, 1955.

de 1940, além de denotar a congregação de fatores históricos existentes no decorrer da vida acadêmica de Skinner e nos modos de recepção de sua ciência. Em especial, a função da informalidade na emergência e estabilização de uma ciência que sofria rejeições e críticas na comunidade científica e, por conseguinte, dificuldades de ser divulgada por meios formais de comunicação científica.

Uma conferência para enfrentar o isolamento

Meadows elenca os encontros científicos como uma das maiores expressões do espaço de informalidade na ciência. Para ele, "os congressos e conferências são o protótipo da interação informal",[284] pois os participantes de um evento científico não vão a congressos apenas para se apresentarem e assistirem a exposições de resultados de pesquisas, mas, também, para trocarem informações de ordem política, institucional, econômica, social, além de estabelecerem negociações e acordos com pesquisadores geograficamente distantes. Esse tipo de espaço informal serve também para a divulgação de ideias ainda pouco reconhecidas e aceitas na comunidade científica – principal função do primeiro evento acadêmico realizado para divulgar o projeto científico de Skinner.

Tanto Skinner, em Indiana, quando Keller, em Columbia, relatam que, naquele momento, havia estudantes empenhados em realizar pesquisas com base na perspectiva teórica e metodológica exposta em *The Behavior Of Organisms*, mas que tais estudantes não tinham como reforçarem uns aos outros e que, por essa razão, trabalhavam solitariamente.[285] A realização de um evento científico seria o meio pelo qual os problemas de aceitação e isolamento seriam amenizados. A decisão de realizar a primeira conferência, lembrada décadas depois por Skinner e Keller, em uma gravação em aúdio sobre a história da análise do comportamento, denota o caráter de urgência de um grupo que precisava de um espaço de aceitação. Para Keller, o efeito daquela reunião foi o de fortalecimento imediato de um sentimento de participação em uma comunidade identificada com os mesmos propósitos científicos e sob forte ataque externo:

[284] MEADOWS, A. J. *A comunicação científica*. Brasília: Briquet de Lemos, 1999. p. 139.

[285] SKINNER, *The Shaping*...; KELLER, *At My*...

> nós começamos a desenvolver em certo senso um culto porque nós organizamos o grupo CEAB (*Conference on the Experimental Analysis of Behavior*). Por aquele tempo, você sabe, nós não podíamos publicar (B. F.: você começou aquilo? Quem começou aquilo? Eu não sei quem de fato começou aquilo).[286]

Sobre a caracterização da conferência, por parte de Skinner, nota-se, em primeiro lugar, o valor dado ao caráter informal do evento e sua função na construção de uma definição propedêutica de sua abordagem psicológica. Aspectos percebidos quando alega que

> a reunião foi informal. Nós simplesmente escolhemos diferentes tópicos e falamos de onde estávamos, quando tínhamos algo a dizer. Nós a chamamos de conferência sobre a "Análise Experimental do Comportamento", tomando "análise experimental" do subtítulo de *The Behavior of Organisms*.[287]

Apesar do caráter informal ressaltado por Skinner, o evento não teve apenas como função ser um espaço de discussão livre para os pesquisadores que sofriam dificuldades em publicar suas pesquisas e de estabelecer contato uns com os outros. Foi, sobretudo, um momento de demarcar a identidade daquela nova ciência do comportamento, aspecto manifesto na preocupação de Skinner com o nome pelo qual aquele novo grupo deveria ser chamado:

> Como deveríamos nos chamar? "Estudantes do comportamento"? "Analistas do Comportamento"? E quais adjetivos deveríamos utilizar para identificar nossa pesquisa, nossa teoria, ou nossa organização? "Behaviorismo", "Behavioristas", isso era algo que não estava certo. [288]

Naquele momento, é no mínimo curioso notar que Skinner, mesmo sem dar justificativa para tanto, questiona-se sobre o uso da denominação "análise experimental". Para ele, essa expressão era inadequada para identificar aquele novo grupo científico. Nas suas palavras: "este

[286] Transcrição de áudio: B. F. Skinner e Fred S. Keller.

[287] SKINNER, *The Shaping...*, p. 331.

[288] Idem.

não era um nome totalmente satisfatório para um campo". [289] E mais surpreendente é sua ressalva em serem denominados de "behavioristas",[290] pois, segundo Skinner, para a maioria das pessoas, ser behaviorista era ser identificado com as polêmicas do behaviorismo de Watson, e esta era uma conotação que deveria ser evitada porque, como psicólogo, preocupava-se em estudar o comportamento, o que, segundo ele, "não me fazia necessariamente um behaviorista". [291] Exceto por esse motivo, ele não aponta outras razões para essa recusa de identidade com o behaviorismo ao longo de sua carreira. Entretanto, sua produção no período em questão indica ao menos um pretexto, para sua recusa, percebido quando Skinner expôs pela primeira vez, dois anos antes da conferência em Columbia, sua definição acerca do tratamento conferido aos eventos privados, diferenciando-se, em sua explicação do comportamento, das demais perspectivas behavioristas.

No artigo em que essa discussão surge pela primeira vez, "*The Operational Analysis of Psychological Terms*" (1945), Skinner debate a influência do operacionismo na psicologia estadunidense, e afirma que "o behaviorismo tem sido (pelo menos para a maioria dos behavioristas) nada mais que uma análise operacional rigorosa de conceitos mentalistas tradicionais".[292] E, mesmo discordando da crítica de psicólogos, como Stevens e Boring, segundo a qual o behaviorismo era uma ciência primitiva, e advertindo que tais autores desconsideravam que behavioristas como Watson, Weiss, Tolman, Hunter, Lashley, entre outros, formularam sofisticadas análises operacionais de termos psicológicos, Skinner reconhece que

> o behaviorismo também não chegou a uma contribuição positiva decisiva – e pela mesma razão: nunca completou uma formulação aceitável do 'relato verbal'. A concepção de comportamento que o

[289] Idem.

[290] Wiener alega que, em seu contato com Skinner, quando das entrevistas para escrita de sua biografia no final da década de 1980, este foi relutante em rotular a si mesmo e objetou a designação que sua filha Julie Vargas tinha escolhido para seu campo de pesquisa: "*behaviorology*" (WIENER, op. cit., p. 78).

[291] SKINNER, *The Shaping...*, p. 331.

[292] SKINNER, B. F. The Operational Analysis of Psychological Terms. *Psychological Review*, v. 52, p. 270-277, 1945. p. 272.

> behaviorismo desenvolveu não pôde abranger convincentemente o 'uso de termos subjetivos'.[293]

A ressalva quanto a ser denominado de behaviorista não significa falta de identificação de Skinner com aquela tradição psicológica. Mas, por certo, revela a consciência sobre como sua perspectiva divergia, em pontos cruciais, das demais tendências behavioristas. Sua ressalva quanto à identidade behaviorista foi ulteriormente justificada, tendo em vista que a vinculação de sua ciência a essa tradição psicológica rendeu-lhe, muitas vezes, a inclusão em polêmicas na arena pública e críticas infundadas na comunidade científica.[294]

James A. Dinsmoor, naquele momento um estudante de pós-graduação em Columbia, e, posteriormente, um membro ativo da primeira geração de analistas do comportamento, narra a participação na primeira conferência de análise experimental do comportamento do ponto de vista de alguém que compartilhava com os demais participantes simpatia pelo pensamento de Skinner, mas que ainda não era totalmente um adepto de suas proposições.

> dificilmente teríamos qualificado aquele grupo como "eclético" – nós certamente nos orgulhávamos do nosso rigor científico e, na maioria dos casos, nosso pensamento ficava mais próximo daquele de Skinner do que de outros teóricos –, mas nós não estávamos cegos.[295]

Dinsmoor afirma que, além de Skinner, outros behavioristas, como Hull e Kantor, eram discutidos em Columbia e também entre vários dos psicólogos que participaram daquela primeira conferência de análise experimental do comportamento, muito embora, naquele momento,

[293] Idem.

[294] BJORK, op. cit., p. 85; CHIESA, op. cit.; CRUZ, R. N. Possíveis relações entre o contexto histórico e a recepção do behaviorismo radical. *Psicologia: Ciência e Profissão*, v. 30, n. 3, p. 478-491, 2010; RUTHERFORD, A. Radical Behaviorism and Psychology's Public: B. F. Skinner in the Popular Press, 1934-1990. *History of Psychology*, n. 3, p. 371-395, 2000; RUTHERFORD, A. B. F. Skinner's Technology of Behavior in American life: From Consumer Culture to Counter Culture. *Journal of History of the Behavioral Sciences*, n. 39, p. 1-23, 2003; RUTHERFORD, A. A "Visible Scientist": B. F. Skinner Writes for the Popular Press. *The European Journal of Behavior Analysis*, n. 5, p. 109-120, 2004.

[295] DINSMOOR, A Visit to..., p. 443-444.

houvesse uma adesão cada vez maior e restrita à proposta científica de Skinner, e o evento da primeira conferência de análise experimental do comportamento foi essencial no fortalecimento desse movimento.

Também é comentado, entre outros psicólogos que formariam a primeira geração de analistas do comportamento, que, durante a conferência, não houve nenhuma imposição ortodoxa a qualquer perspectiva teórica; a única prescrição era a adesão a princípios científicos rigorosos.[296] Todavia, o participante mais ativo naquele evento, Skinner, empenhou-se em expor os resultados de suas pesquisas e, sobretudo, em apresentar de forma introdutória e didática as definições básicas de seu sistema explicativo.[297] Portanto, mesmo sem a imposição ortodoxa e em atmosfera de informalidade, o evento teve caráter explicitamente disciplinar, visto o esforço de Skinner em divulgar os princípios básicos de sua ciência para possíveis novos adeptos de sua ciência. O significado histórico do evento, sobre a disciplinarização e a institucionalização da área, também foi descrito, quatro décadas depois, por muitos dos participantes que se converteram em membros da primeira geração de analistas do comportamento. Para esses, aquela primeira conferência delineou contornos nítidos na psicologia experimental estadunidense, em prol da formação de uma nova comunidade científica organizada que se desenvolveria a partir de então, tendo como ponto de partida aquele encontro – intensamente informal – ocorrido em 1947.[298]

Sobre a percepção do evento e de suas consequências futuras, Dinsmoor[299], a exemplo de Skinner e de outros participantes, igualmente enfatiza o clima de informalidade da conferência. E situa esse evento como o momento no qual se inicia a formação de um grupo científico com objetivos amplos, fundamentados no sistema explicativo skinneriano. A respeito da conferência, ainda acrescenta que:

> Pode ser que tenhamos sido ingênuos em nosso otimismo sobre o futuro, mas muito do nosso entusiasmo vinha do fato de que

[296] DEWS, op. cit., p. 459; DINSMOOR, A Visit to..., p. 443-444; KELLEHER, MORSE, op. cit.

[297] SKINNER, *The Shaping...*; KELLER, *At My...*

[298] DEWS, op. cit., p. 459; DINSMOOR, A Visit to..., p. 443-444; KELLEHER, MORSE, op. cit; KELLER, *At My...*

[299] DINSMOOR, A Visit to..., p. 443-444.

> nós estávamos enfrentando os mais amplos e os mais básicos problemas, assim como os percebíamos, de uma ciência sistemática do comportamento.[300]

Do mesmo modo, Keller[301], em sua percepção sobre a conferência, destaca o clima de informalidade do evento e anuncia a instauração de uma estratégia formal, empreendida por ele e Schoenfeld, relacionada ao processo de institucionalização da análise do comportamento naquele mesmo período: o desenvolvimento de um currículo de psicologia baseado, exclusivamente, na análise experimental do comportamento. Nas suas palavras:

> Foi uma confraternização estimulante, uma das melhores das quais já participei. Nós conversamos sobre os experimentos feitos, os que estavam em progresso ou simplesmente planejados sobre condicionamento, discriminação, motivação, emoção, punição e esquiva. Nós analisamos demonstrações, discutimos procedimentos de instrução e consideramos problemas de publicação. Nat e eu descrevemos nosso curso básico e contamos sobre os cursos que estávamos iniciando no outono (...) Todos participaram de modo informal e a reunião foi considerada um grande sucesso. Decidimos fazer uma gravação da mesma (notas da conferência sobre a Análise Experimental do Comportamento, 1947) para referências posteriores.[302]

Um dos produtos desse evento foi a criação de um boletim informativo, para manter os participantes da conferência em contato. Sendo o próprio Skinner responsável pela organização do primeiro número dessa publicação. Definições básicas de conceitos e procedimentos de pesquisas compuseram o conteúdo expresso naquele informativo, evidenciando mais uma vez o esforço pedagógico-disciplinar de Skinner. Abaixo segue transcrição da introdução do primeiro número do boletim.

> CONFERÊNCIA SOBRE A ANÁLISE EXPERIMENTAL DO COMPORTAMENTO – NOTAS
>
> B.F. Skinner, preparado em 09 de outubro de 1947. Número 1

[300] Ibidem, p. 445.

[301] KELLER, *At My...*

[302] Ibidem, p. 200.

> NOTAS DA CONFERÊNCIA Na última reunião da conferência, em Bloomington, em junho de 1947, um forte sentimento foi expresso por um tipo de publicação informal que tornaria possível continuar, ao longo do ano, o intercâmbio de ideias e dados que começou nas reuniões. Os periódicos mostravam-se lentos demais e, de qualquer modo, não publicariam os relatórios preliminares, os relatórios dos experimentos pilotos, as teorias experimentais de fórmulas ou sugestões, que foram consideradas de grande valor. Foi, portanto, planejada a emissão de uma série de notas mimeografadas em páginas da Universidade de Indiana para membros da Conferência e outros interessados.[303]

O conteúdo científico do primeiro boletim foi composto por uma breve discussão sobre as diferenças entre os conceitos de "punição", "reforço positivo", "reforço negativo", "fuga" e "esquiva". Esses eram alguns dos conceitos básicos que, segundo Skinner, teriam produzido dúvidas comuns entre aqueles que entraram em contato pela primeira vez com as definições de reforço e punição operante, durante o evento em Indiana. A manutenção dos boletins, entre 1947 e 1951, indica mais do que apenas a divulgação inicial da área, como também expressa a crescente especialização das pesquisas na área em termos teóricos e metodológicos. As afiliações institucionais dos autores sugerem a propagação da área para além de Columbia e Harvard, representando a expansão acadêmica e institucional da análise experimental do comportamento.[304]

A primeira conferência de análise experimental do comportamento também será precursora de outros mecanismos institucionais de disseminação da área, ao longo das décadas de 1950 e 1960, como a Sociedade de Análise Experimental do Comportamento (SEAB), a Associação de Análise do Comportamento (ABA) e Divisão 25 da Associação

[303] SKINNER, B. F. *Notas da Primeira Conferência de Análise Experimental do Comportamento* (CEAB), n. 1, 9 de outubro de 1947.

[304] SKINNER, B. F. *Notas da Primeira Conferência de Análise Experimental do Comportamento* (CEAB), n. 2, 29 de dezembro de 1947; n. 3, 2 de abril de 1948; n. 4, 5 de abril de 1948; n. 5, 9 de abril, 1948; n. 6, 5 de maio de 1948; n. 7, 13 de maio de 1948; n. 8, 13 de maio de 1948; n. 9, 13 de maio de 1948; n. 10, 27 de maio de 1948; n. 11, 9 de julho de 1948; n. 12, 1º de fevereiro de 1949; n. 13, 8 de fevereiro de 1949; n. 14, 18 de março de 1949; n. 15, 12 de abril de 1949; n. 19, 28 de agosto de 1949; n. 20, 27 de fevereiro de 1950; n. 21, 5 de abril de 1950; n. 22, 26 de abril de 1951.

Americana de Psicologia (APA), fundada e integrada ao evento anual daquela associação em 1956.[305] Assim, a conferência desempenhou papel central no início da formalização da área. Todavia, essa conquista não significou a sua fácil aceitação na psicologia experimental estadunidense, nem a diminuição de problemas enfrentados pelos seus adeptos iniciais para conseguirem divulgar suas pesquisas. Para Skinner,[306] aquilo que à primeira vista parecia ser um benefício para a análise do comportamento, a expansão da área, logo se transformou em fonte de problemas. A falta de espaços e de horários para a realização da conferência nos encontros da APA foi o primeiro deles, pois, durante a segunda metade da década de 1950 e a primeira metade da década de 1960, houve crescimento contínuo do número de participantes nas conferências, o que acarretava a necessidade de mais espaço e horários. Contudo, essas demandas nunca eram supridas; além de serem vistas com desagrado pelos organizadores do evento e por muitos de seus participantes.

Skinner[307] exemplifica que no encontro da APA de 1960 eram necessárias, para a realização da conferência de análise experimental do comportamento, de três a quatro sessões de meio período, as quais dependiam da generosidade da divisão de psicologia experimental da associação, que raramente atendia às solicitações feitas pelos organizadores da conferência. O resultado desse tipo de dificuldade era sempre a alocação dos participantes do evento em salas pequenas, com pouca ventilação e que rapidamente ficavam lotadas. Por isso, em várias ocasiões, foi preciso procurar por salas maiores, levando à desorganização da conferência e, por conseguinte, a "inconvenientes e a tempo perdido".[308] A fim de resolver esse problema recorrente, no começo da década de 1960, em conjunto com Skinner, os editores do recém-lançado *Journal of the Experimental Analysis of Behavior* (JEAB) criaram um comitê para formalizar uma divisão exclusiva da análise experimental do comportamento. Por meio de carta enviada ao comitê executivo da APA, Skinner exerce pela primeira vez o papel de porta-voz formal da área, sendo essa também uma das raras ocasiões na qual assumiu o papel de intermediar um conflito institucional e político

[305] DINSMOOR, A Visit to..., p. 443-444; LATIES, op. cit.

[306] SKINNER, *The Shaping...*

[307] SKINNER, *A Matter...*

[308] Ibidem, p. 262.

da sua ciência como grupo científico. A íntegra da correspondência mostra o tom de insatisfação e a decorrente proposta de desligamento da divisão de psicologia experimental da APA:

> Após ter exaurido nossa paciência para arranjar programas decentes na convenção da APA para condicionadores operantes, nós decidimos fazer um petição para uma divisão separada. Nós estamos enviando um anúncio para os assinantes do *Journal of the Experimental Analysis of Behavior*, que são membros da APA. Não seria apropriado também ter a noticia publicada no *American Psychologist*? Isto poderia ser assim como se segue: "Membros da Associação Americana de Psicologia interessados em se juntar a separada Divisão de Análise Experimental do Comportamento podem obter uma cópia da proposta do Professor B. F. Skinner, Memorial Hall, Cambridge 38, Massachusetts".[309]

Também no começo da década de 1960, Skinner avalia a expansão e a formalização da sua disciplina, e questiona sobre as vantagens de estar associado à APA, pois em sua visão, eventos como aqueles realizados pela principal associação da psicologia estadunidense misturavam as pesquisas dos adeptos de sua ciência a outras pesquisas que raramente lhes despertavam algum interesse. Em tom saudosista da primeira conferência de análise experimental do comportamento, em 1947, com seus momentos de intensa informalidade, Skinner questiona o valor da crescente formalização de sua ciência: "Deveríamos ter preferido permanecer na informalidade".[310] Tal ponto de vista é reafirmado em outra entrevista, na década de 1960, ao dizer que "A construção de um império não me interessa nem um pouco... é só uma questão de encontrar tempo e lugar para a fácil troca de informação".[311]

[309] SKINNER, B. F. Carta para Arthur H. Brayfield (diretor executivo da APA). 16 de dezembro de 1963. Arquivo B. F. Skinner da Universidade de Harvard.

[310] SKINNER apud BJORK, op. cit., p. 144.

[311] SKINNER apud EVANS, R. I. *B. F. Skinner: The Man and His Ideas*. New York: E. P. Dutton, 1968. p. 83.

O PAPEL DO DISCÍPULO CIENTÍFICO NA ORIGEM DE UMA CIÊNCIA

Fred S. Keller: um discípulo sem mestre

> *Nós acreditamos que toda a psicologia é behaviorista, ou melhor, que a categoria inclui todos os psicólogos que mantêm a sua ciência com uma visão naturalista. Além disso, no behaviorismo atual, nós identificamos a teoria do reforço como a mais satisfatória.*[312]

O início da formação de um grupo adepto do projeto científico de Skinner retrata a imagem histórica de uma ciência que se constituiu como grupo menos pela aceitação e mais pela rejeição por parte da comunidade científica mais ampla da qual seus membros fazia parte. Para solucionar essas dificuldades, estratégias de organização comunitária da ciência foram continuamente necessárias. A realização da primeira conferência de análise experimental do comportamento, em 1947, na Universidade de Indiana, e a criação de um boletim informativo – passo inicial para a fundação do primeiro periódico da área – são ações que expressam o empenho de organização social dos primeiros analistas do comportamento, a partir da segunda metade da década de 1940. Para Skinner, outro sinal claro de mudança na situação desfavorável de sua ciência ocorreu após as "mudanças revolucionárias"[313] propostas por Keller e Schoenfeld, em 1946, na Universidade de Columbia, quando esses dois

[312] KELLER, SCHOENFELD, op. cit., 1949, p. 166.

[313] SKINNER, *The Shaping...*, p. 318.

psicólogos formularam um currículo de psicologia fundamentado em *The Behavior Of Organisms*.[314] O aumento imediato nas vendas do livro e a ampliação do número de interessados na ciência skinneriana foram os primeiros efeitos da criação daquele novo currículo de psicologia.[315] Basta dizer que apenas um ano após a criação do currículo, em 1947, o primeiro livro de Skinner, publicado em 1938, é reeditado, tendo a Universidade de Columbia como o seu principal alvo de vendas, o que, na visão de Skinner, garantiu o futuro do livro.[316]

Keller desempenhou papel especial no estabelecimento daquela nova ferramenta pedagógica responsável por garantir o primeiro espaço acadêmico e institucional formalizado para o ensino disciplinar da ciência skinneriana. Mais do que isso, a partir de meados da década de 1940, o papel de Keller como exímio divulgador científico destaca-se, revelando como algumas de suas características pessoais e profissionais foram essenciais para a expansão e para a sobrevivência da análise do

[314] Embora Keller e Schoenfeld sejam responsáveis pelo desenvolvimento do primeiro currículo de psicologia fundamentado na análise experimental do comportamento e sejam, também, autores do primeiro livro-texto de psicologia baseado nessa ciência, o papel de ambos é distinto ao longo da história da área. Além de declarar-se um skinneriano desde o final da década de 1930, Keller foi, durante toda a sua carreira, um contumaz adepto e disseminador da análise do comportamento. Schoenfeld, por sua vez, não obstante tenha assumido papel relevante no estabelecimento de estratégias de organização da análise do comportamento, desenvolveu pesquisas em outros campos e recorreu a outras abordagens teóricas e metodológicas. Por isso, na década de 1950, Skinner avaliou que Schoenfeld "estava se tornando menos e menos ativo no campo operante e estava achando o Behaviorismo de J. R. Kantor mais efetivo". SKINNER, *A Matter...*, p. 262. Esse afastamento é mais patente na afirmação apresentada na introdução do último livro de Schoenfeld, *Religion and Human Behavior* (1993): "Enquanto um psicólogo por profissão, eu sou um estudante de outras coisas por interesse. Eu não penso que eu sou um diletante, mas somente um estudante que gosta de estudar outras coisas e que, se pudesse, estudaria tudo". SCHOENFELD, W. N. *Religion and Human Behavior.* Boston: Authors Cooperative, 1993. p. xviii. Schoenfeld destacou ainda em outra ocasião: "Eu nunca fui um seguidor ou um verdadeiro crente em alguma coisa muito específica em Psicologia". HEARST, E. William Nathan Schoenfeld (1915-1996): Innovative Scientist, Inspiring Teacher, Relentless Questioner, Complicated Man. *Journal of the Experimental Analysis of Behavior,* n. 67, p. 1-9, 1997. p. 8. Mesmo assumindo ser um behaviorista, Schoenfeld alegou: "[Skinner] sempre se sentiu desconfortável comigo porque ele não podia dizer que eu engolia tudo que ele dizia". HEARST, op. cit., p. 8.

[315] SKINNER, *The Shaping...*; KELLER, *At My...*

[316] SKINNER, B. F. Carta para F. S. Keller. 17 de outubro de 1947. Arquivo B. F. Skinner da Universidade de Harvard; FERRIN, D. H. Carta para B. F. Skinner. 17 de outubro de 1947. Arquivo B. F. Skinner da Universidade de Harvard.

comportamento como uma área do conhecimento aceita e institucionalizada, nos Estados Unidos e em outros países. O conhecimento de peculiaridades da trajetória acadêmica e pessoal de Keller, e também de como elas entrelaçam-se às singularidades do percurso acadêmico de Skinner, abre uma perspectiva histórica ainda pouca explorada, na qual Keller ocupa posição central como responsável pelo processo de aceitação, sobrevivência e propagação da ciência skinneriana.

Depois de dois anos de trabalho como soldado no exército americano, durante a Primeira Guerra Mundial, Keller ingressou em um curso superior, em 1920, tendo antes participado de um breve seminário preparatório para o ingresso na Universidade. Ao término desse seminário, Keller[317] reconheceu não ter a mínima ideia do que o esperava naquele ambiente, apenas sabia que havia obtido um certificado para cursar artes liberais no Tufts College.[318] Mas seu despreparo ao ingressar ali era tamanho que, naquele momento, admitiu ter plena consciência de que "estava despreparado para a educação superior, tanto no âmbito pessoal quanto acadêmico, quando cheguei a Tufts".[319]

Três fatores perpassam a vida acadêmica de Keller em seu ingresso e durante grande parte de sua estada no Tufts College: a consciência de que possuía defasagens acadêmicas, a falta de um senso de finalidade em sua vida e as inúmeras dificuldades financeiras para realizar seus estudos. Como sintetizou:

> Meus interesses em literatura inglesa avançaram levemente, mas eu era ignorante em matemática, ciências e outras esferas acadêmicas. Eu me encontrei em Tufts sem um propósito claro ou qualquer tipo de guia; e eu não podia depender de nenhuma fonte de renda, da família ou de outros.[320]

[317] KELLER, *At My...*

[318] A expressão "*college*" não tem um significado uniforme. Contudo, nesse contexto, refere-se a uma instituição pós-ensino secundário que oferece qualificação para o ingresso em uma faculdade. O termo "artes liberais", por sua vez, denota uma série de estudos e disciplinas responsáveis por propiciar aos estudantes conhecimentos gerais no campo das humanidades, em vez de habilidades ocupacionais, científicas ou artísticas especializadas, as quais podem ser posteriormente adquiridas por eles por meio de uma formação específica.

[319] KELLER, *At My...*, p. 83.

[320] Ibidem, p. 82.

A fim de amenizar seu déficit acadêmico, Keller retomou o estudo de matérias básicas, como matemática e língua inglesa e, para mitigar suas dificuldades financeiras, trabalhou em diferentes atividades subalternas no decorrer de sua estada naquela instituição. Entre elas, foi lavador de janelas, de tapetes e de pisos, acompanhante de uma paciente com epilepsia e representante de vendas de uma fábrica de doces.[321] A incompatibilidade entre esses afazeres e seus estudos incidiu na manutenção de notas baixas e na constante sensação de incapacidade em aprender conteúdos complexos. Essas dificuldades foram abrandadas em 1922, seu segundo ano no Tufts College, ao ser selecionado para receber auxílio financeiro de um filantropo. Porém, esse auxílio cobria apenas uma parcela de seus gastos. Keller continuou a vivenciar dificuldades financeiras e, nos relatos sobre sua situação naquele período, manteve-se recorrente o sentimento de incapacidade intelectual e de falta de propósito de vida.

> Eu recusava tudo o que era compulsório – educação física, ir à capela, matemática para iniciantes – ademais eu sentia falta da vida no exército. Eu tinha escolhido Literatura Inglesa como meu curso, mas eu não tinha um bom conceito do departamento. Muitas vezes em meus primeiros dois anos, eu estive pronto para desistir.[322]

Keller observou que ele, seus colegas de curso e os demais estudantes que estiveram na Primeira Guerra Mundial sentiam-se nostálgicos, pois no ambiente acadêmico não desfrutavam do que o exército havia-lhes propiciado: o forte senso de amizade e companheirismo entre os soldados: "Nós sentíamos a necessidade de alguma coisa que o Exército tinha nos dado, mas que não encontrávamos na faculdade".[323]

A situação desfavorável de Keller se alterou apenas em seu penúltimo ano em Tufts, quando entrou em contato com a psicologia. O que ocorreu em meados de 1924, quando trabalhava em uma editora que prestava serviço para a comunidade universitária. Naquele trabalho

[321] Ibidem, p. 83-91.

[322] Ibidem, p. 86-87.

[323] Ibidem, p. 87.

Keller realizou um curso de publicidade no qual o comportamento do consumidor foi parcialmente abordado a partir de uma visão behaviorista. Após esse curso, Keller comprou seu primeiro livro de psicologia, *Psychology – From the Stanpoint of a Behaviorist*, de Watson. Embora a leitura da obra não tenha sido relevante para seu emprego na editora, Keller sustentou que, a partir daquele período, seu "gosto foi direcionado para a psicologia e suas aplicações práticas".[324]

Outros eventos evidenciam o interesse cada vez maior de Keller pela área, como o crescente uso da teoria behaviorista watsoniana para analisar seu próprio comportamento em situações cotidianas, e os diálogos com seus professores acerca do behaviorismo e de uma possível carreira na psicologia. Com isso, ao final de 1924, ele decidiu que, no ano seguinte, o último de sua permanência em Tufts, daria continuidade à sua formação naquele campo do conhecimento.[325] Porém, antes da inserção de Keller na psicologia, seu trabalho como funcionário de uma editora propiciou mais do que o primeiro contato com o behaviorismo, uma vez que aquele ambiente favoreceu o desenvolvimento inicial da habilidade que, posteriormente, seria vista como uma das marcas do seu papel como competente divulgador científico: a escrita clara, objetiva e orientada para um público amplo.

Keller foi admitido na editora para atuar em um cargo subalterno, como havia ocorrido em outras ocasiões. Foi contratado para serviços de manutenção em geral. Mas, após poucos meses no novo emprego, a qualidade de seu trabalho e suas habilidades sociais para lidar com os diferentes funcionários da editora chamaram a atenção de seus superiores, que o promoveram ao posto de auxiliar de editor de uma publicação voltada para o grande público. Além de escrever um editorial semanal – o que exigiu de Keller o treino intenso de uma escrita compreensível e objetiva –, a aprendizagem dos diversos elementos envolvidos no processo editorial também o entusiasmou. Keller conheceu a parte técnica, instrumental, organizacional e política do processo de editoração. Sua imersão na atividade foi tamanha que, durante grande parte do ano de 1924 e o início de 1925, dedicou-se quase exclusivamente àquele emprego,

[324] Ibidem, p. 98.

[325] Ibidem, p. 95-98.

chegando a assumir um cargo de confiança na chefia da editora; o que, por sua vez, fez com relegasse sua formação acadêmica ao segundo plano.

Apenas em 1925 Keller retomou de forma exclusiva suas atividades como estudante no Tufts College, então, com a finalidade de obter o título de bacharel em psicologia. Naquele momento Keller aceitou o cargo de assistente de seu professor de lógica, Givler – único membro da instituição simpático com o behaviorismo. Keller observou, contudo, que aquele professor dificilmente poderia ser identificado como um autêntico behaviorista, embora assim o fosse pelos alunos, pois, na filosofia, seu foco era a lógica e, na psicologia, os aspectos neuropsicológicos do funcionamento do comportamento. Givler, portanto, estava distante de ser um behaviorista. Sua caracterização como um behaviorista ocorreu por ser, entre os membros do corpo docente, o único a mencionar a abordagem e expor conhecimento mínimo sobre ela.

Na função de assistente de Givler, Keller impressionou-se com o atencioso planejamento, despendido por aquele professor, no ensino introdutório de psicologia e de filosofia para alunos de diferentes cursos. O contato com Givler foi vital na formação de Keller como professor, fazendo, como ele lembrou décadas depois, com que a formulação científica de estratégias didáticas capazes de aperfeiçoar o ensino introdutório de conteúdos científicos se tornasse parte inerente da sua vida como estudante, professor e pesquisador.[326] Ao aceitar o cargo de assistente de Givler e direcionar sua formação para a psicologia, Keller tinha consciência de que aquele emprego lhe proveria maiores chances de conseguir trabalho no futuro próximo como professor ou psicólogo em algum serviço aplicado, como a indústria, por exemplo, uma vez que a continuação de seus estudos ainda dependia de condições financeiras mínimas para tanto.

Diferente dos quatros anos anteriores, no quais o rendimento acadêmico de Keller sempre esteve abaixo da média, em 1925 ele foi aprovado com nota "A" nas oito disciplinas de filosofia e psicologia cursadas. Sobre as disciplinas de psicologia, Keller enfatizou sua participação em um curso de teoria da emoção, no qual recebeu a primeira avaliação de seu perfil psicológico. O professor William M. Marston analisou a

[326] Ibidem.

personalidade de cada aluno a partir de quatro emoções primárias. O resultado da apreciação, parcialmente aceita por Keller, o conceituava como "ótimo em adaptação ('Você imediatamente se ajusta aos outros') e fraco em Criatividade, com Domínio e Submissão parcial".[327]

No segundo semestre de 1925, Keller foi encorajado pelo professor Marston a candidatar-se à seleção do mestrado em psicologia da Universidade de Harvard. Com a indicação daquele professor, Keller foi aprovado. Entretanto, antes de iniciar seu ano acadêmico de 1926, em Harvard, ocorreu outro evento de igual relevância no percurso acadêmico e profissional de Keller: sua aprovação para a função de instrutor na escola pré-médica do Tufts College. O cargo – que garantiu a Keller independência financeira mínima para arcar com os custos da pós-graduação – tinha como atribuição o ensino introdutório de psicologia para alunos iniciantes dos cursos de medicina e odontologia, o que intensificou seu empenho em elaborar meios efetivos de ensino.[328]

Ao ingressar em Harvard, Keller dividiu seu tempo entre as atividades como estudante e como professor no Tufts College. Isso demandou substancial dedicação, pois nunca havia ministrado aulas em uma turma de psicologia e possuía parca experiência para a nova tarefa, o que acarretou enorme gasto de tempo e prejudicou seu rendimento acadêmico. Por outro lado, o cargo como professor propiciou-lhe experiência docente, o que, por conseguinte, garantiu-lhe fácil ingresso no mercado acadêmico, na década de 1930, que demandava doutores com experiência em sala de aula.[329]

Uma comparação entre a situação de Keller e de Skinner durante suas pós-graduações em Harvard elucida fatores importantes no estabelecimento da relação entre os dois psicólogos, bem como a função histórica da formação de Keller em seu posterior papel como primeiro adepto e principal divulgador da análise do comportamento

Embora Keller e Skinner tenham se interessado pela psicologia após uma fase de ausência de propósito em suas vidas, diferentemente de Skinner, Keller voltou-se para a psicologia no seu último ano de

[327] Ibidem, p. 101.

[328] Ibidem.

[329] Ibidem.

graduação, e obteve conhecimento introdutório acerca dessa ciência antes de ingressar na pós-graduação, muito embora, como Skinner, tenha assumido ter iniciado sua pós-graduação com parco conhecimento do behaviorismo, a despeito do seu significativo apreço por aquela abordagem psicológica. Em função da precoce adesão ao behaviorismo, ambos lamentaram a situação do departamento de psicologia em Harvard, que não dispunha de nenhum professor efetivo behaviorista. Para Skinner, a falta de suporte foi amenizada por seu contato com Walter S. Hunter e, principalmente, por seu contato informal com Keller, a partir de 1928, que já se encontrava há dois anos na instituição, e estava vinculado a um grupo de estudantes simpatizantes do behaviorismo. No caso de Keller, a ausência do behaviorismo naquela instituição foi eminentemente mitigada em 1927, também por meio do contato com Hunter em uma disciplina sobre comportamento animal.

Hunter foi o único professor behaviorista com quem Skinner e Keller tiveram contato formal em Harvard, no decorrer de seus respectivos doutorados. Contudo, bem diferente de Skinner, que não se vinculou ao behaviorismo de Hunter, para Keller, a relação com Hunter durante o doutorado, e a participação em seu curso, definiram não só sua adesão ao behaviorismo, mas um rumo à sua vida.

> Este curso, e o Seminário que o seguiu, deram à minha vida um ímpeto e direção que estavam faltando (...) e, mais significante para mim, ele era um behaviorista, como ele tinha nos informado na sua primeira aula.[330]

[330] Ibidem, p. 111. As pesquisas de Hunter sobre o fenômeno da "reação atrasada" entusiasmaram Keller, fazendo-o pensar em seguir os passos daquele pesquisador. Keller participou de uma disciplina e de um seminário ministrado por Hunter, nos quais obteve as melhores notas durante seu mestrado, encorajando-o, assim, a se candidatar para uma vaga no doutorado. Não obstante estivesse em um departamento avesso ao behaviorismo, no decorrer de seu doutorado Keller conseguiu a permissão de seu orientador – o novo professor do departamento, Morgan Kelly – para realizar uma pesquisa nesse campo e obter orientação informal de Hunter. As pesquisas de Keller no doutorado envolveram tentativas de uso de procedimentos utilizados por Hunter, como o recurso a labirintos em T para estudar a reação de ratos brancos a diferentes tipos de estímulo. Embora não detalhe o percurso de seu mestrado, Keller informa que seu orientador era um novo professor no departamento de psicologia, com pouca inserção institucional naquele momento. Keller menciona a informação fazendo entender que esse foi um dos fatores que possibilitaram a ele realizar uma pesquisa behaviorista no departamento de psicologia chefiado por Boring.

A passagem denota uma diferença marcante entre Keller e Skinner no início de suas carreiras, pois mostra Keller como aluno ávido por um mestre, capaz de proporcionar-lhe sentido de segurança, direção no campo acadêmico e na própria vida; distinto de Skinner, que assumiu uma postura iconoclasta desde seu ingresso no doutorado, com objetivos precoces de formular sua própria versão de uma ciência do comportamento e evitando assumir qualquer adesão intelectual a outro pesquisador.

Outra distinção entre Keller e Skinner estabeleceu-se em torno de suas relações interpessoais no departamento de psicologia de Harvard. Além de realizar seu doutorado em outro departamento, Skinner mencionou, mais de uma vez, sentir-se isolado e ter receio de represálias por parte de Boring e outros professores.[331] Embora não se possa afirmar que, durante seu doutorado, Skinner tenha mantido uma relação de hostilidade com o departamento de psicologia em Harvard, o fato é que Keller manteve vínculos próximos com diversos membros daquele departamento, inclusive com o próprio Boring. Diferentemente de Skinner, Keller descreveu o departamento de psicologia como um ambiente agradável e profícuo para seu trabalho, chegando a se denominar um orgulho pupilo de Boring, ainda que não tenha realizado nenhuma pesquisa vinculada aos temas de interesse deste psicólogo.[332]

As diferentes opiniões de Keller e Skinner sobre o cenário institucional de Harvard pode ser explicada em face dos seus objetivos acadêmicos. Conquanto tivesse apreço pelo behaviorismo, Keller vinculava-se àquela abordagem com intenções modestas, ao passo que Skinner, desde seu ingresso no doutorado, em 1928, tencionava fundar sua própria versão de uma ciência do comportamento. Outra explicação para o apreço e fácil adaptação de Keller ao departamento de psicologia de Harvard talvez seja a ampla habilidade social de Keller, uma característica mencionada em diversos relatos sobre sua personalidade. Keller foi reverenciado por colegas behavioristas e não behavioristas como sendo um indivíduo amistoso e cultivador de relações sociais próximas e afetivas, com impressionante capacidade de manter contatos com um número considerável de psicólogos de distintos contextos geográficos

[331] SKINNER, *The Shaping...*; BJORK, op. cit.

[332] KELLER, *At My...*, p. 127.

ao longo de toda sua trajetória na psicologia.[333] Uma breve comparação entre os obituários de Skinner e Keller revela que os comentários sobre o primeiro referem-se, sobretudo, à relevante herança científica que deixava para a posteridade; enquanto os conteúdos acerca de Keller aludem ao seu papel na transmissão da análise do comportamento e no valor de suas relações interpessoais como marcantes de sua história acadêmica.[334]

Outra diferença no percurso inicial de Keller e Skinner refere-se às condições de pesquisa experimentada por ambos no começo de suas carreiras. Como consequência da pregressa formação deficitária, durante a graduação e parte de sua pós-graduação, a produção científica de Keller, durante aquele fase, foi circunscrita a replicações de experimentos. Enquanto Skinner, mesmo um forasteiro, na psicologia, dedicou-se exclusivamente às pesquisas individuais e originais nos seus anos de doutorado e pós-doutorado, tendo como resultado a formulação dos fundamentos de uma nova ciência do comportamento, ainda no início de sua carreira.

Esse quadro histórico, comparativo dos primórdios da relação acadêmica entre Skinner e Keller, apresenta diferenças significativas com respeito à formação científica e aos atributos pessoais dos dois psicólogos, sendo desde o início uma relação de complementaridade. De um lado, o jovem Skinner, sem formação em psicologia e assumindo uma postura ambiciosa desde seu ingresso no doutorado. Do outro, Keller, um psicólogo de formação, com tendências assimilativas e amplas habilidades sociais e profissionais, em especial no campo da educação – predicados que o habilitariam a ser um exímio divulgador do projeto científico skinneriano. Tais fatores sugerem a propensão para que ambos tenham mantido contato e formado aquilo que, no final da década de 1930, caracteriza-se como a relação entre o fundador e o primeiro discípulo de uma nova ciência do comportamento.

Porém, tão importante quanto identificar essa complementariedade de histórias acadêmicas, é perceber que a relação entre Skinner e Keller

[333] MICHAEL, J. Fred S. Keller (1899-1996): Introduction. *The Behavior Analyst*, v. 19, n. 1, p. 2-5, 1996; SIDMAN, M. Fred S. Keller: Rememberings. *Journal of the Experimental Analysis of Behavior*, v. 66, n. 1, p. 1-6, 1966; TODOROV, J. Goodbye Teacher, Good Bye Old Friend. *Journal of the Experimental Analysis of Behavior*, v. 66, n. 1, p. 7-9, 1996.

[334] SIDMAN, M. Fred S. Keller: A Generalized Conditioned Reinforcer. *The Behavior Analyst*, v. 29, n. 2, p. 235-242, 2006; MICHAEL, op. cit.

de forma alguma, e nenhum momento, reproduz a lógica tradicional dos vínculos estabelecidos entre mestres e discípulos científicos. Haja vista que Skinner, diferente de outros nomes da história da psicologia, como Freud, por exemplo, nunca exerceu o papel de definir critérios de inclusão e exclusão de membros ao grupo científico adepto de sua ciência.[335] Menos ainda exerceu qualquer controle coercitivo sobre aqueles que se afastaram ao longo do tempo da sua ciência. Nesse sentido, embora Keller tenha se declarado, em 1938, como o primeiro skinneriano, Skinner nunca o tratou como um discípulo nos termos mencionados. Pode-se inclusive dizer que raramente Skinner assumiu deliberadamente o papel de um mestre disciplinador. Inclusive, isto será motivo de frustração de muitos daqueles que se aproximaram dele na esperança de serem tratados como discípulos de uma nova ciência do comportamento.

Um novo currículo de psicologia

A proposta de um novo currículo de psicologia, elaborada por Keller e Schoenfeld[336], surgiu em um cenário de debates sobre o estado de decadência do ensino dessa disciplina nos cursos de graduação dos Estados Unidos[337], entre o final dos anos 1940 e ao longo de toda a década de 1950. [338] Uma síntese dessa discussão encontra-se no artigo "*The Place*

[335] ROUDINESCO, E. *Sigmund Freud na sua época e em nosso tempo*. Rio de Janeiro: Zahar, 2016. MEZAN, R. *O Tronco e os ramos*: Estudos de história da psicanálise. São Paulo: Companhia das Letras, 2014.

[336] KELLER, SCHOENFELD, op. cit., 1949, p. 169.

[337] Programas de graduação (ou *undergraduate programs*) são cursos de graduação frequentados após a conclusão do ensino médio nos Estados Unidos. Neles, o aluno tem acesso a uma série de disciplinas e pode aprofundar seu conhecimento geral sobre elas. Assim, é apresentada ao aluno uma variedade de áreas, não apenas relacionadas a seu campo de escolha, mas vinculadas também a outros campos do conhecimento.

[338] BERRIEN, F. K. Undergraduate Psychology: An Extreme View. *American Psychologist*, v. 12, n. 6, p. 335-336, 1957; BUXTON, C. E. Issues in undergraduate education in psychology. *American Psychologist*, v. 11, n. 2, p. 84-95, 1956; KREVELEN, A. V. Undergraduate Psychology Curriculum. *American Psychologist*, n. 10, p. 647, 1955; PRESSEY, S. L. The Place and Functions of Psychology in Undergraduate Programs. *American Psychologist*, v. 4, n. 5, p. 148-150, 1949; ROSS, S. The Undergraduate Course in Experimental Psychology. *American Psychologist*, v. 5, n. 5, p. 160-161, 1950; ROSS, S. Undergraduate Training of Some Psychologists. *American Psychologist*, v. 12, n. 6, p. 336-337, 1957; WOLFLE, D. L. The Sensible Organization of Courses in Psychology. *American Psychologist*, v. 2, n. 10, p. 437-445, 1947, p. 437.

and Functions of Psychology In Undergraduate Programs" (1949), escrito por Sidney L. Pressey, então presidente da divisão de ensino de psicologia da APA. Para Pressey, após a Segunda Guerra Mundial, "psicólogos estavam sendo demandados como nunca antes".[339] O vertiginoso aumento do número de cursos de pós-graduação em psicologia nos Estados Unidos e o direcionamento da formação para o treinamento avançado de psicólogos decorriam dos planos políticos de expansão da ciência no país; e também do papel da psicologia como importante prestadora de serviço social no pós-guerra, na sociedade estadunidense.[340] Por conseguinte, o ensino de psicologia na pós-graduação se tornou tema recorrente na literatura psicológica do período e obteve cada vez mais atenção nos eventos científicos da área.

Porém, uma consequência negativa da ênfase na pós-graduação, identificada por Pressey, foi o esquecimento de que qualquer efetividade do desenvolvimento da psicologia dependia da qualidade do seu ensino na graduação. Esquecimento que, na visão de Pressey[341], era igualmente expresso na desconsideração de que "estudantes nas classes de graduação não estavam se formando em psicologia. Os seus objetivos eram mais amplos do que simplesmente o estudo do tema em si". Para a insatisfação de inúmeros professores da área, muitos alunos esperavam que os temas das aulas de psicologia fossem também úteis para auxiliá-los em seus problemas, não somente profissionais, mas também pessoais. Tal demanda não suprida evidenciava o despreparo e a desorganização do magistério de psicologia nos cursos de graduação dos Estados Unidos.

O ensino de tópicos dispersos, eminentemente teóricos e específicos, sem conexão entre si, estava entre os problemas mais recorrentes no ensino de psicologia. Condição resultante da postura de parte substancial dos professores da área que escolhiam conteúdos e temas, para serem ensinados, orientados por interesses individuais. Logo, o prejuízo para a formação e a inserção social da psicologia era óbvio, visto que pouca atenção era dada a temas úteis para a vida profissional e pessoal dos estudantes. O método de ensino foi outro fator apontado como precário

339 PRESSEY, op. cit., p. 148.

340 CAPSHEW, op. cit.

341 PRESSEY, op. cit., p. 148.

naquele contexto. Entendia-se que os professores de psicologia "deveriam se libertar dos métodos convencionais de instrução"[342], como aulas expositivas e replicação de experimentos. Era recomendada, portanto, a busca de novos métodos de ensino de psicologia na graduação, os quais ultrapassassem o espaço formalizado do laboratório, centrando-se em problemas relativos a grupos e a dinâmicas sociais, capazes de prover competências para o estudante atuar em campos profissionais diversos, independente de sua área de formação. Segundo Pressey, essas questões deveriam ser enfatizadas nos cursos de psicologia, porque eram compatíveis com uma educação voltada para a vida na sociedade democrática estadunidense pós Segunda Guerra Mundial, que ansiava mais do que nunca por instrumentos capazes de resolver conflitos sociais prementes, nas mais diversas esferas sociais. Pressey concluiu que, da mesma forma, inovações no uso do laboratório didático deveriam fazer parte das mudanças no ensino de psicologia na graduação, mas que essas mudanças deveriam considerar que o mundo da psicologia havia se expandido.

Em consonância com as discussões acerca dos currículos de psicologia entre o final da década de 1940 e o início da década de 1950, Wolfle asseverou:

> Eu não acredito que os cursos de psicologia são sensivelmente organizados. Oferecemos aos nossos alunos de graduação uma variedade de cursos, mas quase nunca planejamos essa variedade de forma a oferecer uma dieta balanceada e satisfatória do conteúdo psicológico.[343]

Como Pressey, Wolfle apontou a exposição de tópicos psicológicos desordenados como o mais sério problema no ensino de psicologia, pois impedia os alunos de observarem a relação entre áreas, conceitos e práticas. Wolfle argumentou, ainda, que tal situação era fruto da inexistência de diálogo entre os professores de psicologia e da escolha de temas de aula em função de interesses específicos dos docentes. A falta de uma sequência regular e programada nos cursos de psicologia era um dos efeitos mais nocivos desse cenário caótico e, ao mesmo tempo, causa da desordem

[342] Ibidem, p. 150.

[343] WOLFLE, op. cit., p. 437.

generalizada no ensino dessa disciplina nos cursos de graduação. Por sua vez, esse cenário foi visto como prejudicial para o futuro da psicologia, uma vez que a adesão de estudantes ao campo (principalmente, de alunos talentosos) dependia da qualidade do ensino introdutório.

Para corrigir a desorganização e tornar os cursos sensíveis aos contextos nos quais se desenvolviam e às necessidades dos alunos, Wolfle apresentou cinco sugestões, compartilhadas por outros psicólogos envolvidos no debate.[344] Eram elas: 1) diálogo entre os professores da área, de modo que todos soubessem o que seus colegas estavam ensinando; 2) prevenção para que não houvesse anteposição de temas e apresentação de conteúdos que requeressem conhecimento prévio por parte dos estudantes; 3) organização de diferentes cursos de psicologia para graduandos e não graduandos em psicologia; 4) disponibilização de maior variedade de cursos; 5) desenvolvimento de uma sequência de cursos regulares e programados, expostos de forma coerente e coesa.

Wolfle[345] enfatizou a última sugestão e ressaltou que o ensino de psicologia na graduação deveria ser efetivo, pois o seu arranjo sistemático era a melhor maneira de aumentar as chances de bons alunos e alunas escolherem a psicologia como futuro campo de atuação. Ainda para ele, psicólogos, assim como qualquer pessoa, precisam de motivação. Por isso, havia necessidade urgente de criação de cursos individuais de psicologia organizados de forma sistemática, que evitassem a repetição e a dispersão de conteúdos psicológicos.

Eram, destarte, as declarações de desorganização generalizada e de necessidade de sistematização que configuravam o debate sobre cursos e currículos de psicologia, entre o final dos anos 1940 e durante toda a década de 1950. Esse debate indicava que os currículos de psicologia eram fundamentais para a sobrevivência da área, uma vez que a formação de psicólogos e de alunos de graduação interessados em continuar seus estudos na área dependia dos efeitos positivos do ensino de psicologia. Com isso, o ensino de psicologia se transformou em um subcampo de investigação na psicologia estadunidense, orientado para pensar inovações, mudanças e o papel de currículos e cursos da área na formação de futuros psicólogos.

[344] BERRIEN, op. cit.; BUXTON, op. cit.; KREVELEN, op. cit.; PRESSEY, op. cit.; ROSS, The Undergraduate Course...; ROSS, Undergraduate Training...

[345] WOLFLE, op. cit.

O projeto de um novo currículo de psicologia para a Universidade de Columbia, apresentada por Keller e Schoenfeld em meados dos anos 1940 fez parte desse panorama mais amplo de debates e refletiu a busca de soluções para muitos problemas neles mencionados. Todavia, a instauração de um novo currículo de psicologia em Columbia foi além da proposição do ensino efetivo daquela ciência: desempenhou função especial no estabelecimento da análise do comportamento como uma disciplina científica, inserindo-se num campo de disputas acirradas pela hegemonia científica e institucional na psicologia experimental estadunidense, em meados do século XX.[346]

Princípios de análise do comportamento para a psicologia

Um novo currículo de psicologia, presente na formação básica de estudantes de graduação em Columbia e fundamentado nos princípios apresentados por Skinner em seu primeiro livro, foi idealizado inicialmente por Keller e Schoenfeld, em 1943.[347] A proposta, no entanto, sofreu resistência inicial por parte de professores do departamento de psicologia de Columbia, sob a alegação de que seria um curso complexo e pouco atrativo para os alunos de graduação, e que por isso, receberia poucas inscrições. Além disso, membros do departamento alegaram que o curso seria dispendioso, pois exigiria novos funcionários e equipamentos, demandando a construção de um laboratório com espaço para experimentos com ratos.[348]

[346] Gundlach diferencia os termos "ciência" e "disciplina". O primeiro seria a busca pela teoria e, no caso específico de uma ciência empírica, a procura pela pesquisa que visa conhecer fatos e processos, fazendo parte de uma área do conhecimento específico que estipula seus padrões científicos aceitos em sua época. Uma disciplina, por sua vez, seria um corpo de conhecimento teórico e prático orientado para a formação de discípulos que, após passarem por exames e treinamentos, tornam-se membros socialmente aceitos da especialidade na qual se formaram. GUNDLACH, H. A psicologia como ciência e como disciplina: o caso da Alemanha. In: ARAÚJO, S. F. (Org.). *História e filosofia da psicologia*: perspectivas contemporâneas. Juiz de Fora: Ed. da UFJF. p. 133-165.

[347] SKINNER, *The Shaping*...; KELLER, *At My*...

[348] KELLER, *At My*...

Os principais problemas que justificariam, na visão de Keller e Schoenfeld,[349] a formulação de um novo currículo de psicologia eram a prevalência do ecletismo teórico e a apresentação dispersa de tópicos como inteligência, personalidade e interação nos cursos que objetivavam dar uma visão geral da psicologia para estudantes — não só interessados em se formar em psicologia, mas também para estudantes que se tornariam profissionais em diferentes áreas. Keller e Schoenfeld argumentam que, dificilmente, esse formato de curso conseguiria uma coerência mínima entre temas e conceitos psicológicos, e que muito menos seria capaz de prover uma teoria integradora desses elementos. Alegam, ainda, que vários cursos introdutórios de psicologia eram orientados para discussões acerca do sistema nervoso, da genética e da fisiologia, o que, para eles, facultava o ensino de conteúdos direcionados muito mais para intervenções físico-químicas no organismo, do que comportamentais. Visando combater essas tendências, Keller e Schoenfeld[350] implementaram um novo currículo para o curso introdutório de psicologia na Universidade de Columbia, entre o final de 1946 e o início de 1947. Um relato detalhado desse evento apareceu primeiramente no artigo "*The psychology curriculum at Columbia College*" (1949), no qual Keller e Schoenfeld[351] denunciam os problemas do ensino de psicologia, naquele momento, e em seguida apresentam os objetivos do currículo formulado por eles.

Em suas palavras:

> nós queríamos: (1) dar aos nossos alunos alguns fatos sobre o comportamento dos organismos; (2) para fornecer uma imagem coordenada, em vez de uma manta de retalhos de itens isolados; (3) para incutir um sentimento de método científico e de pesquisa em psicologia; (4) para ajudar o aluno a aplicar, quanto possível, princípios de comportamento em sua própria vida diária e (5) para despertar o interesse na ciência, como tal, atraindo os alunos mais capazes e prepará-los para qualquer trabalho avançado que mais tarde pode ser necessário.

Ao se referirem à concepção científica e filosófica do curso, asseguram ter consciência de que sua origem era pautada no behaviorismo,

[349] KELLER, SCHOENFELD, The Psychology...

[350] LATIES, Society for...

[351] KELLER, SCHOENFELD, The Psychology..., p. 165.

mas não aceitam o rótulo que começava a surgir naquele momento, de que essa era uma ciência morta. Asseveraram, sim, que toda a psicologia de enfoque naturalista se incluía numa perspectiva behaviorista. Porém, enfatizaram que, em tal momento histórico do behaviorismo, a teoria do reforço, proposta por Skinner e descrita em seu livro *The Behavior of Organisms*, era a mais sofisticada e satisfatória explicação do comportamento e, por isso, servia de base para uma nova forma de ensinar psicologia.

O curso expunha o "quê" e o "como", ou seja, a teoria e a aplicação, algo que, de acordo com Keller e Schoenfeld[352], os usuais cursos introdutórios de psicologia não conseguiam alcançar, pois estavam voltados para discussões teóricas e descrições de pesquisas empíricas de diferentes abordagens. Os autores também citaram a necessidade de utilização de uma teoria integradora, em vez de uma perspectiva eclética. Opinião, segundo eles, assumida por muitos de seus colegas de departamento, que discordavam que um curso introdutório de psicologia, para alunos que atuariam em diferentes campos do conhecimento, seria efetivo se apoiado em várias tendências. Como já mencionado, o debate crítico sobre o ensino de psicologia denunciava o ecletismo teórico como um dos principais problemas daquele cenário. Todavia, diferentemente da proposta Keller e Schoenfeld, naquelas discussões não há nenhuma defesa explícita pela adoção de uma única teoria psicológica como base para os currículos de psicologia.

Para Keller e Schoenfeld, o curso introdutório deveria ser fundamentado experimentalmente e apresentado de maneira sistemática. A organização teórica dos fatos deveria ser exposta de maneira a evitar a confusão, deixando evidente a ordem e a coerência dos conteúdos. Também enfatizavam que o objeto de estudo do curso era o comportamento, e que esse deveria ser tratado em termos das variáveis das quais é função. Ao mesmo tempo, os principais conceitos estudados seriam: condicionamento, extinção, generalização, discriminação, indução, diferenciação, motivação e emoção.

As disciplinas que compunham o novo currículo eram denominadas *Psicologia 1* e *Psicologia 2*, e oferecidas para alunos do segundo ano de graduação ou de anos superiores, sendo a conclusão da primeira parte

[352] Ibidem.

do curso pré-requisito para o avanço à segunda fase. As aulas eram divididas em duas horas de teoria e quatro horas de prática no laboratório, semanalmente. A estrutura física do laboratório era composta por caixas de condicionamento instaladas em cubículos. A maioria dessas caixas possuía: 1) barras que os animais eram condicionados a pressionar; 2) um dispositivo para liberação automática de reforço (comida); 3) uma fita de gravação de quatro canais para obtenção de relações temporais entre o estímulo e a resposta; 4) um quimógrafo para o registro das respostas acumuladas de pressão à barra e; 5) uma caixa de controle que agia como fonte para liberação e regulamentação de estímulos, como luz e choque elétrico.

Na lista dos experimentos realizados no laboratório, entre os anos de 1946 e 1947, e que compuseram a estrutura do novo currículo, constavam:

1. Condicionamento operante com reforçamento regular;
2. Retenção e extinção de um operante condicionado;
3. Recondicionamento periódico (em intervalos fixos);
4. A formação de uma discriminação;
5. A reversão de uma discriminação;
6. O efeito da punição;
7. A redução da latência de um operante ("tempo de reação");
8. Encadeamento;
9. Reforçamento secundário;
10. O efeito do drive sobre a taxa de respostas;
11. Aversão à luz;
12. Condicionamento de uma resposta de esquiva;
13. Conflito de motivos;
14. Um protótipo experimental de "fetichismo";
15. Um protótipo experimental de "masoquismo".[353]

Além de apresentar essa estrutura básica, Keller e Schoenfeld iniciavam a utilização do mesmo modelo em tópicos avançados do curso

[353] Ibidem, p. 169.

de psicologia, como comportamento verbal e motivação. Para eles, isso comprovaria a eficácia dos conceitos básicos da análise do comportamento para lidar com comportamentos complexos. Não apenas o conteúdo do currículo era derivado do sistema científico de Skinner, mas sua estrutura e didática eram baseadas nos princípios da ciência skinneriana. A preparação do material didático e a apresentação do conteúdo de maneira gradual e sucessiva, seguindo o ritmo do comportamento dos alunos, era algo proveniente da teoria do condicionamento operante. Em outros termos, uma das inovações do curso era a concepção pedagógica fundamentada na ciência que era, ao mesmo tempo, ensinada. Em conjunto com tal característica, Keller e Schoenfeld[354] destacaram o caráter didático de um currículo que utilizava o laboratório como espaço de ensino de uma ciência experimental. Sobre isso, afirmaram:

> O estudo do comportamento é essencialmente uma ciência experimental, e nós sentimos que o valor de um curso expositivo não seria muito favorável sozinho. O trabalho de laboratório, nós concordamos, pode contribuir para uma compreensão mais madura de uma ciência e seus métodos. É mais confiável pedagogicamente, permitindo mais participações ativas dos alunos no processo educacional. Proporciona solidez ao material do curso e uma ideia de prova e segurança sobre os fatos que são aprendidos.

Não obstante a proposta do novo currículo da Universidade de Columbia tenha sido exposta e defendida por Keller e Schoenfeld como inovadora em termos pedagógicos, algo assumido até mesmo por seus críticos, a exposição teórica em conjunto com a produção de provas empíricas experimentais, através do uso de instrumentos científicos e de suas aplicações no espaço do laboratório, constitui-se como uma herança histórica do cerne do processo legitimador do método experimental, nos séculos XVII e XVIII.[355] Nesse sentido, a decantada proposta de Keller e Schoenfeld de um novo currículo de psicologia fundamentado em uma única visão científica, por meio do recurso ao laboratório didático,

[354] Ibidem, p. 166.

[355] SHAPIN, S.; SCHAFFER, S. *Leviathan and the air-pump*: Hobbes, Boyle and the experimental life. Princenton: Princenton University Press, 1985.

foi um empreendimento inovador, sem deixar, contudo, de ser uma autêntico herdeiro da tradição científica moderna, na qual o laboratório experimental se consagrou como base inquestionável para a produção e a aceitação do conhecimento científico.

Uma nova antiga maneira de ensinar ciência experimental

Keller[356] destacou que havia clara limitação no material didático utilizado em suas aulas, em particular, a ausência de um manual adequado. Dessa insatisfação, surgiu a ideia de elaborar um livro-texto para resolver de vez o problema. Para Hearst,[357] há poucas dúvidas de que *The Principles of Psychology: A Systematic Text in the Science of Behavior* (1950), [358] ou *K & S* – nome pelo qual ficou conhecido o livro –, propiciou o aumento de cursos como aquele instaurado em Columbia. O formato do livro o transformou em fonte mais influente para disseminação da análise experimental do comportamento, quando comparado ao primeiro livro de Skinner, pois *K & S* teria logrado algo que *The Behavior Of Organisms* não havia conseguido: ser extremamente didático. Razão para tanto foi a preocupação de Keller com um estilo de escrita objetiva, que não teve apenas função estética, mas, principalmente, prática, de modo a facilitar a compreensão de conteúdos complexos, muitas vezes acessíveis somente aos poucos iniciados na ciência skinneriana.

Embora Keller e Schoenfeld [359] defendam a proposta do novo currículo em Columbia como inovadora, reconhecida até mesmo por seus críticos, a exposição teórica de um sistema explicativo seguida da apresentação de provas empíricas não constitui inovação histórica *per se*. A estrutura daquele currículo e sua justificativa como ferramenta pedagógica, capaz de produzir o senso de solidez dos fatos ensinados, são legados do ensino de ciências experimentais, instaurado quando da institucionalização e da proliferação de disciplinas como a física, a

[356] KELLER, *At My...*

[357] HEARST, op. cit., p. 8.

[358] KELLER, S.; SCHOENFELD, W. N. *Principles of Psychology*: A Systematic Textin Thescience of Behavior. New York: Appleton-Century-Crofts, 1950.

[359] KELLER, SCHOENFELD, The Psychology...

química e a biologia, em meados do século XIX. Prova dessa herança no ensino de psicologia, em Columbia, é notável no modo como usam informações históricas para reproduzir aquilo que Kuhn[360] identificou como a narrativa padrão utilizada no processo de socialização de novos cientistas. Mais precisamente, Kuhn expõe que a história da ciência, tão comum nos capítulos introdutórios de livros-textos ou manuais científicos, caracteriza-se pela ênfase na imagem irretocável de progresso cumulativo e linear de uma área do conhecimento. O papel dessa história, primeiramente, seria o de produzir o senso entre os novos cientistas, de que esses estariam seguramente no ápice evolutivo da ciência ensinada.

Tal perspectiva é patente na descrição do currículo em Columbia e, principalmente, no livro didático-introdutório resultante daquela proposta. Como os tradicionais manuais científicos, o primeiro capítulo daquele livro oferece uma história na qual a ciência ensinada é situada como se estivesse em seu auge histórico e, ao mesmo tempo, fosse incomensurável em relação aos demais sistemas psicológicos existentes. Essa visão de superioridade histórica e ruptura teórica, tão presente no ensino disciplinar de qualquer ciência, é anunciada por seus promulgadores nos seguintes termos:

> Sentimos, durante algum tempo, a necessidade de um livro que integrasse o pensamento clássico e contemporâneo de maneira a representar apropriadamente a tendência teórica dominante hoje. Mas, quando começamos a escrevê-lo, logo percebemos as dificuldades existentes. Não possuíamos modelos, não tínhamos nenhuma tradição para obedecer, no nível de uma exposição introdutória. Com relação ao conteúdo bem como à forma do texto, tivemos que nos basear em nosso próprio critério, repetidas vezes, algumas com apreensão.[361]

Outra amostra do caráter disciplinar daquele livro foi a alegação de Keller e Schoenfeld[362] de que aquela publicação representava a tendência teórica dominante, em meados do século XX, na psicologia experimental

[360] KUHN, *A estrutura...*, p. 40.

[361] Ibidem, p. vii-viii.

[362] KELLER, SCHOENFELD, *Principles of...*

estadunidense, ainda que tal alegação se mostrasse incompatível com a situação de precariedade da área naquele período. Ao final da década de 1940, a primeira geração de praticantes da análise do comportamento era constituída de, no máximo, duas dúzias de psicólogos, muitos dos quais sofrendo constantes rejeições de suas pesquisas e com dificuldades de ocuparem lugares acadêmicos minimamente satisfatórios na Universidade estadunidense.[363]

Outro indício da supervalorização histórica do conteúdo expresso naquele livro introdutório foi assumido pelo próprio Keller quando, mais de quatro décadas após o lançamento de *The Principles of Psychology*, afirmou que, para o livro, "não foram previstas grandes vendas".[364] A limitação da percepção histórica, enaltecedora das condições daquela jovem ciência do comportamento, é ainda mais perceptível quando Keller narra a tímida recepção e baixo impacto do livro, duas décadas após sua publicação. Acerca disso, recorda que:

> O livro atraiu muito poucas adoções na época, e por muitos anos seguidos ele teve uma estável e pequena venda, e não precisou de uma nova impressão até 1974. A única crítica que eu me lembro foi uma feita por Madison Bentley, uma das alunas de Titchener, em Cornell, que o ironizou com inexpressivo elogio, sugerindo que os "princípios" eram realmente princípios de reflexologia e alguma coisinha a mais.[365]

A história da ciência, assim como utilizada no ensino de análise experimental do comportamento, em Columbia, e naquele primeiro livro-introdutório, igualmente pode ser interpretada como uma tecnologia literária, um instrumento a ser aplicado de modo a treinar novos estudantes a perceberem os fatos científicos como fenômenos autoevidentes em conjunto com o uso de tecnologias materiais: os instrumentos científicos utilizados para replicações de experiências no laboratório didático, comprovando que os fatos ensinados se comportam como uma realidade totalmente coerente

[363] SCHOENFELD, Reminiscences...; LINDSLEY, op. cit.; HERNSTEIN, R. J. Reminiscences already? *Journal of the Experimental Analysis of Behavior*, v. 48, p. 448-453, 1987; LATIES, The Journal...

[364] KELLER, *At My*..., p. 215.

[365] Idem.

com os conceitos ensinados e independentes da percepção dos cientistas. Ao desvelar a centralidade dessa estrutura pedagógica da ciência, na formação científica, a partir do final do século XIX, Kuhn argumenta que a aprendizagem de conceitos, leis e teorias não ocorre:

> de uma forma abstrata e isoladamente. Em lugar disso, esses instrumentos intelectuais são, desde o início, encontrados numa unidade histórica e pedagogicamente anterior, onde são apresentados juntamente com suas aplicações e através delas.[366]

Embora eficaz no ensino da percepção de autoevidências dos fatos, a crítica sociológica e histórica da ciência,[367] emergente na segunda metade do século XX, tem apontado os prejuízos pedagógicos de um ensino de ciência que induz uma percepção dos fatos como autocontidos. Isso porque o caráter inevitavelmente construtivo dos fatos, e de seus determinantes não abarcados naquela história restrita à linguagem lógica, simplesmente desaparecem como parte constituinte daqueles fatos. Como resultado, o neófito em uma ciência tem sua percepção reduzida sobre o conteúdo científico, deixando de compreender que os fatos aceitos no presente como permanentes e totalmente estáveis, como aqueles expressos no livro proposto por Keller e Schoenfeld, foram, no passado, apenas predisposições instáveis, inacabadas e não aceitas daqueles fatos.

O currículo em Columbia herda características inerentes de um modelo pedagógico-disciplinar, instaurado em meados do século XIX e em vigor ainda na atualidade, no ensino de ciências. Contudo, aquela proposta exibe singularidades que merecem atenção. A primeira delas refere-se à sua restrição teórica, dentro do âmbito da psicologia estadunidense, exclusiva ao behaviorismo skinneriano. Ou seja, é a primeira vez que um currículo de psicologia, naquele cenário, é restrito ao ensino de apenas uma abordagem psicológica. A segunda particularidade alude ao fato de que, diferentemente da história tradicional do ensino das ciências experimentais, como a física, a química e a biologia, o estabelecimento do ensino de psicologia, em Columbia, não procedeu de uma fase de

[366] KUHN, *A estrutura...*, p. 47.

[367] CRANE, op. cit.; MENZEL, op. cit.; LATOU, B.; WOOLGAR, S. *A vida de laboratório*: a produção dos fatos científicos. Rio de Janeiro: Relume-Dumará, 1997.

resolução de controvérsias prévias na literatura de periódico, que geram um consenso mínimo, na comunidade científica, sobre métodos e teorias norteadores do conteúdo a ser ensinado e pesquisado.

Em outros termos, para que o ensino da análise do comportamento se instaurasse, em Columbia, não foi necessário um cenário de controvérsias científicas na comunidade psicológica responsável pela aceitação compartilhada de uma nova teoria do comportamento. Para se ter uma ideia, a despeito das críticas ao primeiro livro de Skinner, apenas um pequeno e breve debate no *Journal of General Psychology* em meados da década de 1930, entre Skinner e os psicólogos poloneses Konorski e Miller, representa o que poderia ser considerado uma controvérsia teórica da definição daquilo que se tornaria o conceito central da análise experimental do comportamento: o condicionamento operante.[368] Portanto, a formulação embrionária do principal conceito da ciência skinneriana não pode ser interpretada como resultado de intensas discussões, no interior de um grupo científico, as quais, comumente, antecedem a aceitação de um novo fato científico.[369] Pelo contrário, embora as bases do sistema científico de Skinner tenham, obviamente, vínculos com outras tradições de pensamento científico e filosófico, o esforço de formulação inicial de sua ciência foi um empreendimento eminentemente individual.

Ainda vale notar que a teoria do comportamento ensinada no currículo, em Columbia, na segunda metade da década de 1940, foi baseada no primeiro livro de Skinner: *The Behavior of Organisms,* de 1938.[370] Isso significa, no mínimo, que mudanças teóricas relevantes no interior do sistema explicativo skinneriano, ocorridas ao longo da década de 1940, não foram absorvidas pelo currículo e pelo livro elaborados por Keller e Schoenfeld. Com isso, o currículo de Columbia deixou de incorporar, por exemplo, aproximações mais evidentes do pensamento de Skinner ao pragmatismo e ao selecionismo, e do seu distanciamento, ainda que

[368] KONORSKI, J.; MILLER, S. On two types of conditioned reflex. *Journal of General Psychology*, v. 16, p. 264-272, 1937; SKINNER, B. F. Two Types of Conditioned Reflex: A Reply to Konorski and Miller. *Journal of General Psychology*, v. 14, p. 279-295, 1937.

[369] KUHN, *A estrutura...*

[370] DAY, W. F. On Certain Similarities Between the Philosophical Investigations of Ludwig Wittgenstein and the Operationism of B. F. Skinner. *Journal of the Experimental Analysis of Behavior*, v. 12, n. 3, p. 489-506, 1969.

não linear, do positivismo, do mecanicismo e dos vestígios de realismo ingênuo existentes no seu projeto científico inicial.[371] Dito isso, os estudantes que cursaram as disciplinas de psicologia em Columbia conheciam uma versão no mínimo retrógada do behaviorismo skinneriano.

Vale dizer que todas essas características do currículo de psicologia em Columbia denotam, em alguma medida, particularidades da história da psicologia, como um todo, uma vez que a aceitação de conceitos e teorias psicológicas e o ensino disciplinar das mesmas não resultam, necessariamente, do compartilhamento de acordos aceitos por toda a comunidade psicológica, como é comum em ciências classificadas como paradigmáticas. Todavia, a inclusão de teorias psicológicas como parte do ensino disciplinar de psicologia, como ocorreu em Columbia, de um modo ou de outro, sempre foi dependente da existência de grupos acadêmicos organizados em torno de um corpo de conhecimento aceito por um número substancial de praticantes organizados institucionalmente para tanto. Mas este não foi o caso do ensino de análise experimental do comportamento: em Columbia, seu ensino disciplinar foi instaurado quando a área contava com uma comunidade científica pouco organizada e nada institucionalizada. O próprio Skinner não havia ainda conseguido ensinar, até aquele momento, qualquer disciplina baseada exclusivamente em seu projeto científico.

É indiscutível que a proposta do novo currículo formulada por Keller e Schoenfeld responde às demandas de inovação no ensino de psicologia. Mas, obviamente, seu objetivo principal é muito mais amplo, pois, além da justificativa teórica e didática para um novo currículo de psicologia, mais eficiente, coeso e sistematizado do que os demais existentes, Keller e Schoenfeld atribuíram a ele uma justificativa institucional e disciplinar, qual seja: um espaço formal para aceitação e a instauração de uma nova teoria do comportamento. Tal alegação foi expressa nos seguintes termos pelos propositores daquele currículo: "a luta pela sobrevivência de teorias científicas é travada em muitas arenas e a vitória deve ser conquistada em todas. E a sala de aula não será esquecida nessa disputa".[372]

[371] MOXLEY, R. A. Sources for Skinner's Pragmatic Selectionism in 1945. *The Behavior Analyst*, n. 24, p. 201-212, 2001; MOXLEY, R. A. The Modern/Posmodern Context of Skinner's Selectionist Turn in 1945. *Behavior and Philosophy*, n. 29, p. 121-153, 2001.

[372] KELLER, SCHOENFELD, The Psychology..., p. 169.

Na compreensão de Keller e Schoenfeld, a sala de aula era um espaço onde a análise do comportamento lutava para garantir, naquele momento, sua emergência e sua sobrevivência acadêmica. Por conseguinte, o novo currículo de psicologia era parte das estratégias desenvolvidas para a divulgação de uma nova perspectiva que sofria dificuldades de aceitação por parte significativa da comunidade científica. Por isso, não visava apenas um ensino mais efetivo de psicologia, mas a cooptação de alunos para adesão à nova abordagem psicológica. Com efeito, o currículo implantado por Keller e Schoenfeld assumiu um caráter eminentemente disciplinar, tendo objetivos declarados de subsidiar uma nova abordagem, num campo acirrado de disputas entre diversos modelos psicológicos.

Porém, uma proposta pedagógica com singularidades tão evidentes não passou incólume na comunidade psicológica estadunidense. Keller e Schoenfeld mostraram consciência que embora, eles mesmos, já vissem, em 1948, aquele currículo como um tanto convencional, "alguns podem aplaudi-lo, outros podem achar algo de bom nisso, muitos, talvez, irão rejeitar toda a concepção como imprudente ou perigosa".[373] E foi justamente isso que aconteceu. Por um lado, o currículo foi elogiado por propor uma alternativa sistemática para o ensino de psicologia, mas, por outro, foi duramente atacado por restringir o ensino de psicologia apenas a um sistema científico.

Ao tomar ciência da repercussão negativa gerada pelo currículo, em Columbia, no restante da comunidade científica, Keller asseverou que inovações no campo do ensino de psicologia deveriam realizadas por todos os expoentes de outras perspectivas teóricas. Tal justificativa, entretanto, não isentou aquele currículo de ser relacionado a um ponto de vista ortodoxo e propagandista da ciência skinneriana.

O surgimento de um culto científico?

Aqueles que aprovaram a criação do novo currículo de Columbia ressaltaram seu caráter inovador. Keller[374] mencionou o professor Yerkes, da Universidade de Yale, o qual, além de elogiar o currículo, solicitou informações sobre sua implementação, com o propósito de desenvolver

[373] Idem.

[374] KELLER, *At My...*

algo semelhante em seu departamento. Outros comentários foram parcialmente favoráveis ao currículo, como foi o caso do professor Muenzinger, da Universidade do Colorado. Em carta enviada por Muenzinger a Keller, é notória a avaliação positiva do caráter pedagógico do novo modelo de ensino de psicologia. Todavia, Muenzinger manifestou restrição à orientação teórica nele adotada. A ambivalência entre o reconhecimento pedagógico da estrutura de um currículo sistematizado e a não aceitação da posição teórica foi assim exposta:

> Apesar de discordar completamente de sua posição teórica, eu preciso reconhecer a credibilidade das características pedagógicas do plano: (...) A insistência em um curso sistemático e coerente; (...) o tratamento da psicologia como uma ciência experimental; (...) e a articulação dos cursos avançados com o curso introdutório que então se tornou verdadeiramente um curso básico ao invés de ser apenas uma mera pesquisa (...) [Por] alguns anos eu procurei fazer precisamente o que você está fazendo agora. Mas está fora de questão explicar por que eu não tive sucesso.[375]

Mais do que lembrar a emissão de opiniões parcialmente favoráveis ao novo currículo, Keller[376] destacou as reações contrárias a ele. Descreveu, por exemplo, a opinião de Frederick Thorne, ex-aluno de doutorado na Universidade de Columbia e, naquele momento, editor do *Journal of Clinical Psychology*. Este escreveu uma elaborada carta que exprimia não só sua insatisfação com o novo currículo, mas também com o departamento de psicologia de Columbia, por apoiar aquele modelo de ensino. Thorne alegou que, a partir de tal currículo, a orientação teórica em Columbia se reduzia ao behaviorismo, ao experimentalismo e à defesa da ideia de ciência pura. Thorne ainda argumentou que no curso não eram expostos "uma suficiente apreciação de questões sociais, do estudo da pessoa como um indivíduo completo, e de pontos de vistas alternativos, como a psicanálise".[377] Na mesma correspondência, ele questiona Keller:

> Eu entendo que a sua abordagem possa ser mais apreciada por tipos de alunos que possivelmente continuarão na psicologia,

[375] Muenzinger em carta citada por KELLER, *At My...*, p. 213.

[376] Ibidem.

[377] Thorne em carta citada por KELLER, *At My...*, p. 213.

> mas será que é apropriada para um leigo que vai trabalhar em outra área, em casa, e na comunidade que enfrenta problemas que não serão resolvidos por conhecimento abstrato dos campos da discriminação, do condicionamento, ou da psicologia animal?

Para Keller, esse tipo de reação negativa denotava sua condição de minoria em Columbia, e não de maioria, como Thorne presumia. Keller não se recordou de ter oferecido justificativas pormenorizadas a Thorne por ser adepto da análise do comportamento. Mas lembrou de tê-lo convidado para conhecer o curso e determinar o quanto eles excluíam, ou não, os tópicos mencionados.

A reação mais hostil ao novo currículo adotado em Columbia apareceu em um comentário publicado no *American Psychologist*, em 1949, alguns meses após a publicação do artigo de Keller e Schoenfeld, sobre a implantação do novo currículo. O título do comentário, "*The development of a Psychological Cult*", exprime como o autor, o psicólogo Gerald Wendt, considerou nocivo o formato do novo currículo. Wendt, também ex-aluno da Universidade de Columbia e, à época, professor na Universidade de Rochester, observou:

> A descrição de Keller e Schoenfeld do novo currículo de psicologia em Columbia é motivo de preocupação. Espero que outras faculdades não adotem o sistema e que Columbia tome medidas para evitar as consequências que eu antecipo.[378]

Em sua visão, a adesão de um departamento a um único tipo de pensamento – fenômeno que ele sugeriu estar ocorrendo em Columbia –, seja qual fosse, teria como consequência o isolamento de tal departamento na própria psicologia e em relação às demais ciências. Ainda de acordo com Wendt, a criação do currículo em Columbia era fruto do empenho de dois ou três adeptos entusiastas do sistema psicológico skinneriano. Ainda para ele, aquele empreendimento ocorreu porque os primeiros e escassos membros adeptos da nova abordagem precisavam de estudantes de graduação que pudessem se tornar seus alunos na pós-graduação, e também adeptos da análise experimental do comportamento. Wendt advertiu que o

[378] WENDT, R. The development of a psychological cult. *American Psychologist*, v. 4, p. 426-429, 1949. p. 426.

novo currículo era uma grave ameaça, pois, após convertidos à abordagem proposta, os alunos criariam novos cursos, reproduzindo o modelo, até que os departamentos de psicologias fossem dominados por uma única visão teórica. O tom alarmante do psicólogo é assim destacado:

> À medida que os sistemas crescem, um número maior do *staff* de professores e do corpo discente da graduação tornar-se-ão membros do culto, e as políticas departamentais, eventualmente, refletirão principalmente as suas visões. Com entusiasmo crescente pelo poder conceitual do sistema, não controlado pelos devidos corretivos, tais cultos fazem menos e menos esforços para entender as palavras dos outros ou para serem entendidos por eles. Isolamento do resto da ciência é a consequência usual.[379]

Para Wendt, esse era o caminho perigoso adotado por Columbia e apenas a estabilidade e o posicionamento crítico da equipe dos membros do departamento de psicologia impediriam maiores prejuízos. Para ele o currículo era ameaçador, não somente em razão de sua estrutura e de sua visão teórica, mas devido às exaltadas propagandas de seus criadores, que expunham de maneira alteadas o grande sucesso da técnica educacional empregada no curso. Com isso, na sua visão, a consequência só poderia ser uma: a formação de um culto científico, um "skinnerianismo", o qual, para ele, assim como os demais cultos, estava apoiado na propaganda e na simplificação, dois aspectos que produziriam ampla, fácil e acrítica adesão àquela ciência.

Os comentários críticos de Wendt provocaram duas reações imediatas. A primeira delas foi exposta em uma correspondência de Boring, enviada a Keller e Schoenfeld. Nela, o chefe do departamento de psicologia em Harvard e antigo professor de Keller e Skinner alertou para que as críticas de Wendt fossem tomadas seriamente, em especial a alegação de que o currículo era descrito de forma exageradamente militante. Boring sugeriu que Keller e Schoenfeld formulassem uma resposta, evitando qualquer tom de propaganda, pois eram acusados justamente de fazer demasiada propaganda da ciência ensinada.[380] A segunda reação

[379] Idem.

[380] KELLER, *At My...*

foi de Skinner, que esboçou uma resposta ao comentário de Wendt na qual alegava que um método, ou um aparato, não eram por si só capazes de induzir à formação de um culto científico. Se assim fosse, afirmou Skinner em tom de ironia, "nós devemos, com igual justificativa, nos referir à radiologia ou eletroencefalografia como um culto".[381] Entretanto, Skinner foi desencorajado por Keller de publicar a resposta a Wendt, sendo alertado de que aquela era apenas uma das muitas críticas que ainda receberiam, e por isso não deveriam se preocupar, pois vivenciavam uma época incrível de expansão da análise do comportamento.[382]

Professor visitante de Columbia quando escreveu seus comentários contra o novo currículo de psicologia, Wendt procurou Keller pessoalmente para saber se haveria algum problema caso publicasse uma crítica ao currículo.[383] A preocupação de Wendt era saber se o então chefe do departamento de psicologia em Columbia, professor Garrett, seria afetado pela apreciação negativa do currículo. Keller respondeu que não via nenhum motivo para que Wendt desistisse de publicar sua crítica, embora não pudesse prever suas consequências. Para Keller (2009), a opinião de Wendt

> provavelmente expressava os sentimentos de muitos outros que estavam perturbados pelo desenvolvimento da teoria do reforço... Ele nos fez algum mal? Eu realmente não sei, mas eu acho que não.[384]

Por fim, Keller reafirmou a dificuldade de avaliar os comentários de Wendt e preferiu evitar qualquer controvérsia naquele momento, uma vez que tais atitudes não repercutiam bem para a área.

Apesar da desconsideração de Keller e Skinner pela apreciação de Wendt daquele currículo, e seu prognóstico de que aquele modelo de ensino resultaria no isolamento do restante da psicologia e na formação de um culto científico, suas previsões não se mostraram totalmente falhas, ao menos na visão consensual que se formou, a partir de então, sobre a análise do comportamento, na psicologia experimental estadunidense, como uma comunidade científica isolada.

[381] SKINNER, *A Matter...*, p. 29.

[382] KELLER, *At My...*, p. 214.

[383] Ibidem.

[384] Carta enviada a Keller apud KELLER, *At My...*, p. 214.

AS CONSEQUÊNCIAS DO ISOLAMENTO E DO RECONHECIMENTO NA CIÊNCIA

O reconhecimento solitário de Skinner

> *As pessoas apoiavam a mim, mas não a minha linha de trabalho; só os meus ratos e pombos apoiavam aquilo.*[385]

Durante toda a carreira, Skinner declarou-se isolado por não compactuar com teorias e metodologias do *mainstream* da psicologia experimental estadunidense. Contudo, os relatos de isolamento por parte de Skinner não podem ser interpretados como ausência de contato com instituições e com pesquisadores das mais diversas áreas do conhecimento, nem tampouco como falta de prestígio e reconhecimento de sua figura científica.

Skinner manteve intenso grau de comunicação informal com inúmeros pesquisadores. Mas, nem de perto os modos de comunicação de Skinner, como observado em sua correspondência pessoal, assemelham-se à correspondência de renomes como Freud e Piaget, os quais mantinham extensos debates, com outros pensadores, por meio da prática epistolar. Desde o começo de sua carreira, a correspondência de Skinner é caracterizada por trocas de informações sucintas, mesmo quando impetrado a defender a sua posição científica e filosófica. Já o reconhecimento da sua figura científica como hábil e inventivo psicólogo experimental foi ininterrupto em toda sua vida profissional, tendo exponencial crescimento

[385] SKINNER, Skinner..., p. 17.

entre as décadas de 1940 e 1970.[386] No entanto, esse reconhecimento nunca foi acompanhado de adesão maciça ao seu projeto científico, motivo pelo qual Skinner declarou inúmeras vezes estar insatisfeito com a recepção de seu pensamento. E é nesse sentido que também se descreveu, muitas vezes, como solitário no ambiente acadêmico.

O recebimento, em 1942, da Medalha Warren da Sociedade de Psicólogos Experimentais, primeiro grande prêmio científico recebido por Skinner, designa o crescente reconhecimento da sua autoridade científica, bem como a parca adesão e concordância com seu projeto científico, por eminentes nomes da psicologia experimental estadunidense. Neste episódio, a figura de Boring surge, mais uma vez, como exemplar de como o reconhecimento de Skinner não era acompanhado da aceitação de suas ideias. Responsável por garantir a realização do pós-doutorado e o ingresso de Skinner na carreira como professor, até 1942, Boring já havia indicado Skinner para três importantes prêmios, sendo a indicação para a Medalha Warren, determinante para nomeação de seu ex-aluno, em Harvard.[387]

O exercício de funções institucionais também retrata o prestígio de Skinner em meados da década de 1940, a exemplo da chefia do departamento de psicologia da Universidade de Indiana, em 1945, e a eleição, ainda que contra a sua vontade, em 1947, para a presidência da *Midwestern Psychological Association*, cargo exercido de modo pró-forma. Além disso, a partir de meados da década de 1940, o reconhecimento da autoridade científica de Skinner começa a galgar *status* internacional. Provas disso são a sua condecoração com títulos honorários de Universidades de outros países, bem como as centenas de convites para a realização de conferências em países como a Rússia, Escócia, Inglaterra, Japão, França, México, Canadá, Portugal, China, Polônia, Itália, Suécia, entre outros.[388] No final da década de 1960, Skinner recorda que, apenas em janeiro e julho daquele ano, havia ministrado quarenta conferências nas ilhas britânicas, e que estava feliz por notar que a recepção de sua ciência estava mudando

[386] RUTHERFORD, "Visible Scientist"...; SMITH, N. G.; MORRIS, E. K. A tribute to B. F. Skinner at 100: His Awards and Honors. *European Journal of Behavior Analysis*, v. 5, p. 121-128, 2004.

[387] SKINNER, *The Shaping*..., p. 323.

[388] SKINNER, *A Matter*..., p. 32, p. 196, p. 198, p. 302, p. 358, p. 377, p. 379.

naquela região. Ainda descreve que havia "muitos laboratórios e eu penso que minha audiência foi não apenas polida, mas também singularmente participante. Talvez haja esperança depois de tudo!"[389]

O prestígio científico de Skinner também se ampliou com a disseminação de sua ciência nos países onde alguns dos primeiros analistas do comportamento foram professores visitantes. Keller teve papel especial na institucionalização da análise do comportamento em países como a Austrália, Brasil e México.[390] É também entre as décadas de 1950 e 1960 que os livros de Skinner começam a ser traduzidos para países Europeus, Latinos e Asiáticos.[391] No caso do Brasil, Keller informa a Skinner que, no começo da década de 1970, mais de 9.000 mil cópias de *K & S* já haviam sido publicadas e que os departamentos de psicologia não eram credenciados sem a presença da caixa de Skinner.[392]

Concomitantemente, naquele período, Skinner manteve intenso contato com ex-alunos que divulgavam a análise do comportamento em seus países de origem, e também com psicólogos de outras nacionalidades, empenhados em estudar diferentes tópicos e usos da sua ciência. Representativo do último caso foi seu diálogo com psicólogos da Europa oriental e com psicólogos chineses, ambos interessados nas implicações da análise do comportamento para a educação. Porém, esse intercâmbio foi impossibilitado pela conjuntura política mundial da época, em que as relações entre países comunistas e capitalistas foram quase totalmente rompidas e a comunicação entre os cientistas de países de regimes opostos foi controladas por seus respectivos governos.[393] Sobre

[389] SKINNER, B. F. Carta para Harry Hurwitz. 5 de junho de 1969. Arquivo B. F. Skinner da Universidade de Harvard.

[390] KELLER, *At my...*

[391] SKINNER, B. F. Carta para Marc Richelle. 8 de outubro de 1969. Arquivo B. F. Skinner da Universidade de Harvard; SKINNER, B. F. Carta para Maria Therezinha de Lima Monteiro. 4 de dezembro de 1969. Arquivo B. F. Skinner da Universidade de Harvard; SKINNER, B. F. Carta para Maria Therezinha de Lima Monteiro. 21 de novembro de 1969. Arquivo B. F. Skinner da Universidade de Harvard; SKINNER, B. F. Carta para Fred. S. Keller. 8 de fevereiro de 1962. Arquivo B. F. Skinner da Universidade de Harvard.

[392] KELLER, F. S. Carta para B. F. Skinner. 11 de agosto de 1979. Arquivo B. F. Skinner da Universidade de Harvard; DAVERPORT, R. W. Carta para B. F. Skinner. 10 de outubro de 1947. Arquivo B. F. Skinner da Universidade de Harvard; HILLS, H. Carta para B. F. Skinner. 17 de janeiro de 1949. Arquivo B. F. Skinner da Universidade de Harvard.

[393] SKINNER, *A matter...*

isso, Skinner[394] recorda que, durante esse período, sua correspondência com psicólogos estrangeiros foi espionada e controlada pelo serviço secreto estadunidense.

Outra prova do avanço do reconhecimento de sua figura científica na psicologia foi sua inclusão, pela primeira vez, em um manual introdutório de psicologia, *Contemporary Schools of Psychology* (1948). Neste manual, o editor Robert Woolworth descreve Skinner como um dos líderes do behaviorismo. Igualmente, é a partir de então que se inicia o interesse biográfico por Skinner como personagem da elite acadêmica da psicologia e da ciência estadunidense.[395] É também notável a contínua indicação e nomeação de Skinner para o recebimento de prêmios cada vez mais importantes, como o *American Psychological Distinguised Scientific Contribution Award* em 1965, o *Edward L. Thorndike Award* em 1966, a *National Medal of Science* em 1969.[396] Do mesmo modo, o consecutivo financiamento de seus projetos de pesquisa denota o reconhecimento do seu trabalho.[397] No mesmo período, Skinner torna-se figura pública nos Estados Unidos. A participação em inúmeros programas de TV e de rádio, bem como suas publicações populares voltadas para diferentes públicos, manifesta como sua imagem torna-se cada vez mais conhecida para o grande público americano.[398]

Dos inúmeros convites para expor suas pesquisas, feitos a partir de meados dos anos 1940, Skinner[399] destacou aquele em que fora chamado

[394] Idem.

[395] GREENE, J. E. Carta para B. F. Skinner. 18 de janeiro de 1965. Arquivo B. F. Skinner da Universidade de Harvard; SKINNER, B. F. Carta para Jay E. Greene. 22 de julho de 1965. Arquivo B. F. Skinner da Universidade de Harvard.

[396] KELLY, E. L. Carta para B. F. Skinner. 22 de julho de 1958. Arquivo B. F. Skinner da Universidade de Harvard; KAPLAN, M. Carta para B. F. Skinner. 7 de setembro de 1966. Arquivo B. F. Skinner da Universidade de Harvard; BUSH, R. R. Carta para B. F. Skinner. 6 de janeiro de 1969. Arquivo B. F. Skinner da Universidade de Harvard.

[397] GENTRY, R. E. Carta para B. F. Skinner. 27 de janeiro de 1967. Arquivo B. F. Skinner da Universidade de Harvard; MILLER, G. A. Carta para B. E. Boothe, B. F. Skinner, G. F. Bennett, R. E. Gentry. s.d. Arquivo B. F. Skinner da Universidade de Harvard; SKINNER, B. F. Carta para B. E. Boothe. 30 de outubro de 1967. Arquivo B. F. Skinner da Universidade de Harvard.

[398] CHU, D. Carta para B. F. Skinner. 16 de dezembro de 1969. Arquivo B. F. Skinner da Universidade de Harvard.

[399] SKINNER, *The shaping...*

para ser o conferencista da *William James Lectures* do ano de 1948, na Universidade de Harvard. A *William James Lectures* foi um conjunto de conferências organizadas pelos departamentos de filosofia e psicologia, nas quais pesquisadores de renome internacional eram convidados para expor as questões mais avançadas em suas áreas de conhecimento. John Dewey, Wolfgang Köhler, Bertrand Russell, Edward L. Thorndike, Karl R. Popper e Robert Oppenheimer são nomes que integram a lista de convidados para aquele evento, sugerindo a relevância dessas conferências que, por conseguinte, indicam também o lugar de destaque alcançado por Skinner na comunidade científica, ao final da década de 1940.

O convite foi realizado por Boring, que requisitou a Skinner uma série de conferências acerca de qualquer tópico avançado de sua ciência.[400] De forma a examinar a recepção de suas formulações sobre a linguagem, em gestação desde a década de 1930, Skinner sugeriu um seminário para debater a versão preliminar de seu livro *Verbal Behavior* (1957). Para preparar a conferência, Skinner reivindicou uma licença de três meses de Indiana e alojou-se na Universidade de Harvard. Durante sua estada nessa instituição, Boring comunicou a intenção de contratá-lo como professor do departamento de psicologia, caso Skinner tivesse interesse. Também lhe informou não ser uma vaga garantida, mas assegurou indicar o seu nome para ser avaliado por um comitê *ad hoc* de membros externos à Universidade – o qual julgou positivamente a viabilidade da contratação.[401]

Ao final da década de 1940, o departamento de psicologia de Harvard encontrava-se mais fragmentado do que nunca, pois promulgadores de uma psicologia aplicada naquele departamento desde a década de 1920, como Gordon Allport e Henry Murray, estavam no ápice da revolta contra Boring, e haviam acabado de se associar a antropólogos e sociólogos, de maneira a fundar um departamento de relações sociais. [402] Essa descrição do cenário institucional da psicologia em Harvard, emitida por Skinner, é compatível com análises históricas ulteriores que interpretam o desmembramento do departamento de psicologia daquela

[400] BJORK, op. cit., p. 85.

[401] SKINNER, *The shaping...*

[402] SKINNER, *A matter...*

Universidade, ao final da década de 1940, como resultado da nova ascensão da psicologia aplicada durante e após a Segunda Guerra Mundial.[403]

Ainda como chefe do departamento de psicologia, nesse período, Boring experimentou dificuldades para manter o *status* daquele setor como representante de uma tradição experimentalista isenta de preocupações aplicadas – assim como ocorreu durante a crise do experimentalismo na década de 1920.[404] As dificuldades foram observadas nas divergências, existentes desde aquele período, entre Boring, Gordon Allport e Henry Murray, psicólogos aplicados que pesquisavam questões correlatas das ciências sociais, como personalidade e comportamento social. Tais desacordos intensificaram-se no final dos anos 1940 em função da contínua imposição científica e das represálias de Boring contra a pesquisa aplicada em psicologia. Assim, com as oportunidades de associação a pesquisadores de áreas de conhecimento de seus interesses, Allport e Murray desvincularam-se do departamento de psicologia e integraram o novo departamento de relações sociais. Boring percebeu esse cenário como oportunidade para concretizar de vez seus antigos planos de estabelecer a identidade do departamento de psicologia como baluarte do experimentalismo.[405]

A indicação de Skinner para assumir uma vaga como professor em Harvard sugere aparente contradição de Boring, pois a posição behaviorista de Skinner presumia o seu apreço pela aplicação, algo incompatível com a defesa de Boring da psicologia como ciência experimental pura, desvinculada de objetivos aplicados imediatos. Todavia, é plausível supor que o amplo reconhecimento de Skinner, naquele momento, o tornou valioso aos olhos de Boring, que sempre se preocupou em manter o *status* do departamento de psicologia em Harvard, por meio da contratação de expoentes da área. Além disso, foi no final da década de 1940 que Boring assumiu pela primeira vez certo apreço pelo behaviorismo e pela aplicação em psicologia, desde que amparada por sistemática base experimental, concepção identificável no discurso de Skinner e bem diferente daquela emitida por Allport e Murray, que cada vez mais assumiam seu afastamento em relação à experimentação,[406] incidindo em

[403] CAPSHEW, op. cit.; TRIPLET, op. cit.

[404] O'DONNELL, The Crisis...

[405] CAPSHEW, op. cit.

[406] Idem.

continua tensão científica e institucional com Boring, que chegou a seu ápice no final da década de 1940.

Portanto, Skinner retornou à Harvard nessa fase de reestruturação do departamento de psicologia. Suas condições para aceitar o cargo abarcaram a exigência de que a Universidade cobrisse todas as atribuições de salário e instalações físicas oferecidas pela Universidade de Indiana. As exigências foram justificadas, segundo Skinner, pela constatação de que a sua ciência estava em plena expansão e, por isso, precisaria dedicar-se à orientação de um número crescente de estudantes de pós-graduação. Todas as imposições foram asseguradas por Boring, que informou a Skinner que a oferta tinha sido realizada tendo em vista as presumíveis exigências de um expoente da psicologia. Porém, Boring afirma que a contratação de Skinner e a aceitação de suas exigências estiveram menos vinculadas à expansão da análise do comportamento do que ao reconhecimento de sua figura científica – naquele período, mais discrepante do que nunca do prestígio científico conferido aos primeiros praticantes da sua ciência.

O retorno de Skinner à Harvard é prova cabal do reconhecimento de sua figura no panorama científico estadunidense, pois, mesmo com adversidades institucionais, o departamento de psicologia daquela instituição manteve o seu *status* como um dos mais renomados do mundo.[407] E diferente do momento de ingresso de Skinner na entidade duas décadas antes, Boring dispunha de amplos recursos financeiros e havia se tornado a principal figura institucional e política da psicologia nos Estados Unidos.[408] Porém, como veremos adiante, apesar do prestígio de Harvard, e ao contrário do presumido por Skinner, seu retorno para essa instituição teve reduzido impacto sobre os rumos da psicologia ali praticada, e menos ainda contribuiu para a institucionalização e ampla disseminação da análise do comportamento nas décadas de 1950 e 1960.

Skinner como *outsider* na ciência

O reconhecimento da figura e da autoridade científica de Skinner desvinculado da aceitação ampla de suas ideias, além de ser expandido, a

[407] TRIPLET, op. cit.

[408] CAPSHEW, op. cit.

partir da década de 1950, acaba por intensificar a ambiguidade acerca de como ele vai reagir a esse fenômeno perene em sua carreira. Tal ambiguidade é notada no aumento da frequência de relatos de Skinner, que ora se diz insatisfeito pela falta de reconhecimento e adesão à sua proposta científica, ora afirma que o reconhecimento tem baixo ou nenhum impacto sobre ele (seu comportamento científico), e ora assume que o reconhecimento tem efeitos sobre ele mas diz serem esses prejudiciais e difíceis de serem identificados. Amostra dessa dubiedade ocorre em momentos nos quais ele reflete sobre os impactos da apreciação do seu trabalho, pelos outros, sobre seu comportamento:

> Eu não poderia ter previsto que entre os reforçadores que explicam meu comportamento científico, as opiniões dos outros não tivessem grande valor, mas parecia ser este o caso. Exceções são facilmente rastreadas em minha história. Eu tive um orgulho bobo sobre o fato de que o texto "A liberdade e o Controle dos Homens" (1955-1956) apareceu como exemplo de boa prosa contemporânea em livros didáticos escritos para os calouros da faculdade; senhorita Graves teria ficado satisfeita. Mas em geral meus efeitos sobre as outras pessoas têm sido muito menos importantes do que meus efeitos sobre ratos e pombos – ou sobre pessoas enquanto sujeitos experimentais. Por isso pude trabalhar por quase vinte anos praticamente sem nenhum reconhecimento profissional. **As pessoas apoiavam a mim, mas não a minha linha de trabalho; só os meus ratos e pombos apoiavam aquilo**. No entanto, eu nunca tive dúvida sobre a sua importância e quando começou a chamar a minha atenção, eu tinha mais cuidado com o efeito do que eu queria ter. Muitas anotações nos meus arquivos comentaram o fato de eu ter estado deprimido ou amedrontado pelas chamadas honras. "Eu recusei honras que tomariam tempo do meu trabalho ou desnecessariamente reforçariam aspectos específicos dele".[409]

Mais do que chamar a atenção por ser um relato incompatível com as recorrentes provas de que Skinner obteve reconhecimento profissional constante ao longo de toda a sua carreira, nessa passagem, pela primeira vez, ele inclui o reconhecimento no rol de fatores determinantes de seu comportamento científico. Ou seja, Skinner, que já vinha tentando

[409] SKINNER, Skinner..., p. 17, grifo nosso.

explicar o comportamento científico em termos de controle do comportamento verbal dos cientistas, desde a década de 1940, apenas em sua narrativa autobiográfica inclui o reconhecimento como determinante da prática científica. Porém, a inclusão desse fator ocorre com certa hesitação sobre seu valor, como se fosse um problema identificar o reconhecimento como parte constituinte de tal comportamento. É assim que alega que

> Os reforçadores na minha vida profissional não eram facilmente identificados. Eu acho que o meu comportamento científico tem sido reforçado principalmente por seus resultados. Como eu já disse muitas vezes, meus ratos e pombos me ensinaram muito mais do que eu ensinei a eles; eu simplesmente continuei a fazer as coisas que mais claramente revelavam ordem no comportamento deles. Na minha mesa, os estimuladores óbvios consistiam em pegar coisas que foram ditas de forma aceitável, resolver confusões, criar frases que me agradavam quando eu as lia. Que a minha publicação foi elogiada e minhas práticas adotadas, sem dúvida nenhuma foi muito importante, mas é difícil identificar o comportamento sobre o qual elas foram contingentes.[410]

Embora assuma o papel do reconhecimento no controle do seu comportamento científico, Skinner não apresenta nenhuma interpretação detalhada de seus prováveis efeitos e demonstra certa apreensão em assumir a inevitabilidade de aquele fenômeno social incidir, de um modo ou de outro, sobre seu comportamento. Na verdade, o situa como uma consequência negativa sobre a sua prática científica. Isso é observado no início da década de 1960, quando a visibilidade de seu nome extrapola a comunidade científica e difunde-se junto ao grande público, por meio da mídia de massa. Seu diário, naquele momento de celebridade acadêmica, expressa bem seu conflito com o papel do reconhecimento em sua vida.

> 31 de março de 1963
>
> Os artigos na *Time* e *Life*, o perfil na *Harper*, e meu "sucesso" no Texas, no Arizona e em Washington, me fizeram mergulhar em uma prolongada depressão. Sentimentos que eu imprecisamente descrevo como culpa e ansiedade me dominaram... Muito disso é resultado da minha perda de controle. Minha soberba com o

[410] SKINNER, *A Matter...*, p. 405-406.

> sucesso foi muito longe. Essa foi minha falha mais devastadora; ela ainda pode me destruir. Escrever um texto na quietude do meu estudo é o único comportamento verbal no qual eu posso realmente acreditar.[411]

É emblemático do desconforto de Skinner com os efeitos do reconhecimento sobre sua vida acadêmica, embate ocorrido entre abril e dezembro de 1968, quando Skinner, assumidamente avesso a responder publicamente ataques à sua pessoa e à sua teoria, passou quase um ano reivindicando a retratação pública de uma reportagem a seu respeito, publicada no *The New York Times*, no início daquele ano. A sua discordância, como ele aponta, caiu sobre uma única frase publicada naquela reportagem: "Skinner concorda que ele é o mais importante e fluente psicólogo da atualidade" – afirmação que Skinner insistiu, em longa troca de correspondência com o editor do jornal e com o próprio jornalista responsável pela matéria, não ter emitido em momento algum, sendo algo no mínimo prejudicial a sua imagem. Para se ter uma ideia do provável nível de desconforto vivenciado por Skinner com respeito àquela afirmação, essa foi a única vez, ao longo de toda sua controversa trajetória, que ele investiu tempo e esforço para desmentir o que considerava uma distorção de suas ideias sobre si mesmo.[412] Nem mesmo quando sua ciência foi atacada por seus críticos mais contumazes Skinner empenhou-se, como naquele episódio, para tentar desfazer o que considerava um grande mal entendido.

O conflito de Skinner com respeito ao papel do reconhecimento em sua trajetória e seu comportamento científico deve ser interpretado como algo que extrapola o nível individual, sendo um ponto nevrálgico da trajetória de qualquer acadêmico, uma vez que, assim como a religião e a arte, a ciência seria um modo de vida que, durante grande parte da

[411] Ibidem, p. 265.

[412] SKINNER, B. F. Carta para o Editor da *New York Times Magazine*. 18 de abril de 1968. Arquivo B. F. Skinner da Universidade de Harvard; BERGMAN, L. Carta para Skinner. 27 de maio de 1968. Arquivo B. F. Skinner da Universidade de Harvard; SKINNER, B. F. Carta para Lewis Bergman, Editor. 29 de abril de 1968. Arquivo B. F. Skinner da Universidade de Harvard; SKINNER, B. F. Carta para Lewis Bergman. 16 de maio de 1968. Arquivo B. F. Skinner da Universidade de Harvard; RICE, B. Carta para B. F. Skinner. s/d. Arquivo B. F. Skinner da Universidade de Harvard; SKINNER, B. F. Carta para Lewis Bergman. 3 de dezembro de 1969. Arquivo B. F. Skinner da Universidade de Harvard.

história moderna, definiu a sua prática como resultado de uma vocação desinteressada. Por isso, o conflito com o papel do reconhecimento, na arena científica, resulta, em grande medida, da propagação cultural de uma moral no qual o valor do cientista na sociedade depende de seu suposto desprendimento do desejo por fama e sucesso. Esse conflito torna-se factível quando os cientistas se prestam a explicar as motivações de suas práticas acadêmicas, ou seja, porque fazem o que fazem.[413] Análises desse fenômeno expõem que o conhecimento público de causas do controle social do comportamento científico, como o reconhecimento, é, geralmente, proporcional à definição de seu valor na comunidade científica e na cultura de modo geral. Em outros termos, quanto menor o número de fatores sociais identificados como capazes de afetar o comportamento dos cientistas, maior o valor dado ao cientista, e vice-versa.[414] A própria interpretação skinneriana de dignidade auxilia na compreensão desse fenômeno, pois, na sua visão,

> a dignidade e o valor de uma pessoa parecem ameaçados ao surgirem indícios de que seu comportamento pode ser atribuído a circunstâncias externas.[415]
>
> Nesses casos, a menor ou maior aprovação que alguém recebe curiosamente se relaciona com a visibilidade das causas de seu comportamento. Negamos aplausos quando essas causas são evidentes.[416]

Na ciência, a negação de "aplausos" é constatada em situações raras, nas quais os cientistas assumem serem seus comportamentos influenciados por fatores além daqueles tradicionalmente classificados como dignos, como a busca desinteressada pela resolução de problemas científicos. Se um cientista assume, por exemplo, ter escolhido certa questão de pesquisa porque esta aumentou as probabilidades de obter prestígio entre os pares, ou qualquer outro benefício que viola a imagem

[413] HAGSTROM, W. O controle social dos cientistas. In: DEUS, J. D. (Org.). *A crítica da ciência*: sociologia e ideologia da ciência. Rio de Janeiro: Zahar, 1979. p. 81-107.

[414] HABERER, J. Politização na ciência. In: DEUS, J. D. (Org.). *A crítica da ciência:* sociologia e ideologia da ciência. Rio de Janeiro: Zahar, 1979. p. 107-135; HAGSTROM, op. cit., p. 89.

[415] SKINNER, B. F. *Beyond freedom and dignity*. New York: Alfred A. Knopf, 1971. p. 43.

[416] Ibidem, p. 40.

do cientista desinteressado, é provável que o reconhecimento do seu trabalho seja automaticamente enfraquecido, senão anulado. Por essa razão, "os cientistas em regra negam serem eles fortemente motivados por um desejo de reconhecimento, ou que esse desejo influencia suas decisões de investigação".[417]

A suposta contradição entre as motivações do cientista, seja uma delas o reconhecimento, e a resolução de problemas científicos é no mínimo relevante para compreender a vida na ciência, pois haveria uma inevitabilidade no sentido de esses sujeitos e suas ações tornarem-se imunes aos efeitos do reconhecimento. Para Hagstrom,[418] essa afirmação baseia-se nos resultados de pesquisas que indicam como cientistas privados de reconhecimento alegaram, entre outras coisas, serem injustiçados pela comunidade científica. Mas esses mesmos cientistas fizeram questão de enfatizar que o reconhecimento não fazia, de forma alguma, parte de suas motivações.

Desde o seu ingresso no doutorado até aquele momento de sua carreira, Skinner sentiu-se privado do reconhecimento do valor da sua ciência. Contudo, ele nunca foi privado do reconhecimento de suas capacidades técnicas e científicas, e muito menos deixou de experimentar privilégios por causa disso durante todo o seu percurso acadêmico. O resultado dessa situação não poderia ser outro que um perene conflito ao longo de sua trajetória, evidenciado em suas constantes declarações de ausência de reconhecimento de sua ciência e suas constantes alegações do baixo valor do reconhecimento e de seus prováveis efeitos negativos sobre a prática científica.

Embora seja impossível precisar o valor do reconhecimento para Skinner, essa ambiguidade em seus relatos sobre este reconhecimento, sempre carregados de referências a estados emocionais intensos, como depressão e tristeza, parece situá-lo, parcialmente, na antagônica posição de um *outsider*. Nos termos propostos por Elias,[419] um *outsider* é definido por exprimir sentimentos e ações exemplares de um conflito constante entre o indivíduo rejeitado, à margem, e o *establishment*, nesse caso representado na figura do *mainstream* da psicologia experimental

[417] HAGSTROM, op. cit., p. 89.

[418] Ibidem.

[419] ELIAS, N. *Mozart: sociologia de um gênio*. Rio de Janeiro: Jorge Zahar, 1995.

estadunidense. Elias lembra que o *outsider* muitas vezes se sente igual ou superior ao grupo estabelecido, por causa de suas realizações pessoais e pela ideia de possuir uma consciência plena dos defeitos do *establishment*. Por essa razão, às vezes age de forma ofendida às rejeições. Mas enquanto o poder do *establishment* se mantiver ileso, seu modo de funcionamento nunca deixa de exercer uma atração significativa sobre o *outsider*. Para Elias, o maior desejo dos *outsiders* "é serem reconhecidos como iguais por aqueles que os tratam, tão abertamente, como inferiores".[420]

Interpretar a postura de Skinner estritamente como a de um *outsider*, que direcionou todos os seus objetivos para obter reconhecimento e aceitação do *establishment*, é uma extrapolação do que se averiguou sobre o peso do reconhecimento sobre ele. Até porque Skinner obteve reconhecimento e privilégios que *outsiders* não experimentam, sendo membro da elite acadêmica da psicologia experimental estadunidense. De todo modo, a noção de *outsider* é ainda válida para o caso, ao esclarecer a relação de conflito ininterrupta entre um cientista que se sentiu, durante toda a via acadêmica, à margem do *establishment científico*; dado que, ao mesmo tempo, revela a angústia de um sujeito que almejou o reconhecimento da tradição, mas que tinha consciência de que, ao ser reconhecido, deixaria de possuir justamente aquelas características que o diferencia, e que ele tanto preza.

O conflito de Skinner com o reconhecimento é também de ordem prática, uma vez que as honrarias comprometiam seu cotidiano de trabalho. O excesso de atividades e viagens para palestras e conferências é, em diferentes momentos, mencionado por ele como motivo de aflição por não estar conseguindo escrever tudo o que queria. De fato, é difícil imaginar como era possível para Skinner manter sua rotina de escrita diária, como havia se habituado, desde a década de 1930, naquela fase de sua vida. Para se ter uma ideia, a partir de seu arquivo foi possível constatar que a carga de convites para participar dos mais diferentes eventos, a partir do final da década de 1950, ultrapassa o número de 300 por ano.[421]

De modo a lidar o senso de diminuição de sua produtividade, Skinner começa a rejeitar cada vez mais convites, com a justificativa de que seu tempo seria mais útil se gasto com o estudo e a escrita. Como

[420] Ibidem, p. 39.

[421]

informou em resposta a uma das inúmeras rejeições de convite para ser conferencista, no final da década de 1960: "Infelizmente eu estou rejeitando grande parte dos convites para palestras e não vou ficar rodando em torno país como já fiz uma vez. Eu acho mais profícuo passar meu tempo estudando".[422]

Skinner como orientador

Ao retornar à Harvard, em 1948, a primeira iniciativa de Skinner foi construir um laboratório para experimentos com pombos, no qual um grupo inicial de estudantes de pós-graduação principiou pesquisas fundamentadas no seu sistema científico. O grupo, autodenominado *Pigeons Staff* – em referência às pesquisas com pombos –, encontrava-se semanalmente para debater os experimentos em andamento no laboratório e era definido pelo uso do delineamento experimental de sujeito único, pelo estudo de esquemas de reforçamento, pelo clima de informalidade e pela grande descontração entre seus membros.[423]

Na visão de Skinner, aquele grupo, iniciado em 1950, estava totalmente "institucionalizado" por volta de 1956.[424] Tão importante quanto agregar alunos àquele novo laboratório, as reuniões semanais constituíram espaço para que pesquisadores de outras instituições – muitos deles ex-orientandos de Skinner em Indiana e, principalmente, de Keller em Columbia – dessem continuidade às suas pesquisas na área e mantivessem contato com seus pares. Uma lista de membros do *Pigeon Staff*, de 1957, indica que o grupo era composto de vinte e um membros, sendo que apenas três deles ocupavam, naquele momento, cargo de professor universitário. Os demais eram alunos provenientes dos departamentos de farmacologia de Harvard, e sua grande maioria estava alocada em hospitais, especialmente aqueles que se tornariam conhecidos nomes da análise do comportamento. Entre esses estavam Murray Sidman,

[422] SKINNER, B. F. Carta para Dorothy. 6 de junho de 1969. Arquivo B. F. Skinner da Universidade de Harvard.

[423] BJORK, op. cit., p. 85; GOLLUB, L. R. Between the Waves: Harvard Pigeon Lab 1955-1960. *Journal of the Experimental Analysis of Behavior*, n. 77, p. 319-326, 2002.

[424] SKINNER, *A Matter...*

naquele momento psicólogo do hospital geral de Massachusetts; Peter Drew, psicólogo da escola médica de Harvard; Og Lindsley, psicólogo do hospital metropolitano; entre outros pesquisadores que vivenciavam dificuldades de inserção no mercado acadêmico justamente por terem realizado suas pesquisas de doutorado tendo como base teórica e metodológica o modelo científico skinneriano.[425]

Embora Skinner tenha, sempre que possível, desprezado o envolvimento com questões políticas e administrativas da vida acadêmica, exerceu função ativa, por meios informais, no auxílio à inserção de vários dos membros do *Pigeon Staff* no mercado de trabalho acadêmico. Entre as décadas de 1950 e 1960, emitiu inúmeras solicitações de emprego e diversos pareceres favoráveis à contratação de seus ex-alunos e de ex-alunos de Keller.[426] A despeito da implicação direta de Skinner na contratação de parte substancial da primeira geração de praticantes de sua ciência, os seus alunos e os alunos Keller, em sua maioria, foram contratados para serem professores de instituições acadêmicas de médio e baixo prestígio.

Simbólico do auxilio de Skinner para que os primeiros analistas do comportamento iniciassem suas carreiras como professores, é sua indicação de Murray Sidman, considerado por Skinner o mais exímio dos pesquisadores do *Pigeon Staff*, para ocupar o cargo de professor da Universidade de Northeastern. Em carta ao reitor da instituição, Skinner expressou sua estima pela figura profissional de Sidman:

> Caro Reitor Shepard
>
> Eu conheço o professor Murray Sidman há 20 anos e tenho a mais alta opinião sobre ele. Não tenho nenhuma dúvida sobre sua eminência científica.
>
> O método de estudo do comportamento de esquiva desenvolvido por Sidman é grandemente usado ao redor do mundo, e seu livro

[425] Idem.

[426] SKINNER, B. F. Carta para Krayer. 5 de maio de 1958. Arquivo B. F. Skinner da Universidade de Harvard; KRAYER, O. Carta para B. F. Skinner. 2 de maio de 1958. Arquivo B. F. Skinner da Universidade de Harvard; HANTS, H. D. Carta para B. F. Skinner. 17 de março de 1949. Arquivo B. F. Skinner da Universidade de Harvard; SKINNER, B. F. Carta para Harold D. Hants. 30 de março de 1949. Arquivo B. F. Skinner da Universidade de Harvard; SKINNER, B. F. Carta para Arden Miller. 16 de junho de 1964. Arquivo B. F. Skinner da Universidade de Harvard; SKINNER, B. F. Carta para Aron W. Siegman. 17 de janeiro de 1973. Arquivo B. F. Skinner da Universidade de Harvard.

> sobre prática científica é um clássico. Seu livro texto programado de neuro-anatomia, escrito em colaboração com seu irmão, Professor Richard Sidman da escola médica de Harvard, tem um importante lugar na história da instrução programada e testifica seu real interesse pelo ensino.
>
> Professor Sidman tem se dedicado a pesquisa sobre retardo mental largamente por causa de sua compassiva preocupação com o estudo do tema, que surgiu em parte devido ao fato que um de seus próprios filhos é doente mental. Ele tem declinado no avanço em outros campos de modo a continuar a trabalhar efetivamente naquele campo. Ele é claramente um homem de princípio.
>
> Ele é um homem muito tolerante e nunca força sua opinião sobre os outros. Eu conheci poucas pessoas que, como ele, claramente seguiram uma filosofia de vida e deixaram os outros viverem com suas próprias filosofias. Sua habilidade para cooperar com os outros é óbvia no caráter dos grupos dos quais ele tem sido parte. Seus associados têm sido sempre leais, mas ao mesmo tempo eles têm livremente buscado formas independentes de vida em outros campos de investigação.
>
> Eu classifico Murray Sidman entre os 15 ou 20 psicólogos ativos mais importantes na psicologia na América hoje – em termos de realização científica e respeito desfrutado entre seus pares.[427]

Mesmo que Skinner se referisse ao grupo de praticantes de sua ciência, fundado em Harvard, como uma coletividade institucionalizada, o *Pigeon Staff* manteve-se informal durante toda a sua existência. Salvo a construção do laboratório para experimentos com pombos, do grupo não resultou a perpetuação de nenhum empreendimento formal ou disciplinar capaz de garantir, após a aposentadoria de Skinner, no começo da década de 1970, o ensino sistematizado e a manutenção de linhas de pesquisas em análise do comportamento naquela Universidade. De qualquer maneira, o valor do caráter informal do grupo foi reafirmado otimistamente por Skinner em 1959, quase uma década após sua fundação: "As reuniões do *Pigeons Staff*, ainda completamente informais, estavam florescendo".[428]

[427] SKINNER, B. F. Carta para Robert Shepard. 28 de janeiro de 1972 (Northeastern University). Arquivo B. F. Skinner da Universidade de Harvard; SKINNER, B. F. Carta para James F. Mathias. 29 de setembro de 1949. Arquivo B. F. Skinner da Universidade de Harvard.

[428] SKINNER, *A Matter...*, p. 153. Recordamos que, também em Minnesota e Indiana, Skinner manteve um grupo de debates informais com alunos de pós-graduação.

As pesquisas realizadas no laboratório de Skinner eram definidas por tópicos e métodos derivados de sua ciência do comportamento. No entanto, Skinner não atribuía aos seus orientandos temas de pesquisa específicos. Incentivava-os a pesquisar o que mais lhes interessasse dentro do campo.[429] Essa liberdade, como recordam ex-alunos do laboratório, significou, para alguns, certo distanciamento de Skinner, que não tinha como hábito acompanhar de perto o andamento das pesquisas realizadas naquele ambiente.[430] Contudo, tal distanciamento pode ser explicado também pelas incumbências de Skinner em razão do amplo reconhecimento de sua figura científica na década de 1950 e, principalmente, por seu assumido pressuposto de que seus orientandos deveriam ter liberdade para estudar o que quisessem.[431] Para ele, a liberdade compunha parte das condições que garantiriam a efetividade das pesquisas realizadas em seu laboratório e do desenvolvimento intelectual de seus alunos, os quais, "com muita pouca ajuda direta minha, fizeram e continuam fazendo importantes contribuições".[432]

A liberdade existente no laboratório de Skinner foi atestada por diversos de seus ex-orientandos em Harvard. Lewis R. Gollub afirma que, apesar da ausência de Skinner, o mais importante sempre "foi a liberdade de explorar problemas de pesquisas em um laboratório bem equipado e com ótimo financiamento".[433] Gollub igualmente descreve episódio exemplar do modo como Skinner lidava com a distribuição do crédito científico naquele ambiente. Para tanto, expõe que ao receber dele o retorno, com inúmeros comentários para revisão, do seu primeiro artigo a ser submetido a um evento científico, "Skinner disse que a autoria individual seria melhor porque um trabalho por 'X e Skinner' ainda seria lembrado como por 'Skinner e X'".[434]

[429] CATANIA, The Watershed...; GOLLUB, op. cit.

[430] GOLLUB, op. cit.; WIENER, op. cit.

[431] SKINNER, *A Matter...*

[432] SKINNER, Skinner..., p. 15.

[433] GOLLUB, op. cit., p. 323.

[434] Ibidem, p. 325. No terceiro capítulo, mostramos como Crozier, ex-orientador de Skinner em Harvard, agiu de forma semelhante quando Skinner apresentou-lhe a primeira versão de seu primeiro artigo e indicamos também como o orientador de Crozier, Jacques Loeb, incentivava em seu laboratório o desenvolvimento de projetos individuais.

Por parte de Skinner havia a consciência de que agia em seu laboratório respeitando o modo como havia sido tratado, durante os seus anos de doutorado e pós-doutorado, no laboratório de Crozier. Em conversa gravada com Keller, na década de 1980, relembra que a liberdade experimentada no começo da sua carreira foi essencial para o desenvolvimento de seu pensamento, e, por essa razão, "Eu tentei passar isso adiante".[435] Ainda referindo-se à temática do crédito das produções geradas em seu laboratório, Skinner afirma que

> Eu nunca permiti estudantes fazerem [dar crédito a ele] – embora eles tenham feito isso ocasionalmente, eu nunca deixei eles fazerem isso se eu soubesse. Isto é uma boa ideia, eu penso. Você faz algo seu, você deveria receber crédito por isto.[436]

Charles Catania, outro ex-aluno do laboratório de Skinner em Harvard, corrobora a opinião de que aquele espaço era definido pelo clima de liberdade: "presumivelmente, parte da nossa socialização mútua como alunos de pós-graduação era demonstrar uns aos outros que nós não éramos intimidados por nosso mentor".[437] A despeito das vantagens listadas por alguns de seus orientados, a liberdade presente naquele laboratório soou como negligência para outros alunos e membros do departamento de psicologia, como o próprio Skinner constatou:

> Infelizmente, liberdade poderia parecer negligência e, quando eu voltei de Putney, descobri que estava cometendo um sério erro. Cinco dos meus alunos de pós-graduação tinham finalizado seus trabalhos, escrito suas teses e comparecido aos exames orais sem a minha ajuda. Foi o maior número de alunos de pós-graduação sob minha tutela por um ano. Mesmo assim, o protesto veio principalmente de outros docentes, que eram pressionados a ler teses e a conduzir exames na minha ausência.[438]

[435] SKINNER, B. F.; KELLER, F. S. Gravação em áudio disponível nos Arquivos B. F. Skinner da Unviversidade de Harvard. s/d.

[436] SKINNER, B. F.; KELLER, F. S. Gravação em áudio disponível nos Arquivos B. F. Skinner da Unviversidade de Harvard. s/d.

[437] CATANIA, The Watershed..., p. 334.

[438] SKINNER, *A Matter*..., p. 88.

Uma das consequências da suposta negligência de Skinner como orientador foi que diversos orientandos não concluíram o doutorado sob sua orientação e, mesmo entre aqueles que o fizeram, poucos trabalharam de modo exclusivo e próximo a ele. Por esse motivo, a ambivalência é um traço característico nas opiniões emitidas por ex-orientandos de Skinner em Harvard. Wiener resume o antagonismo dessas apreciações por meio de duas entrevistas com dois ex-alunos de Skinner daquela época:

> Um se referiu a ele mais como "distante" do que como "frio". Skinner raramente se voluntariava para ajudar, apesar de que ele sempre o faria se fosse pedido diretamente. Um ex-aluno devoto, no entanto, sempre se lembrou de que quando ele pediu a Skinner para rever o seu artigo, Skinner o reescreveu totalmente, melhorando-o substancialmente, fato ao qual o aluno sempre foi grato.[439]

Mais relevante do que estabelecer uma conclusão acerca do perfil de Skinner como orientador é notar que sua postura no laboratório era coerente com sua preferência por relações informais e por liberdade científica ao longo de sua carreira. Porém, ainda que Skinner valorizasse a informalidade, sua preferência por esse modelo de interação social, no ambiente acadêmico, teve como consequência a fácil extinção do seu laboratório, em Harvard, quando do avanço institucional do cognitivismo naquele contexto. Assim, na década de 1960, "direta e indiretamente, o laboratório finalmente morreu como resultado da 'revolução cognitiva'".[440] William M. Baum, um dos estudantes no laboratório de Skinner, avalia que

> A Análise do Comportamento pode ter morrido em Harvard, mas ela se espalhou por todo o país, à medida que os alunos do Laboratório de Pombos foram para diversos lugares e estabeleceram seus próprios laboratórios.[441]

A "morte" da Análise do Comportamento em Harvard, anunciada por Baum, é decretada em meados da década de 1960, logo após a aposentadoria

[439] WIENER, op. cit., p. 64.

[440] BAUM, op. cit., p. 347.

[441] Ibidem, p. 354.

de Skinner que, mesmo se mantendo vinculado à instituição, não garantiu condições para a manutenção do seu laboratório e, por conseguinte, de disciplinas de análise do comportamento, como parte do ensino de psicologia em Harvard. A partir daquele momento, as únicas disciplinas da área eram ofertadas unicamente pelo próprio Skinner, e diziam respeito a tópicos bastante específicos de seu interesse. Portanto, sem nenhuma função didático-introdutória à sua ciência do comportamento.

A história do Laboratório de Pombos de Harvard teve duas fases. A primeira sob a liderança de Skinner, entre o final da década de 1940 e o início da década de 1960. A segunda sob a liderança de seu ex-aluno, Richard J. Herrnstein, entre o final dos anos 1950 e fins da década de 1960. Sobre as duas fases, Baum analisa que Skinner era "amável, mas distante", ao passo que Herrnstein acompanhava sempre de perto as pesquisas realizadas no laboratório; "pronto para elogiar e pronto para criticar".[442] Por isso, Baum afirma que tanto ele quanto, possivelmente, a maioria dos alunos no laboratório, começou, ao final da década de 1950, a ver Herrnstein como um possível mentor, mais do que viam a Skinner, ainda que o primeiro estivesse cada vez mais distante teórica e, principalmente, metodologicamente da análise do comportamento, ao incorporar em suas pesquisas procedimentos matemáticos e estatísticos incompatíveis com o método de pesquisa skinneriano.

O modo como Skinner mediava os intercâmbios de estudantes e de pesquisadores de instituições de outros países, em seu laboratório, igualmente explica razões do fracassado rumo de sua ciência em Harvard, assim como prejuízos na disseminação do seu pensamento em nível mundial. Entre o final da década de 1940 e a década de 1960, quase uma centena de pessoas passaram pelo Laboratório de Pombos como estudantes de pós-graduação ou pesquisadores visitantes, muito dos quais vindos de renomadas instituições da Europa, Ásia, América Latina e Oceania. Com já exposto, esse intercâmbio significou, em alguma medida, disseminação do trabalho de Skinner. Mas isso não resultou em ampla propagação de vínculos acadêmicos e institucionais que pudessem resultar em uma disseminação efetiva das pesquisas realizadas em seu laboratório, como havia potencial para acontecer. Quando se analisa a sua correspondência

[442] Ibidem, p. 349.

com os inúmeros pesquisadores que conheceram ou tinham interesse em conhecer seu laboratório, sua comunicação com esses pesquisadores são representadas por expressiva amistosidade e interesse pelo trabalho dos mesmos. No entanto, esse contato ocorria sem nenhum estabelecimento de condições concretas de formalização de quaisquer estratégias institucionais capazes de sustentar, em longo prazo, o intercâmbio com outras instituições e pesquisadores; além disso, havia as conhecidas limitações de Skinner, com o trato de aspectos políticos e burocráticos, necessárias para instituir parcerias de trabalho, como é notável em suas recusas de inúmeras propostas para tanto.[443] Os pesquisadores de outros países que buscavam manter contato com Skinner o fizeram, na maior parte das vezes, por meio de esforço unilateral que raramente geravam frutos acadêmicos e institucionais duradouros.

De todo modo, apesar da extinção do laboratório em meados da década de 1960, Skinner manteve-se ativo, por mais alguns anos, no trabalho de orientação de estudantes interessados em sua ciência. Um quadro geral do trabalho de Skinner como orientador é vislumbrado nas 35 orientações realizadas entre 1951 e 1971, em Harvard. Embora a maioria tenha realizado pesquisas sobre controle de estímulos e esquemas de reforçamento, dois temas mais presentes no começo do programa de pesquisa de Skinner, observa-se também teses acerca de processos sociais a partir de análogos experimentais com sujeitos infra-humanos, pesquisas conceituais, análises de interações de aspectos físico-químicos e o condicionamento operante, comportamento de escolha e efeitos da punição. Abaixo segue a lista completa de seus orientandos, em Harvard, e suas respectivas pesquisas.

1951 – Ruth Page Edwards: *The effects of punishment on unpunished responses.*
1952 – George A Heise: *Responses to acoustical stimuli in the pigeon.*

[443] SKINNER, B. F. Carta para Karl H. Beyer Jr. 7 de julho de 1959. Arquivo B. F. Skinner da Universidade de Harvard; BEYER JR., K. H. Carta para B. F. Skinner. 15 de dezembro de 1959. Arquivo B. F. Skinner da Universidade de Harvard; SKINNER, B. F. Carta para Ralph Gunter. 29 de dezembro de 1949. Arquivo B. F. Skinner da Universidade de Harvard; SKINNER, B. F. Carta para Ralph Gunter. 26 de outubro de 1949. Arquivo B. F. Skinner da Universidade de Harvard; AKISHIGE, Y. Carta para B. F. Skinner. 10 de junho de 1961. Arquivo B. F. Skinner da Universidade de Harvard.

1952 – Herbert Jenkins: *An experimental analysis of approach behavior in the male albino rat: approach to another.*

1952 – Michael Wertheimer: *A study of normal threshold variety in time.*

1953 – Edward J. Green: *Parameters in human operant discrimination.*

1954- Katherine Safford Harris: *Serial characteristics of neural responses to acoustic clicks recorded at the auditory cortex.*

1954 – Nancy Mckay Wertheimer: *The relation of capillary structure at naif old to certain psychological and morphological variables.*

1955 – Douglas Anger: *The dependence of inter response times upon the relative reinforcement of different inter response times.*

1955 – James E. Anliker: *Reversal of discrimination of temporal schedules of reinforcement.*

1955 – Donal S. Blough: *Dar adaptation in the pigeon.*

1955 – Alfredo Lagmay: *a pacing technique in the study of some schedule of reinforcement.*

1955 – Richard J. Herrnstein: *Behavioral consequences of the removal of a discriminative stimulus associated with variable-interval reinforcement.*

1955 – William Morse: *An analysis of responding in the presence of a stimulus correlated with periods of non-reinforcement.*

1956 – Nathan Azrin: *A comparison of the effects of two interment.*

1956: Thomas Lorh: *An analysis of punishment from the effects of shock on the rat's choice of path to food.*

1957 – Ogden Lindsley: *Continued suppression of behavior in the dog and some sodium pentobarbital effect.*

1960 – Sanford Manuel: *The strength of conditions reinforces as function of frequency and probability of reinforcement.*

1960 – Matthew Israel: *Variably blurred prompting in the analysis of paired--associated learning.*

1960 – Harlan Lane: *Operant control of vocal behavior in chickens.*

1960 – George Reynolds: *An analysis of interactions in multiple schedule.*

1961 – Sherry Schweighardt: *An experimental analysis of social interaction in pigeons.*

1961 – Charles Catania: *Characteristics of performances under combined multiple and concurrent scheduling of reinforcement.*

1961 – Herbert Terrace: *Discrimination learning with and without error.*

1962 – Neil Peterson: *An experimental analysis of importing.*

1964 – John Staddon: *The effect of knowledge of results on timing behavior in the pigeon.*

1966 – Bill Baum: *Choice in the rat as function of probability and amount of reward.*

1967 – Philip Hineline: *The warm-up effect in avoidance conditioning.*

1968 – All Neuringer: *Choice and rate of responding in the pigeon.*

1968 – J. Ronald Fox: *An analysis of memory for english prose.*

1969 – Richard Schuster: *Effects of secondary reinforcement on response rate choice.*

1969 – Gerald Zuriff: *Contingency as determinant of response strength: a comparison of vi and vr schedules of reinforcement.*

1969 – Peter Kelleen: *Preference for schedules of reinforcement.*

1969 – Howard Moskowitz: *Scales of intensity for single and compound tastes.*

1970 – Ben Williams: *Some determinants of complex discrimination learning in the pigeon.*

1971- Karl Schick: *Studies on the foundation of Skinner's psychology.*[444]

A emergência do cognitivismo

A partir de meados da década de 1950, a emergência da chamada revolução cognitiva incidiu em mudanças no departamento de psicologia de Harvard. Skinner[445] alega que um dos primeiros sinais dessas transformações foi o indeferimento de um projeto de pesquisa, submetido por ele à Carnegie Corporation, o qual propunha a expansão física de seu laboratório, bem como uma pesquisa sobre linguagem e aquisição de conhecimento. A recusa ao projeto, emitida por John Gardner, presidente

[444] SKINNER, B.F. Lista de orientandos. Setembro de 1978. Arquivo B.F. Skinner da Universidade de Harvard.

[445] SKINNER, *A Matter...*

da agência de financiamento, foi justificada pelo fato de que um estudo com a mesma temática, mas com viés cognitivista, havia acabado de ser aprovado no departamento de psicologia, com uma verba considerável.

Percebendo o avanço do cognitivismo em Harvard, Skinner recorda que compartilhou, em 1958, com outro psicólogo de seu departamento, George Miller, a preocupação com as fragilidades da psicologia naquela instituição. Em um primeiro momento, Skinner supôs que Miller compartilhava a opinião de que aquela era uma tendência prejudicial para os rumos da psicologia. Ao mesmo tempo, Skinner afirma que, em conjunto com Miller, planejaram um debate crítico acerca daquela situação em Harvard. Entretanto, somente após dois anos, Miller propôs alguma discussão concreta sobre o tema. Porém, diferente do que Skinner esperava, Miller defendeu a principal estratégia institucional dos adeptos do cognitivismo em Harvard: a junção entre o departamento de psicologia e o recém-criado departamento de relações sociais. Em tom de insatisfação, Skinner lembra que, além disso, Miller publicou, em conjunto com Eugene Galanter e Priban Karl, *Plans and the Structure of Behavior* (1960), obra que contribui para a ascensão do movimento cognitivista.[446] Do mesmo modo, no início da década de 1960, em parceria com outro expoente do cognitivismo, o psicólogo Jerome Bruner, Miller propôs a fundação, em Harvard, do Centro de Estudos sobre a Cognição, apoiado pela *Carnegie Corporation*. Mais que representar o avanço do cognitivismo em Harvard, esse episódio evidencia a posição institucional desfavorável de Skinner naquele ambiente e expõe, sobretudo, o seu parco conhecimento da trama acadêmica e institucional no departamento de psicologia.

A expansão do cognitivismo no departamento de psicologia e a insatisfação de Skinner com o lugar desprivilegiado ocupado por sua ciência naquela instituição apenas reforçaram a manutenção de uma postura assumida ao longo de toda a sua carreira, e que pode ser vista como parte da explicação para o baixo impacto da sua ciência em Harvard: o alheamento da vida institucional. Sobre isso, seu diário do começo da década de 1960 manifesta a consciência dessa alienação e os motivos para tanto. Nas suas palavras:

[446] MOURA, M. L. S. Dentro e fora da caixa preta: a mente sob um olhar evolucionista. *Psicologia: Teoria e Pesquisa*, v. 21, n. 2, p. 141-147, 2005.

> Enquanto isso, de volta ao rancho. Eu participo de encontros do quadro de professores apaticamente: Eu tenho que assistir à tradição jogando a si mesma fora. Um exame preliminar em Aprendizagem e Motivação é aprovado (com meu consentimento), apesar de não trazer quase nenhum assunto importante atual. Nós concordamos em oferecer um cargo de professor assistente a um jovem psicolinguista (que é "realmente um psicólogo, e não um linguista"), e eu fiquei imaginando silenciosamente como ele e eu discutiríamos o comportamento verbal – sem nenhum efeito um sobre o outro. Uma subvenção para treinar novos pesquisadores está como prospecto, o que permitirá que os psicólogos cognitivistas influenciem as escolhas de pesquisa de uma grande fração dos nossos alunos de graduação. Uma ciência do comportamento avança apesar disso tudo, e eu consigo me afastar da estimativa local, com a intenção de avançar com ela (ou, como eu gosto de pensar, à frente) tão efetivamente quanto possível. A energia que eu economizo, por não brigar com meus colegas, é melhor dispendida em outros lugares, mas a minha pretensão de ser parte do *status quo* precedente é realmente absurda.[447]

Foi, aliás, a partir desse período, que Skinner começou a pensar sobre sua aposentadoria, por meio de recorrentes ponderações sobre o término de sua carreira docente. Ao sintetizar o conteúdo das notas nas quais avaliou aquele momento de sua carreira, ele recordou:

> Eu costumava sentir que eu queria me afastar antes que eu perdesse contato com o melhor trabalho no campo, antes que eu começasse a não entender por que os homens mais novos faziam o que eles faziam, antes que eu falhasse em ver que eles estavam, na verdade, fazendo um trabalho melhor do que o meu. Mas eu estou convencido de que existe outra razão: Eu preciso sair do caminho dos homens mais novos! O comportamento operante seria estudado mais efetivamente durante a próxima década se eu morresse amanhã.[448]

O mesmo tipo de conteúdo é observado em outra nota escrita, em 1963, intitulada "O Fim de uma Era".[449] Em tom de pesar, Skinner se

[447] SKINNER, *A Matter...*, p. 286.

[448] Ibidem, p. 216-217.

[449] Ibidem, p. 249.

diz insatisfeito com o final da sua carreira como professor e descontente com o afastamento de ex-alunos e com a situação de sua ciência no departamento de psicologia de Harvard, que se tornava hegemonicamente cognitivista. Esses fatores foram responsáveis por fazê-lo afirmar que uma aposentadoria seria a melhor opção naquele momento, pois propiciaria a ele maior disponibilidade de tempo e, por sua vez, maior efetividade para continuar suas pesquisas sem se preocupar com o ambiente desfavorável de Harvard. Nas suas palavras: "eu serei mais efetivo se eu nunca ensinar novamente".[450]

O cenário desalentador foi traçado por Skinner, outra vez, ao rememorar que alguns estudantes de Harvard promoveram, em 1969, um seminário informal sobre a análise experimental do comportamento, que contou com a participação de pouquíssimas pessoas. Porém, na sua visão, a situação era muito diferente em outras Universidades, nas quais, naquele mesmo período, quase sempre se encontravam grande número de alunos entusiasmados com sua ciência. Por isso, após o fracasso do seminário, novamente, Skinner avaliou sua condição em Harvard e concluiu que: "isto não esta indo bem. Eles não estão me seguindo".[451]

Ao comparar a aceitação da sua ciência em Harvard e em outras instituições, Skinner desconsidera que a recepção entusiasta de seu projeto científico esteve vinculada diretamente ao empenho de seus ex-alunos e, principalmente, de Keller, em desenvolver estratégias de divulgação e institucionalização da análise do comportamento. Revela esse esforço a instauração a partir das décadas de 1950 e 1960, em diferentes Universidades, de currículos de psicologia fundamentados no modelo instaurado na Universidade de Columbia, e também de outros mecanismos de institucionalização da ciência, como o estabelecimento de disciplinas de graduação, e disciplinas e linhas de pesquisas em nível de pós-graduação.[452]

O pouco empenho institucional de Skinner no sentido de mudar aquela situação é evidenciado novamente quando ele teve outra oportunidade

[450] Ibidem, p. 248.

[451] Ibidem, p. 305.

[452] BAER, D. M. A Brief, Selective History of the Department of Human Development and Family Life at the University of Kansas: the Early Years. *Journal of Applied* Behavior Analysis, n. 26, p. 569-572, 1993; MICHAEL, Brief Overview...; RUBIN, CURVO, op. cit.; RUTHERFORD, *Beyond the Box...*

de contribuir para a redução das dificuldades enfrentadas pelos adeptos da sua ciência, na década de 1960, ao receber a oferta para chefiar um novo departamento de psicologia da Universidade da Califórnia. Se aceitasse o cargo, Skinner teria total liberdade para escolher o corpo docente:

> O departamento poderia ser exclusivamente voltado para pesquisas com análise experimental do comportamento. Embora eu nunca tivesse sido um construtor de impérios, isto foi uma oferta tentadora.[453]

Todavia, assim como nas demais ocasiões em que teve a chance de assumir um posto institucional influente, capaz de produzir impactos na institucionalização de sua ciência, Skinner rejeitou a oferta. De todo modo, o convite o fez ajuizar sobre as vantagens e as desvantagens de manter-se em Harvard naquele momento. Assim avaliou a oferta:

> Caberia perfeitamente nos meus planos intelectuais. Mas: 1) Eu amo Cambridge, apesar do seu clima, que não é de forma nenhuma totalmente intolerável, é um lugar excitante para se morar. 2) Eu gosto de Harvard. 3) Eu sempre detestei a Califórnia. Por outro lado, existem razões para considerar a mudança: 1) Eu estou convencido que Harvard vai afrouxar sob a fraca liderança de Pusey. 2) Eu sinto que eu sou *persona non grata* aqui. Pusey nunca mostrou isso, mas eu acredito que ele ficaria feliz de me ver ir embora, se ele não fosse culpado pela minha partida. 3) Eu sou um membro infeliz da psicologia em Harvard.[454]

A recusa de Skinner em assumir a chefia de um novo departamento de psicologia, apesar dos prováveis benefícios para sua ciência, somente evidencia a manutenção da mencionada renúncia por cargos e posições burocráticas. A despeito das lamentações e do tom pessimista e melancólico de suas declarações acerca de sua situação em Harvard naquele momento, Skinner jamais deixou de experimentar os benefícios de ser associado à instituição; e naquele momento seu prestígio nacional e internacional era maior do que nunca.

[453] SKINNER, *A Matter...*, p. 227, grifo nosso.

[454] Idem.

Ao iniciar, no começo da década de 1960, a negociação para sua aposentadoria com Nathan M. Pusey, então reitor de Harvard, Skinner deixou clara sua intenção em não assumir mais cargos de ensino e burocráticos. Após sua aposentadoria, indica seu desejo de manter-se na instituição com foco exclusivo em seus projetos individuais. Ao descrever como parte de sua vida acadêmica em Harvard implicava em empecilhos para a pesquisa e escrita, diz que o simples fato de imaginar-se livre de qualquer obrigação burocrática o fazia "sentir os efeitos benéficos de estar livre para estudar e escrever".[455] Ao justificar formalmente sua aposentaria, Skinner ainda alega que, embora tivesse tido uma carreira satisfatória como professor, o trabalho de ensino tomava-lhe tempo com projetos que não lhe interessavam mais. "Eu desfrutei do grande tempo dedicado aos cursos de graduação em Harvard, mas paguei um preço alto por isso: eu pensei pouco criativamente durante o período que eu lecionei".[456]

Ainda nesta fase da carreira de Skinner, a sua fragilidade política e institucional é novamente exposta. Nesse caso, vislumbra-se que Skinner tinha preocupações com questões institucionais e com seus efeitos na formação e nos rumos da pesquisa psicológica em Harvard. Contudo, seu envolvimento ocorreu de forma distante, quase sempre por meio de comunicados formais enviados ao chefe de departamento e ao reitor da instituição, com reclamações que muitas vezes se sustentavam exclusivamente em argumentos de autoridade, por parte de Skinner, fazendo referência a sua experiência acadêmica e profissional como suficientes para opinar e solicitar mudanças. É assim que apresenta protestos sobre os critérios para seleção de professores em Harvard, e argumenta que a estrutura do curso de psicologia estabelecia poucas condições para o surgimento de grandes pesquisadores. Ao mesmo tempo, Skinner, em diversas ocasiões, abre mão de convites para participar de comissões, bancas examinadoras de contratação de novos membros para o corpo docente e cargos burocráticos administrativos. Ou seja, recusou convites que, se aceitos, poderiam incidir em mudanças concretas nas condições

[455] SKINNER, B. F. Carta para Nathan M. Pusey. 1º de maio de 1963. Arquivo B. F. Skinner da Universidade de Harvard.

[456] Correspondência: B. F. Skinner, [sem data]. Título: Draft: NIH: proposal.

do ambiente acadêmico de Harvard, as quais ele tanto reclamou ao longo de toda sua estada na instituição.

No começo da década de 1970, momento em que novos professores estavam sendo contratados, Skinner, já livre de suas atribuições como professor, reivindica, mais uma vez, participar das decisões do departamento de psicologia em Harvard.[457] A resposta emitida por Edwin Newman, então chefe daquele departamento, é emblemática do contínuo isolamento de Skinner.

Na resposta a Skinner, Newman acolhe a solicitação do colega e o informa que:

> John Dunlop sugestiona que o comitê gostaria de falar com vários membros do departamento individualmente. Eu sei que você se considera de alguma forma removido de tais questões, mas eu tenho esperança que estando aqui você poderá contribuir para dar a eles suas visões para onde nós deveríamos estar indo.[458]

Entretanto, a despeito de sua reivindicação ser atendida, Skinner não participou do processo seletivo, mantendo-se alheio as inúmeras mudanças que ocorriam na estrutura do departamento de psicologia.

[457] SKINNER, B. F. Carta para Franklin Ford. 23 de maio de 1968. Arquivo B. F. Skinner da Universidade de Harvard; SKINNER, B. F. Carta para John T. Dunlop. 20 de maio de 1970. Arquivo B. F. Skinner da Universidade de Harvard; SKINNER, B. F. Memorando para o Departamento de Psicologia. Inverno de 1955. Arquivo B. F. Skinner da Universidade de Harvard.

[458] NEWMAN, E. B. Carta do Diretor do Departamento de Psicologia para B. F. Skinner. 29 de setembro de 1971. Arquivo B. F. Skinner da Universidade de Harvard.

O ISOLAMENTO COMPARTILHADO NA CIÊNCIA

O isolamento dos primeiros skinnerianos

> *O Skinnerianismo estava simultaneamente se expandindo e se retraindo. De um lado eu estava ganhando reconhecimento público... mas de outro, muitas pessoas estavam encontrando buracos na fábrica do skinnerianismo.*[459]

Em meados da década de 1950, Skinner expressou consciência acerca dos contínuos obstáculos vivenciados pelos praticantes de sua ciência para conseguirem publicar suas pesquisas e ocuparem posições acadêmicas satisfatórias. Reconheceu também não experimentar os mesmos problemas, pois ocupava relevante posto acadêmico em Harvard, era reconhecido mundialmente e não sofria restrições na publicação de suas pesquisas. Acerca da discrepância entre sua situação e a dos demais analistas do comportamento ele assumiu que:

> Existia um lado prático da questão. Meu laboratório estava sendo generosamente bancado, mas outros condicionadores operantes estavam com problemas. A pesquisa operante não era realmente planejada, e nós não podíamos honestamente dizer a uma agência subvencionadora o que nós estaríamos fazendo depois das primeiras poucas semanas do projeto. Nosso 'N' – o número de sujeitos – sempre chocava pela pouca quantidade e grupos de controle estavam frequentemente em falta.[460]

[459] SKINNER, *A matter...*, p. 374.

[460] SKINNER, *A Matter...*, p. 87.

Apesar dessa disparidade, Skinner e os demais analistas do comportamento compartilhavam, ao menos, o sentimento de isolamento em relação ao *mainstream* da psicologia experimental estadunidense. Ao recordar sua participação, no final da década de 1950, em um comitê de avaliação do ensino de psicologia na pós-graduação nos Estados Unidos, Skinner aludiu, mais uma vez, ao sentimento presente em seus relatos autobiográficos desde a década de 1930. Avaliou-se como um sujeito à margem do *mainstream* da psicologia estadunidense:

> Eu estava mais do que nunca consciente da minha posição como um dissidente quando passei um mês em um alojamento em *Estes Park* como um membro do comitê dos Psicólogos que deveria avaliar o ensino de psicologia na graduação. Meus colegas representavam várias áreas e conversar com eles reforçou o meu sentimento de isolamento.[461]

Nessa fase da carreira de Skinner e do desenvolvimento da organização comunitária de sua ciência, outro elemento histórico, recorrente ao longo da cronologia da sua narrativa autobiográfica, reaparece e figura como parte do que determinou seu contínuo sentimento de isolamento: seus relatos de desconhecimento e negligência acerca da produção científica da psicologia. Exemplo disso é notado quando avalia, em 1960, a produção científica veiculada nos encontros da APA: "Eu estou interessado em não mais do que cinco por cento das atividades da Associação, e eu não tenho nenhuma inclinação para me tornar familiar com os outros noventa e cinco por cento".[462]

Na década de 1950 e 1960, Skinner ouviu de outros psicólogos a denúncia de que os adeptos de sua ciência negligenciavam a produção da psicologia experimental. De forma a defendê-los dessa acusação – que seria, antes de tudo, uma recriminação a sua própria postura –, Skinner[463] justificou a atitude afirmando que, apesar dos danos, ela tinha vantagens práticas comprovadas. Amostra disso, para Skinner, era o fato de que as bases do sistema científico desenvolvidas em seu primeiro livro, no final da década de 1930, apenas

461 Ibidem, p. 139.

462 Ibidem, p. 287.

463 SKINNER, *A Matter...*

foram elaboradas porque ele havia negligenciado muitos de seus contemporâneos. Ao mesmo tempo, interpreta que seu menosprezo histórico pela psicologia havia, em alguma medida, se generalizado para os praticantes da sua ciência. Nas suas palavras,

> Embora eu pudesse ter um contato mais efetivo com a psicologia atual se eu fizesse uso da literatura e falasse sobre ela, eu não acredito que estaria perdendo nada significativo. No momento eu estou negligenciando importantes autores no campo da aprendizagem e eu sinto alguma culpa, mas o que o *Comportamento dos Organismos* pareceria hoje em dia se eu não tivesse negligenciado meus contemporâneos naquela época? Ele estaria cheio de labirintos temporais, um "balanço centrífugo", "insight", plataformas de salto de Lashley, aprendizagem latente, e Deus sabe o quê. O que eu negligenciei naquela época, a ciência do comportamento está esquecendo agora.[464]

A despeito dos benefícios da negligência pelo conhecimento psicológico, e de assumir que sua posição perante a psicologia refletia no comportamento dos praticantes da sua ciência, Skinner reconsiderou o valor dessa atitude ao participar de encontro da APA, em 1966. O que se sobressai nessa reavaliação é a tomada de consciência de que seu desprezo pela psicologia não se justificava apenas pela descrença no valor científico da área, mas também devido à ausência de reconhecimento de sua própria ciência. Como ele assumiu: "Quando eu era jovem, era um tipo de ressentimento de que pouca atenção estava sendo prestada às coisas que eu sentia que eram importantes. Mais tarde, eu suponho, era um ressentimento que tão pouca atenção era prestada a mim".[465]

Em meados da década de 1960, Skinner chegou a admitir que, talvez, pudesse aprender algo com "*non operant people*".[466] Contudo, essa abertura mostrou-se ser mais resultado de determinações institucionais, como sua breve posição como presidente de uma sociedade científica, bem como motivada por razões práticas, como fazer sua posição ser percebida. Algo refletido nos seguintes termos:

[464] Ibidem, p. 256.

[465] Ibidem, p. 288.

[466] Idem.

> Muitas vezes este ano fui forçado a ouvir palestras e trabalhos que eu teria de outra forma evitado. Como presidente da Sociedade Pavloviana eu suportei dois dias de trabalhos nos quais eu não tinha nenhum interesse real. Não foi tempo perdido. Eu descobri interesses, formulações e teorias que eu teria negligenciado se não fosse por isso (e nem sempre isso teria sido uma vantagem para mim). Eu prometi a mim mesmo, como parte do meu Projeto de Premiação de Carreira, manter um contato mais íntimo com a psicologia atual por razões práticas (para fazer a minha posição ser sentida), assim como por razões teóricas (para ter certeza de que eu não estava perdendo nada por causa da minha posição provinciana).[467]

Os relatos de desconhecimento e negligência quanto à produção científica em psicologia, emitidos por Skinner, denotam não menos que o isolamento entre sua ciência e as demais abordagens psicológicas estabeleceu-se de forma unilateral, primeiro ao longo de sua trajetória, e de forma compartilhada, pela primeira e segunda geração de analistas do comportamento. Contudo, as declarações de desconhecimento e negligência emitidas por Skinner precisam, assim como já no início da sua carreira, ser atenuadas, uma vez que, também nesse período, o desconhecimento e a negligência eram menores do que o alegado por ele. Vide o fato de que sua autobiografia e suas publicações científicas mantêm-se repletas de exemplos de que, nas décadas de 1940, 1950 e 1960, o seu conhecimento e seu interesse pela produção científica da psicologia eram maiores do que ele assumiu. Exemplo do conhecimento e do interesse de Skinner por outras perspectivas psicológicas são suas inúmeras referências à psicanálise entre as décadas de 1950 e 1960, quando traçou diferentes paralelos entre sua perspectiva científica e o pensamento freudiano.[468]

Skinner sempre manteve a postura de evitar o vínculo de seu pensamento com outros nomes da psicologia estadunidense, assim como evitou também reconhecer publicamente o valor do trabalho de outros psicólogos. Ao rejeitar o convite para integrar a comissão da famosa série *History of Psychology in Autobiography*, em 1967, auxiliando na definição

[467] Idem.

[468] OVERSKEID, G. Looking for Skinner and Finding Freud. *American Psychologist*, v. 62, n. 6, p. 590-595, 2007.

dos especialistas a serem incluídos naquela publicação, na qual o próprio Skinner havia acabado de publicar um capítulo, ele recusa o convite com a alegação de que sua ajuda não seria útil, pois desconhecia os nomes que poderiam compor a lista de indicados para aquele livro que objetivava homenagear e garantir visibilidade pública e acadêmica de importantes nomes da psicologia. Skinner, assim, respondeu ao editor da série:

> Eu duvido se eu sou a pessoa certa. Eu sei muito pouco sobre a atividade de outros psicólogos. A todo momento alguém menciona uma figura importante no campo de quem eu nunca ouvi falar. Não me vejo auxiliando no trabalho de escolha dos nomes e dando quase nenhuma ajuda por conta própria. Eu realmente acho que você pode encontrar alguém mais adequado.[469]

Essa postura remonta aos primórdios da recepção do seu sistema científico, no final da década de 1930 e início da década de 1940, quando, em disputa com psicólogos, Skinner assumiu uma posição autocentrada, posto que o reconhecimento de outros nomes da psicologia, diminuíram, na sua visão, as chances do reconhecimento de sua ciência. Igualmente, é notável que, ao final da década de 1950, mais precisamente em 1958, quando da morte de John B. Watson, Skinner tenha recusado o pedido formal do editor do renomado periódico *Science* para escrever um obituário sobre a vida e a relevância daquele que era uma das maiores figuras históricas do behaviorismo, com a simples e breve justificativa que não tinha tempo para tanto.[470]

Afora seu papel especial nos contatos informais para a recomendação de muitos dos primeiros analistas do comportamento para ocupação de cargos em diferentes instituições, em apenas um episódio Skinner envolveu-se abertamente na promoção da figura e do trabalho acadêmico de outro psicólogo – nesse caso, o primeiro adepto do seu sistema científico. Isso ocorreu em 1974, quando a APA solicitou-lhe a indicação

[469] LINDZEY, G. Carta para B. F. Skinner. 10 de julho de 1967. Arquivo B. F. Skinner da Universidade de Harvard; SKINNER, B. F. Carta para Gardner Lindzey. 12 de julho de 1967. Arquivo B. F. Skinner da Universidade de Harvard.

[470] DUHANE, G. Carta para B. F. Skinner. 3 de outubro de 1958. Arquivo B. F. Skinner da Universidade de Harvard; SKINNER, B. F. Carta para Graham Duhane. 17 de outubro de 1958. Arquivo B. F. Skinner da Universidade de Harvard.

de um nome para concorrer ao *The Distinguished Scientific Contribution Award* e ao *Distinguished Contribution for Application in Psychology*. Skinner indicou Keller com uma longa carta no qual destaca que, no campo da pesquisa básica e da formação, "Ele sempre trabalhou em estreita colaboração com os seus estudantes, e aqueles que fizeram doutorado sob sua tutela têm realizado coisas invejáveis no campo operante e em outros lugares".[471] Ainda salienta que, no campo do ensino, Keller já havia sido premiado com o *Distinguished Teaching Award*, e que havia contribuído para o desenvolvimento de tecnologias educacionais como o *Personalized System of Instruction* (PSI), nos Estados Unidos e em outros países, como o Brasil, e instaurado um novo modelo de ensino de psicologia em Columbia, que se tornou referência para outras inúmeras Universidades. Skinner salienta o papel fundamental de Keller na disseminação internacional da análise do comportamento e da modificação do comportamento na América Latina e na América Central. Por fim, Skinner sumariza as qualidades de Keller, tentando desfazer a ideia de que ele seria um mero discípulo.

> Fred S. Keller tem tido uma enorme influência na psicologia americana, tudo isso mostrando preocupação científica para a observação cuidadosa e análise ponderada. Se posso acrescentar uma observação pessoal – porque a direção da influência é muitas vezes mal compreendida – desde nossos dias juntos como estudantes de pós-graduação, Keller tem sido uma luz guia, muitas vezes à frente de mim no sentido de valorizar a relevância de novos fatos. Ele também tem sido uma influência moderada e útil no meio das controvérsias. Ele é, na minha opinião, realmente um grande psicólogo.[472]

Ainda que Skinner tenha destacado o valor do trabalho de Keller, quando comparado com outros ganhadores daquele prêmio, como o próprio Skinner, e nomes como Jean Piaget, Leon Festinger, Wolfgang Koehler, Jerome Bruner e Gordon Allport, Keller dificilmente poderia ser

[471] SKINNER, B. F. Carta para o Comitê de Premiação Científica da APA. s/d. Arquivo B. F. Skinner da Universidade de Harvard.

[472] Idem; HURVICH, D. J. Carta para B. F. Skinner. 11 de outubro de 1974. Arquivo B. F. Skinner da Universidade de Harvard.

classificado com o mesmo peso intelectual daqueles sujeitos que fizeram contribuições teóricas mais notáveis para a psicologia. O próprio Keller assume, ao agradecer o empenho de Skinner, na indicação ao prêmio, que concorrer àquela honraria era um esforço fracassado. Em carta de agradecimento ao amigo, ele diz:

> Tenho medo que você tenha perdido a batalha tentando promover um prêmio para mim, e quando digo que você provavelmente deveria desistir desse projeto, é para que você poupe um pouco do seu trabalho. Eu aprecio sua intenção, no entanto, não há nada que torne meu curriculum vitae interessante. Isso é o que *Machado de Assis* chamaria de um "pequeno vencedor", e eu acho isso bom, mas realmente não vai ganhar nenhuma faixa.[473]

Keller ainda completa dizendo que o esforço de Skinner era em vão e que sentia muito pela situação, e que aquilo não era excesso de modéstia de sua parte, era "apenas assim que as coisas são!"[474]

Mesmo assumindo ter evitado, a partir de então, uma postura "provinciana" com respeito à produção científica de outras abordagens psicológicas, não é possível avaliar os efeitos da decisão de Skinner sobre os rumos de sua ciência. A única coisa que se pode de fato afirmar sobre essa fase da sua carreira é a ampliação da disparidade entre o reconhecimento de sua figura científica – que ultrapassou o contexto acadêmico e se tornou público – e a situação desfavorável vivenciada pelos primeiros analistas do comportamento.[475] Essa conjuntura é notada ao se perceber que jovens praticantes da ciência skinneriana, além de sofrerem contínuas rejeições de suas pesquisas, estavam distantes de ocupar postos significativos em departamentos de psicologia nos Estados Unidos.

[473] KELLER, F. S. Carta para B. F. Skinner. 2 de novembro de 1974. Arquivo B. F. Skinner da Universidade de Harvard.

[474] KELLER, F. S. Carta para B. F. Skinner. 2 de novembro de 1974. Arquivo B. F. Skinner da Universidade de Harvard.

[475] A partir de meados da década de 1950, a figura de Skinner foi crescentemente inserida na arena pública em função de suas invenções, como a máquina de ensino e o *baby tender*, e das repercussões de suas formulações no campo da política, como a utopia apresentada na *Walden Two* (1948) – que teve o ápice de venda no começo dos anos 1960 – e no livro mais controverso de Skinner e principal responsável por torná-lo, definitivamente, uma figura pública nos Estados Unidos e no restante do mundo: *Beyond Freedom Dignity* (1971).

Vale dizer que Skinner[476] assumiu responsabilidade parcial pela situação precária de muitos praticantes de sua ciência em razão de sua recusa, em diferentes momentos, de assumir cargos políticos e institucionais estratégicos na organização social da psicologia estadunidense, os quais teriam influência nos rumos da análise do comportamento e, por conseguinte, de seus adeptos. Exemplo desse tipo de oportunidade perdida por Skinner foi sua rejeição à indicação para a presidência da APA em 1954. A nomeação para concorrer àquele posto resulta de uma consulta inicial aos associados à APA, os quais tinham o direito de nomear qualquer especialista membro da instituição como possível candidato à eleição oficial. Após essa consulta, a comissão de eleição da APA contacta os nomes mais votados e solicita-lhes permissão para que aparecessem na lista final de candidatos ao cargo de presidente da associação. No episódio mencionado, Skinner descreve em sua autobiografia que permitiu que seu nome figurasse entre os candidatos com a ressalva, contudo, de que não era seu desejo ser eleito e que não tinha perfil para assumir aquele cargo. Nesse sentido, informa ao secretário da instituição, Eddie Newman:

> Eu estou disposto a permitir meu nome no balão para presidente da APA, mas eu tenho a impressão que a estrutura existente da associação fez isso por mera formalidade. Eu estarei afastado no próximo ano e de qualquer modo eu não sinto que sou o tipo de pessoa que deveria servir em tal conselho.[477]

Ainda sobre a eleição da APA de 1954, antes de decidir-se sobre se iria ou não participar do processo de eleitoral daquela associação, Skinner averiguou com Newman se o cargo de presidente era assim tão oneroso como parecia, e a resposta foi afirmativa. A Skinner é informado de que todos os eleitos até então haviam assumido o cargo, e foi então que ele decidiu retirar sua candidatura. Naquela ocasião, ainda assim, houve insistência, por parte da comissão organizadora da eleição, para que ele mantivesse seu nome como um dos candidatos, posto que, assim, a organização conseguiria que todos os prováveis eleitos fossem experimentalistas.

[476] SKINNER, *A Matter...*

[477] Ibidem, p. 125.

Com confessado temor de ser eleito, Skinner permitiu a manutenção do seu nome entre os elegíveis para a presidência da APA, o que para seu alívio não aconteceu. O vencedor da eleição foi Harry Harlow, um dos principais críticos da ciência skinneriana e figura central no esforço de impedir que pesquisas baseadas no delineamento experimental de sujeito único fossem aceitas nas principais publicações da APA.

A aversão de Skinner em concorrer àquele cargo de prestígio e influência político-institucional na psicologia estadunidense torna-se mais acentuada quando se constata que em sua autobiografia ele menciona apenas a nomeação de 1954, enquanto sua correspondência revela que ele rejeitou mais nove nomeações para concorrer à presidência da APA, ao longo das décadas de 1960 e 1970. O teor da correspondência mostra que cada vez mais associados da APA indicavam Skinner para concorrer àquele cargo, o que, por decorrência, aumentava as chances ser eleito caso permitisse que seu nome figurasse entre os candidatos oficiais. Em 1959, por exemplo, Roger Russell, do comitê eleitoral da APA, informa a Skinner que, novamente, membros da associação o haviam nomeado para concorrer ao cargo de presidente e solicitaram, insistentemente, permissão para colocar o nome de Skinner na lista de candidatos. Na mesma correspondência, Roger Russell diz saber da sua prévia reserva quanto àquela permissão:

> Eu entendo seu ponto de vista, e igualmente das suas reservas, e por causa disso, gostaria que você considerasse seriamente o pedido. O largo número de membros que nomearam você para o mais distinto trabalho na associação ficará grandemente desapontado se você não aceitar o pedido deles.[478]

Em 1967, em outra ocasião na qual não aceitou concorrer ao cargo, Skinner responde o convite feito por Arthur Brayfield, então presidente da comissão eleitoral da APA, dizendo:

> Sempre foi um prazer saber que meus colegas têm colocado meu nome na nomeação para presidente eleito, mas eu nunca estive mais feliz com minha decisão de não concorrer. A

[478] RUSSEL, R. W. Carta para B. F. Skinner. 9 de abril de 1959. Arquivo B. F. Skinner da Universidade de Harvard.

> posição é indubitavelmente uma honra, mas este é um tipo de trabalho que eu não sou *expert*. Eu ainda prefiro escrever do que ser presidente.[479]

Em 1968, Brayfield, novamente contacta Skinner, com esperança que ele reconsiderasse sua posição e aceitasse, desta vez, a nomeação. Novamente, mas agora em tom mais enfático, Skinner rejeita a candidatura.

> Eu sinto que eu estou tomando a decisão correta em recusar concorrer à presidência da APA. Eu nunca senti que eu estou contribuindo em nada para conselhos e comitês. Eu tenho coisas muito interessantes para serem realizadas pelos próximos dois ou três anos, e depois disto – apesar de ser presidente da APA ser uma grande honra, isto é também um inferno de muito trabalho, e um tipo de trabalho do qual eu não sou bom.[480]

Em 1969, Kenneth Little, secretário executivo da APA, informa a Skinner que compreende sua recusa em não concorrer àquele cargo, mas que sentia que ele continuaria "a ser nomeado ano após ano como no passado".[481] Buscando encerrar os contínuos convites para sua participação como candidato à presidência da APA, Skinner foi taxativo com respeito a sua posição:

> Caro Ken
>
> Eu tenho recentemente simplificado minha vida ao máximo declinando todos os convites para palestras e o resultado disso tem sido reforçador com respeito a minha taxa de trabalho produtivo, por isso eu decidi que em nenhum momento eu permitiria meu nome para presidente da Associação Americana de Psicologia. Eu estou mais do que convencido de que este é o curso certo porque

[479] BRAYFIELD, A. H. Carta para B. F. Skinner. 17 de abril de 1967. Arquivo B. F. Skinner da Universidade de Harvard; SKINNER, B. F. Carta para Arthur H. Brayfield. 24 de abril de 1967. Arquivo B. F. Skinner da Universidade de Harvard.

[480] BRAYFIELD, A. H. Carta para B. F. Skinner. 12 de abril de 1968. Arquivo B. F. Skinner da Universidade de Harvard; SKINNER, B. F. Carta para Arthur H. Brayfield. 18 de abril de 1968. Arquivo B. F. Skinner da Universidade de Harvard.

[481] LITTLE, K. B. Carta para B. F. Skinner. 23 de junho de 1969. Arquivo B. F. Skinner da Universidade de Harvard; LITTLE, K. B. Carta para B. F. Skinner. 13 de abril de 1973. Arquivo B. F. Skinner da Universidade de Harvard.

> eu tenho começado a ter alguns problemas com meus olhos e eu não estou certo de quantos anos mais eu os terei de uso. Eu planejo devotar meus anos produtivos de vida que restam para meu trabalho em progresso.
>
> Isto é uma decisão definitiva e não há nenhuma razão para me enviarem mais comunicações anuais sobre o tema. Eu sempre serei grato de saber de você sobre outras questões e desejo que possamos nos ver mais frequentemente.[482]

Apesar do pedido de Skinner para o cessamento de comunicações sobre aquele tema, continuaram os apelos para que reconsiderasse sua posição[483] até que, em 1977, ao recusar também ser membro honorário da divisão 26 da APA, divisão de história da psicologia daquela associação, Ludy Benjamin critica a decisão de Skinner. Para ela, aquela atitude de Skinner tinha algo de antidemocrático, pois representava uma forma de evitar a colaboração com a comunidade psicológica. Nesse sentido, termina sua correspondência a Skinner dizendo de forma um tanto ríspida que "se sua cultura ainda não o convenceu da necessidade de se juntar, então pior para sua cultura".[484]

O surgimento do JEAB e a busca por autonomia

A emergência de meios de divulgação e ensino da análise do comportamento, como a primeira conferência da área e os boletins informativos, não resultou da ampla aceitação do modelo científico skinneriano, mas das dificuldades enfrentadas pelos primeiros analistas do comportamento para conseguirem espaço satisfatório de divulgação de suas pesquisas nos principais veículos de comunicação científica da

[482] SKINNER, B. F. Carta para Kenneth B. Little. 18 de abril de 1973. Arquivo B. F. Skinner da Universidade de Harvard.

[483] HARRISON, R. C. Carta para B. F. Skinner. 25 de fevereiro de 1974. Arquivo B. F. Skinner da Universidade de Harvard; SKINNER, B. F. Carta para Robert C. Harrison. 27 de fevereiro de 1974. Arquivo B. F. Skinner da Universidade de Harvard; BONEAU, C. A. Carta para B. F. Skinner. 11 de abril de 1975. Arquivo B. F. Skinner da Universidade de Harvard.

[484] BENJAMIN JR., L. T. Carta para B. F. Skinner. 26 de julho de 1977. Arquivo B. F. Skinner da Universidade de Harvard.

psicologia experimental estadunidense. A história da fundação do primeiro periódico da área – o JEAB – não foi diferente, pois, durante toda a década de 1950, os adeptos da ciência skinneriana continuaram a sofrer rejeições de suas pesquisas. Nesse cenário, mesmo pesquisadores vinculados diretamente a Skinner não escaparam dos efeitos das sanções ao uso do delineamento experimental de sujeito único. Charles B. Ferster, por exemplo, o principal colaborador de Skinner na extensa série de pesquisas que gerou o livro *Schedules of Reinforcement* (1957), teve artigos recusados com pesadas críticas, por utilizar aquele método de pesquisa.[485]

Decorrência dessa contínua rejeição foi a manutenção, na década de 1950, de espaços informais para a comunicação entre os primeiros analistas do comportamento. Para amenizar as dificuldades de divulgação científica de suas pesquisas, era prática comum a realização de sessões informais nos quartos dos hotéis onde aconteciam os encontros da *Eastern Psychological Society* (EPA), da APA, e de outras associações científicas, a fim de divulgar os resultados de pesquisas não publicados.[486] Essas sessões serviram, ao mesmo tempo, para o compartilhamento das experiências negativas acerca das constantes rejeições e, por conseguinte, para o fortalecimento do sentimento intragrupo de hostilidade externa; e da necessidade urgente de alterarem aquela situação de precariedade. Sobre isso, Herrnstein descreve episódio ocorrido no começo dos anos 1950, simbólico dos efeitos das constantes rejeições às pesquisas realizadas pelos primeiros analistas experimentais do comportamento[487] e do papel dessas rejeições na criação do primeiro periódico da área. Sobre o acontecimento, ele narrou:

> Em algum ponto, me lembro de Fester entrando tempestivamente no escritório que eu partilhava com Morse, Blough, Anliker e Azrin, acenando uma carta de rejeição do *Journal of Comparative and Physiological Psychology*, provavelmente do editor. Eles queriam testes estatísticos. Esta indignação, primeiro, pela exigência por estatísticas inferenciais inúteis e, segundo, pela mão pesada do

[485] DEWS, op. cit.; LATIES, The Journal...; SCHOENFELD, Reminiscences...

[486] SCHOENFELD, Reminiscences...

[487] Expressão utilizada a partir da década de 1960 para identificar os pesquisadores que tinha como foco de estudo pesquisas experimentais a partir da ciência skinneriana.

> editor de um periódico, foi do meu ponto de vista, a semente que levou à criação do JEAB.[488]

Em todos os relatos comemorativos da criação do JEAB, sua origem é descrita como resultado direto da rejeição generalizada ao método de delineamento experimental de sujeito único. Por essa razão, como sugere Laties,[489] a indignação foi o principal motivo para começar um novo periódico. Fester, como já mencionado, foi exemplar da discrepância entre o reconhecimento de Skinner e o desprestígio dos praticantes de sua ciência no início da década de 1950, pois teve pesquisas rejeitadas com duras críticas, mesmo trabalhando em colaboração com Skinner e coordenando em conjunto com esse o Laboratório de Pombos em Harvard. Dews, ao comentar o papel especial de Ferster na fundação do JEAB, lembra de outro episódio, no qual

> ele injustificadamente recebeu tratamento insensível do *Journal of Comparative and Physiological Psychology*. Eu não penso que ele tinha tido realmente muitos artigos rejeitados, mas um artigo voltou de lá marcado com um comentário notavelmente brutal por um revisor: "peixe pequeno, jogue-o de volta".[490]

Talvez isso explique a razão pela qual Fester foi apontado pela maioria dos demais envolvidos na criação do JEAB como um dos mais indignados de todos os analistas do comportamento. Quiçá também por esse motivo Fester foi o responsável por levar adiante os antigos planos de fundação de um periódico da área, unindo os demais pesquisadores em torno da causa comum, concretizada em uma reunião no encontro da EPA de 1957, quando todos analistas do comportamento presentes concordaram que o cenário desfavorável às suas pesquisas havia chegado a um limite insuportável.[491] Emblematicamente, o clima de informalidade no momento da fundação do JEAB foi assim descrito:

[488] HERRNSTEIN, R. J. Reminiscences already? *Journal of the Experimental Analysis of Behavior*, v. 48, p. 448-453, 1987.

[489] LATIES, The Journal..., p. 96.

[490] DEWS, op. cit., p. 459.

[491] Idem; HERRNSTEIN, op. cit.; LATIES, The Journal...; LINDSLEY, op. cit.; SCHOENFELD, Reminiscences; SKINNER, B. F. Antecedents. *Journal of the Experimental Analysis of Behavior*, v. 48, n. 4, p. 447-493, 1987.

> A decisão de fundar o novo periódico foi tomada em 12 de abril de 1957, durante um encontro da EPA, em um quarto do Hotel Statler, na cidade de Nova York. Pelo fato da pesquisa operante ser muito mais uma atividade de Harvard e Columbia, não era surpresa que aqueles que se encontraram para discutir a fundação de um periódico eram quase exclusivamente associados, de alguma forma, com aquelas escolas. Fester tirou fotografias do encontro: elas mostram, de uma forma boa, a informalidade do cenário.[492]

A despeito da opinião unânime nos relatos comemorativos de trinta anos de fundação do JEAB, de que a criação de um periódico era uma tarefa inadiável, Krantz, no primeiro estudo sobre a organização social da ciência skinneriana,[493] sugere que, na década de 1960, alguns analistas do comportamento discordaram quanto à urgência do estabelecimento de uma publicação especializada, pois o volume de literatura derivado de pesquisas que tinham como fundamento a ciência skinneriana era reduzido. Krantz afirma que a população de analistas do comportamento ativa em 1957, ano de fundação do JEAB, era de, no máximo, duas dúzias. Por essa razão, "apesar de haver a promessa de um número suficiente de manuscritos para o trabalho de um ano inteiro, o primeiro volume atrasou por falta de material suficiente".[494] O periódico parecia precoce e desnecessário, uma vez que duas revistas (*Psychological Reports* e *Perceptual and Motor Skills*) voluntariamente disponibilizaram-se a publicar pesquisas da área, usando critérios editorias apropriados, no mesmo momento em que se pensava na fundação do JEAB. Mas o fato é que a criação do JEAB foi justificada porque as mais renomadas revistas de psicologia continuaram a rejeitar pesquisas que recorriam ao delineamento experimental de sujeito único. Além disso, a criação do JEAB foi validada por sua rápida expansão; ao término de seu primeiro ano, 1958, o periódico contava com 385 assinaturas, 148 delas de instituições. Os números cresceram substancialmente em 1962, atingindo mais de 1000

[492] LATIES, Society for..., p. 496.

[493] KRANTZ, D. L. Schools and Systems: The Mutual Isolation of Operant and Non-Operant Psychology as a Case Study. *Journal of the History of the Behavioral Sciences*, n. 8, p. 86-102, 1972.

[494] Ibidem, p. 92.

assinaturas; em 1966, mais de 2000; em 1968, mais de 3000; e o ápice, em 1973, com 4092 assinaturas. [495]

Punindo quem os punia e punindo a si mesmos

A decisão de fundar o primeiro periódico da análise do comportamento ocorreu devido à rejeição de pesquisas que recorriam ao delineamento experimental de sujeito único. Os efeitos da rejeição foram além da criação de um espaço formal de divulgação da área, e incidiram na relação dos analistas do comportamento com a comunidade externa, repercutindo também nas relações instituídas entre os próprios praticantes da ciência skinneriana, com implicações manifestas na imagem daquela comunidade científica, em formação, como grupo científico ortodoxo, no interior da comunidade da psicologia experimental estadunidense.

A primeira implicação interna da rejeição foi observada quando os envolvidos na definição da política editorial do JEAB discordaram a respeito das diretrizes do periódico. Esse desacordo foi expresso por dois grupos divergentes. O primeiro recomendava que o JEAB fosse uma publicação de análise experimental do comportamento, acolhendo, contudo, pesquisas de outras perspectivas teórico-metodológicas. Para este grupo, aceitar artigos que empregassem outros métodos e teorias era uma forma de disseminar a análise do comportamento e de inseri-la em debates da psicologia estadunidense, dos quais ela não participava efetivamente. Já o segundo grupo era defensor veemente da aceitação exclusiva de pesquisas que utilizassem o método de delineamento experimental de sujeito único e estudassem tópicos definidos pela análise experimental do comportamento.[496] Entretanto, para a decepção dos defensores da primeira proposta, a decisão do segundo grupo prevaleceu e orientou as diretrizes da política editorial do JEAB, a qual rejeitou qualquer artigo que não se enquadrasse no método de pesquisa da área, ou seja, o delineamento experimental de sujeito único.

[495] Para o detalhamento de informações sobre a história do JEAB, ver os números comemorativos de 30 e 50 anos da publicação, em JEAB, 1987, volume 48, número 3, e JEAB, 2008, volume 89, número 1.

[496] LINDSLEY, op. cit.; SCHOENFELD, Reminiscences...

Para os membros do primeiro grupo, a decisão, vista como insensata, significou a utilização do mesmo procedimento que a comunidade externa empregava contra eles: a punição. Lindsley,[497] membro do primeiro grupo e membro do corpo editorial do JEAB, recordou pesarosamente a oportunidade perdida de fundar um espaço de divulgação da análise do comportamento para outras áreas da psicologia. Além disso, lamentou a possibilidade desperdiçada de estabelecimento de uma revista inovadora, com uma linha editorial totalmente diferente das demais publicações da APA. A consternação de Lindsley foi expressa três décadas depois, em longa declaração que se inicia com a afirmação de que "Os conservadores sempre vencem".[498] Lindsley alega que, a despeito das memórias agradáveis do momento de fundação do JEAB, a memória que prevaleceu é

> bem pesada e, para mim, um pouco triste. A princípio, porque os resultados da nossa pesquisa com sujeito único (...) eram frequentemente rejeitados pelos periódicos tradicionais. Eu vi o nosso novo periódico como uma oportunidade, não só para criar uma via para a publicação de pesquisa, mas também para inovar na política editorial. Nós poderíamos usar os princípios do reforço para edição pela primeira vez. Nós poderíamos deixar autores enviar artigos para qualquer editor que eles desejassem. O editor poderia aceitar ou rejeitar o artigo, com uma nota dizendo o porquê. Se aprovado, a nota de aceitação do editor que o autorizou seria publicada na sequência do artigo. Se rejeitado, o autor tinha a opção de enviar este artigo a outro membro do quadro editorial. Se o segundo editor aceitasse o artigo, ele seria publicado juntamente com a nota de aceitação e com a nota de rejeição anterior. Se a pesquisa publicada fosse eficaz e seu resultado fosse corroborado por outros, então o comportamento dos editores que haviam aceitado seria reforçado positivamente juntamente com aquele dos autores. Se fosse provado que a pesquisa era defeituosa, então o editor que a havia aceitado dividiria este descrédito com o autor. Se um editor não aceitasse nenhum artigo por um período de tempo (três anos, por exemplo), ele seria retirado do quadro. Isso significaria que nenhum autor queria que ele editasse seus artigos, e, portanto, ele não deveria trabalhar no periódico. As consequências naturais

[497] LINDSLEY, op. cit.

[498] Ibidem, p. 470.

deste funcionamento moldariam um periódico verdadeiramente poderoso. Ferster, Keller, Lindsley e Skinner estavam entre os liberais que argumentavam a favor de uma nova e criativa política editorial. Azrin, Brady, Herrnstein, e Sidman estavam entre os que argumentavam a favor de uma política editorial austera, seguindo a linha dos periódicos tradicionais da APA.[499]

A manifestação de Lindsley não é a única amostra da divergência interna quanto à definição da política editorial do JEAB. Outros membros ativos da primeira geração de analistas do comportamento, tal como Schoenfeld, expuseram sua insatisfação com os rumos que a publicação tomava em seus primórdios, denunciando que o JEAB reproduzia a mesma censura sofrida pelos seus fundadores. Para Schoenfeld, essa postura coercitiva impedia contribuições de autores que não compartilhavam da linguagem skinneriana. E isso significava que

> Infelizmente, alguns de nossos editores logo adotaram a mesma rigidez e atitudes de censura que eles tinham criticado em outros periódicos, por exemplo, com respeito a um vocabulário específico que eles insistiam que um autor empregasse. Esta exclusividade e interferência inoportuna rapidamente distanciaram potenciais contribuintes, alguns dos quais eu tinha classificado como pesquisadores realmente talentosos (...) para mim isto significou que se deve também considerar, quando um periódico é fundado, a modelagem do comportamento do editor.[500]

Além de expor como uma parte do corpo editorial do JEAB reproduzia práticas punitivas que eles mesmos haviam sofrido, com tanta intensidade, Lindsley destacou que, no início da década de 1960, o conselho editorial estendeu as mesmas práticas a membros da comunidade de analistas do comportamento que principiaram a realizar pesquisas aplicadas. A rejeição interna foi justificada pela incapacidade de analistas aplicados do comportamento[501] obterem um controle experimental preciso

[499] Ibidem, p. 469-470.

[500] SCHOENFELD, Reminiscences..., p. 466.

[501] Expressão utilizada para identificar os primeiros praticantes da ciência skinneriana voltados para pesquisas aplicadas e intervenções comportamentais em diversos contextos sociais.

das variáveis envolvidas em suas pesquisas. A respeito disso, Lindsley apresentou um exemplo pessoal:

> Após dois anos trabalhando como gerente de negócios do JEAB, em seus dois primeiros anos de existência, eu submeti um artigo que analisava o comportamento psicótico. Este artigo foi rejeitado com pesadas críticas e solicitação de revisão. Irritado por ter sido rejeitado na revista que eu havia ajudado a fundar, eu submeti o artigo à revista *Doenças do sistema nervoso*, e ele foi aceito sem nenhum pedido de alteração. O estudo relatado nesse artigo venceu o prêmio anual da associação norte-americana de psiquiatria em 1962. Obviamente, os conservadores haviam vencido.[502]

Não surpreende que uma das justificativas para o lançamento, em 1968, do segundo periódico da área, o *Journal of Applied Behavior Analysis* (JABA), foi a rejeição, pelo JEAB, de relatos de pesquisas de analistas aplicados do comportamento.[503] Disso decorre que a fundação do JABA não foi – como seria presumido – uma extensão direta da produção científica veiculada no JEAB. Portanto, embora utilizasse resultados de pesquisas publicadas nesse periódico, o JABA não representou precisamente uma transição interna da pesquisa básica à aplicação na análise do comportamento, como se supõe em uma ciência definida pela relação entre três eixos de investigação complementares: um experimental, um aplicado e um conceitual.

Cumpre dizer que aqueles que se tornaram os primeiros analistas aplicados do comportamento, embora também tenham sofrido dificuldades de publicar pesquisas utilizando estudos de casos com sujeito único e pequenos grupos de estudos semiclínicos, não sofreram, de forma tão radical, sanções externas de periódicos de outras áreas, tal como experimentaram os primeiros analistas experimentais do comportamento.[504] Isso porque muitos dos primeiros analistas aplicados do comportamento, nos Estados Unidos, eram oriundos de diferentes tradições de pesquisa psicológica aplicada, e

[502] LINDSLEY, op. cit., p. 469.

[503] WOLF, M. M. Remembrances of issues past: Celebrating JABA's 25th anniversary. *Journal of Applied Behavior Analysis*, v. 26, p. 543-544, 1993.

[504] SKINNER, B. F. Carta para Ogden Lindsley. 5 de agosto de 1963. Arquivo B. F. Skinner da Universidade de Harvard.

tinham parcos vínculos com a tradição experimental vinculada ao JEAB. Na verdade, muitos de seus temas de pesquisas eram compartilhados por psicólogos clínicos, em um contexto no qual o delineamento com sujeitos únicos era mais facilmente aceito como método de pesquisa e intervenção. Ao mencionar dois importantes nomes da primeira geração de analistas aplicados do comportamento, Krantz[505] expõe que

> nem Bijou nem Baer foram originalmente treinados dentro de uma orientação operante, mas vieram a desenvolver o uso de técnicas e abordagens operantes em um cenário aplicado quando eram colegas na Universidade de Washington.

Para Krantz, a rejeição de trabalhos de pesquisas aplicadas em análise do comportamento no JEAB não seria prova irrefutável da existência de hostilidade intragrupo, pois os editores do JEAB esclareceram que os artigos submetidos ao periódico apresentavam critérios de controle que pesquisas aplicadas não conseguiam alcançar. Sendo, portanto, supostamente, apenas uma questão de critério metodológico. No entanto, na própria investigação de Krantz, analistas aplicados do comportamento questionaram a limitação do conceito de "controle", definido pelo JEAB, por ser rígido demais, tendo em vista as diferenças nas condições de controle de variáveis no contexto de aplicação. O cenário de fundação do JABA propiciou o distanciamento entre analistas aplicados e analistas experimentais do comportamento. O fenômeno é notado na percepção dos primeiros editores do JEAB, os quais alegaram não possuir conhecimento suficiente para avaliar pesquisas aplicadas no JABA. Outra prova desse distanciamento é a afirmação de autores e editores do JEAB sobre seu desconhecimento acerca de quem eram os editores e os membros do corpo editorial do JABA. Sobre isso, Krantz ainda destacou que

> Esta falta de consciência pode ser parcialmente explicada naqueles problemas aplicados que foram investigados pela tradição de Bijou e Baer, que não tinham uma interconexão baseada em treinamento e canais formais e informais de comunicação com as pessoas na área de pesquisa animal operante.[506]

[505] KRANTZ, Schools and Systems..., p. 93.

[506] Ibidem, p. 94.

Tendo em vista a frágil conexão entre analistas experimentais e analistas aplicados, suas relações nas décadas seguintes, se não sinalizaram uma explícita oposição intragrupo, ao menos representaram o afastamento entre os praticantes dessas duas ramificações da análise do comportamento e, quiçá, diferentemente do que presumiu Krantz, certo nível de hostilidade interna. Esta última suposição tem como base o acirramento de críticas dos analistas experimentais direcionadas aos analistas aplicados, ao longo das décadas de 1960 e 1970. Os editoriais do JEAB, do JABA, e de publicações como *The Behavior Analyst* revelam, por exemplo, um cenário de contínuas críticas mútuas entre analistas aplicados e analistas experimentais, ao longo de quatro décadas de existência daqueles periódicos.[507] Grosso modo, o embate evidencia discordâncias internas quanto à validade das análises realizadas pelos analistas aplicados. De um lado, os analistas experimentais denunciavam os maus usos da linguagem analítico-comportamental e sua perda de pureza ao ser empregada por profissionais sem formação em análise experimental do comportamento; de outro lado, os analistas aplicados afirmavam que a suposta impureza da linguagem era benéfica para o avanço da área, uma vez que disseminava a produção para outros campos. Os contínuos embates internos nas sociedades científicas da análise do comportamento, nas décadas de 1960, 1970 e 1980, também sinalizam o crescente distanciamento entre analistas aplicados e experimentais.

Vale mencionar ainda que a proposta de um terceiro periódico da área surgiu no início da década de 1970, com a justificativa de que as políticas editoriais do JEAB e do JABA impediam a divulgação de questões que começavam a ser tratadas por novos analistas do comportamento. Provavelmente referindo-se a investigações de temas sociais e conceituais, principiadas naquele momento, a situação foi interpretada por um jovem analista do comportamento, entrevistado por Krantz,

[507] BAER, D. M. A Flight of Behavior Analysis. *The Behavior Analyst*, n. 4, p. 85-91, 1980. DINSMOOR, J. A. A Note on the Historical Record: MPA and MABA. *The Behavior Analyst*, n. 2, p. 22-24, 1979; MICHAEL, J. Flight from Behavior Analysis. *The Behavior Analyst*, n. 3, p. 1-22, 1979; MORRIS, E. K. et al. Some Reflections on 25 Years of the Association for Behavior Analysis: Past, Present, and Future. *The Behavior Analyst*, v. 24, n. 2, p. 125-146, 2001; PETERSON, M. E. The Midwestern Association on Behavior Analysis: Past, Present, Future. *The Behavior Analyst*, n. 1, p. 3-15, 1978; PETERSON, M. E. A Reply to Dinsmoor. *The Behavior Analyst*, n. 2, p. 25, 1979.

como prova da perpetuação da intolerância interna da análise do comportamento em relação a inovações:

> Como um indivíduo comentou, JEAB está nos tratando como JCPP os tratou. (...) As políticas editoriais refletem um elemento conservador inato na área. Foi sentido que existe uma gama mais abrangente de descobertas e questões no condicionamento operante que não tem sido representada adequadamente nos dois periódicos existentes.[508]

A tese do isolamento mútuo

A contínua ampliação do número de assinaturas do JEAB e do JABA e o volume crescente de autores nessas publicações corroboram as alegações de uma clara expansão da análise do comportamento como comunidade científica. O sucessivo crescimento do número de afiliados nas décadas de 1960 e 1970 e a fundação, em 1964, da divisão 25 da APA – Divisão de Análise Experimental do Comportamento –, única seção daquela associação científica identificada a uma única perspectiva psicológica, são outras evidências do desenvolvimento dessa comunidade científica.[509] Constituem, também, sinais de tal ampliação institucional e disciplinar da área, a publicação de livros didáticos e manuais de aplicação de métodos de pesquisa operante, como os livros de Werner K. Honig, *Operant Behavior: Areas of Research an Application* (1966), e de Murray Sidman, *Tatics of Scientific Research* (1960). Igualmente, a presença maciça de "caixas de Skinner" e de máquinas de ensino[510] em departamentos de psicologia situa indiscutivelmente a análise do comportamento como um movimento dentro da psicologia.[511]

Porém, aquela significativa expansão de um grupo científico identificado com uma única abordagem psicológica, de um único autor, fez

[508] KRANTZ, Schools and Systems..., p. 95.

[509] GUTTMAN, N. On Skinner and Hull: A Reminiscence and Projection. *American Psychologist*, v. 32, p. 321-328, 1977.

[510] Dispositivo educacional que ganha grande popularidade com a versão desenvolvida por Skinner.

[511] RUTHERFORD, *Beyond the Box*...

com que a análise do comportamento fosse percebida como um fenômeno social singular no contexto estadunidense. Por isso, não tardou a ser foco de comentários e análises metacientíficas. A despeito dos diferentes enfoques, essas análises expressam, de modo geral, o argumento de que a análise do comportamento seria um caso exemplar do isolamento mútuo entre uma perspectiva científica e o restante do campo da qual ela fazia parte. Prenúncios da ocorrência desse fenômeno, visível a partir da década de 1960, foram notados ao final dos anos 1940 por Wendt,[512] quando declarou que o novo currículo de psicologia em Columbia, fundamentado apenas no projeto científico skinneriano, induziria à formação de um "culto" científico. Wendt destacou, ainda, que o resultado disso seria o isolamento de seus membros em relação às outras correntes teóricas da psicologia.

Quase 20 anos após o artigo de Wendt, Eliot Hearst[513] argumenta que o previsto isolamento dos praticantes da ciência skinneriana havia se concretizado na visão de grande parte dos psicólogos estadunidenses.

Ao resenhar o livro *Operant Behavior: Areas of Research and* Application (1966), Hearst sugere, em texto intitulado de "*The Behavior of Skinnerians*", que os capítulos daquele livro designavam o isolamento da área em termos de tópicos de estudo e, principalmente, de método. Haveria, para Hearst, sinais de contribuição daquela ciência para outros psicólogos, fora do campo operante. Os capítulos sobre psicofarmacologia, desenvolvimento infantil e alterações de estados fisiológicos apontavam, para ele, possíveis contribuições da análise experimental do comportamento para a psicologia como um todo. Todavia, a linguagem restrita, o foco excessivo na análise de esquemas de reforçamento e o desgosto declarado, por parte dos praticantes da análise do comportamento, pelo *mainstream* da psicologia experimental, já haviam instaurado o que Hearst considerava uma caricatura parcialmente verdadeira daqueles que se declaravam skinnerianos.

> Para muitos *outsiders*, um condicionador operante é um experimentalista fechado, que passa horas infindas na análise entusiasmada dos dados cumulativos de um ou dois sujeitos, ataca qualquer

[512] WENDT, op. cit.

[513] HEARST, E. The Behavior of Skinnerians. *Contemporary Psychology*, n. 12, p. 402-404, 1967.

> coisa que pareça meramente teórica ou fisiológica, ridiculariza qualquer pessoa que já tenha usado estatísticas (...) ignora o trabalho de qualquer psicólogo que não publica no *Journal of the Experimental Analysis of Behavior.* Desde a época de J. B. Watson, nenhum grupo behaviorista parece tão certo do que gosta ou não gosta e tão convencido que suas técnicas e abordagem experimental não só mudarão a psicologia, mas remodelarão o mundo.[514]

Apesar das alegações de isolamento e ortodoxia da análise do comportamento desde o final da década de 1940, foram as análises de Krantz[515] que sistematizaram, em termos quantitativos (análise bibliométrica) e qualitativos (entrevistas), a tese propagada do isolamento mútuo entre a psicologia operante e a psicologia não operante. Em suas duas investigações, Krantz verificou o padrão quantitativo de citações e autocitações no JEAB e em outros periódicos de psicologia experimental, entre 1958 e 1969, com o objetivo de averiguar se o isolamento da análise experimental do comportamento havia ocorrido efetivamente, conforme anunciado pelos críticos. Em suma, foi constatado que os periódicos que citavam o JEAB, além de o fazerem menos frequentemente do que em relação a qualquer outra publicação, apresentavam tendência indicativa de continua diminuição de referências ao periódico. As mesmas publicações exibiram elevada taxa de citações em outras publicações e, em comparação com outros periódicos investigados, o JEAB expôs a maior frequência de autocitações, com manifesta tendência à sua elevação.

Já em sua análise qualitativa, Krantz entrevistou membros da análise do comportamento e da comunidade externa, todos ocupantes de posições institucionais, como editores e membros do corpo editorial de periódicos e presidentes de associações científicas. Psicólogos adeptos de outras abordagens psicológicas foram unânimes em afirmar que os analistas do comportamento falavam para si mesmo, garantindo apoio e reconhecimento mútuo entre os pares e se "blindando" das críticas externas. Porém, as entrevistas de Krantz indicaram que o isolamento da análise do comportamento não significou que o recurso a conceitos e,

[514] Ibidem, p. 402.

[515] KRANTZ, D. L. The separate worlds of operant and non-operant psychology. *Journal of Applied Behavioral Analysis*, v. 4, p. 61-70, 1971; KRANTZ, Schools and Systems...

principalmente, a métodos da abordagem manteve-se dentro dos limites do grupo de praticantes daquela ciência. Alguns entrevistados asseveraram utilizar-se dos métodos operantes sem se submeter à "religião" skinneriana, ou seja, "muitos *outsiders* agiam como *insiders*, particularmente em seus usos da tecnologia operante, enquanto ao mesmo tempo eram críticos do condicionamento operante".[516]

Na amostra de Krantz, a percepção de afiliação a uma abordagem exclusiva da psicologia foi fortemente compartilhada por aqueles que praticavam a ciência skinneriana antes de 1958, e que haviam compartilhado de acontecimentos responsáveis por definir a identidade do grupo. Entre esses eventos estava a forte experiência da hostilidade externa, a contínua rejeição de suas pesquisas, o esforço grupal para fundar o JEAB e a dedicação à criação de uma educação disciplinar em Columbia.

Ao longo da década de 1960, a análise do comportamento, enquanto comunidade científica, deixou de ser novidade no cenário da psicologia experimental estadunidense. O crescimento da literatura e as inovações tecnológicas da área, e no campo aplicado, fizeram com que, ao menos no âmbito da instrumentalização, derivações tecnológicas fossem incorporadas à psicologia e a outras áreas do conhecimento e campos profissionais. Portanto, os empregos da tecnologia operante, embora apresentando coesão interna e identificação com um grupo específico, tornaram as fronteiras da Análise do Comportamento menos impermeáveis. Krantz enfatiza que, ainda assim, a identidade dos analistas do comportamento permaneceu distinta e não foi incorporada amplamente à psicologia, pois mesmo em diferentes níveis eles trabalhavam, exclusivamente, com base nos pressupostos do sistema científico skinneriano – o qual, embora provendo tecnologias utilizadas por praticantes de outras perspectivas psicológicas e áreas do conhecimento, continuava sendo alvo de críticas e com um método de pesquisa incompatível com o *mainstream* da psicologia experimental. Isso manteve intocável o núcleo da identidade dos analistas do comportamento, que possuíam plena consciência de que a rejeição externa os definia como grupo.

Para Krantz, havia fortes provas de que o isolamento mútuo entre a psicologia operante e a psicologia não operante já estava estabelecido

[516] KRANTZ, Schools and Systems..., p. 95.

ao final da década de 1960. Primeira prova disso foi a mencionada taxa elevada de autocitação no JEAB e taxa pouco significativa de citações ao JEAB em outros periódicos. A segunda prova alude à linguagem restrita da análise do comportamento, utilizada, pelos primeiros adeptos daquela abordagem, sem o mínimo de vinculação a outras linguagens psicológicas. Processo natural quando do surgimento de qualquer ciência, esse uso da linguagem científica foi radicalizado na análise do comportamento com o uso de expressões herméticas, como razão fixa, razão variável, esquemas de reforçamento, discriminação operante, entre outras dificilmente encontradas na psicologia experimental estadunidense. Para Krantz, o problema da linguagem foi razão principal da falta de uso dos achados da análise do comportamento pela psicologia em geral. A terceira prova do isolamento da análise do comportamento refere-se à limitação dos tópicos tratados no JEAB, pois estes orientavam-se por pesquisas sobre comportamento animal, quase exclusivamente vinculadas à análise de variáveis em diferentes esquemas de reforçamento. A quarta prova seria a tão mencionada incompatibilidade do delineamento experimental de sujeito único com os demais métodos utilizados por psicólogos experimentais; o que motivava a autocitação no JEAB e, por conseguinte, o acirramento da divergência com métodos e procedimentos aceitos na psicologia experimental estadunidense, como o uso de análises estatísticas, de testes de hipóteses e de grupos controle com elevado número de sujeitos experimentais. Sobre esse ponto, Krantz salientou, no entanto, que praticantes de outras abordagens psicológicas perceberam que, desde que houvesse esforço dos analistas do comportamento, existiam oportunidades de harmonização da análise do comportamento com objetivos mais amplos da psicologia.

Por último, Krantz levantou a hipótese de que o isolamento da análise do comportamento era decorrência de uma revolução conceitual na psicologia. Ainda que não tenha deixado claro o que significava essa "revolução", Krantz relacionou-a com a noção, elaborada por Kuhn, de "incomensurabilidade", sem, contudo, presumir a emergência de um paradigma, afirmando que a análise do comportamento era uma ciência com elevado grau de incomunicabilidade com as demais abordagens psicológicas. Complementando a análise, Krantz mostrou que uma ideia de revolução era igualmente apreendida das declarações de analistas do comportamento defensores do caráter revolucionário da ciência skinneriana. Postura que, na perspectiva do autor, em vez de produzir o efeito positivo de apreço pela área, fortaleceu a baixa disposição de adeptos e de não adeptos da ciência skinneriana para quaisquer tentativas – mínimas que fossem – de integração teórica e de generalizações empíricas.

Para Krantz, sua análise deixou ao menos duas questões em aberto. Haveria possibilidade futura de coexistência pacífica e cooperativa entre a análise do comportamento e as outras correntes da psicologia? Para a manutenção e o avanço da análise do comportamento seria necessária uma constante postura militante, como aquela identificada nas décadas de 1950 e 1960?

Antes de avaliar as repercussões ulteriores da tese de Krantz e responder partes das questões postas por ele, cumpre salientar que a digressão ampliada dos resultados de suas análises justifica-se por ter sido, como antes exposto, a primeira investigação sistematizada a corroborar empiricamente a percepção histórica, existente desde o final da década de 1940, do isolamento da análise do comportamento. Mas também por expor o que autores como Coleman e Mehlman identificaram como consequência negativa da tese de Krantz: o seu efeito de reatividade.[517] Ou seja, os resultados da pesquisa de Krantz teriam acentuado a percepção do fenômeno investigado: o isolamento da análise do comportamento. Haja vista que as referências aos seus dois artigos serviram, nas duas décadas seguintes, de mote para críticos da análise do comportamento reafirmarem a suposta posição desfavorável em que sempre se encontrava essa ciência;[518] e até mesmo como caso exemplar de isolamento na ciência, para relevantes estudos da comunicação científica[519].

Vale observar que Skinner comentou a análise de Krantz mais de uma década depois, concordando que muitos analistas do comportamento não estavam interessados nas implicações daquela interpretação sobre a organização social de sua ciência. Por isso, talvez, sua própria tentativa de explicação para o fenômeno do isolamento da análise do

[517] COLEMAN, S. R.; MEHLMAN, S. E. An Empirical Uptade (1969-1989) of D. L. Krantz's Thesis that the Experimental Analysis of Behavior is Isolated. *The Behavior Analyst*, v. 15, n. 1, p. 43-49, 1992.

[518] GUTTMAN, op. cit.

[519] CRANE, op. cit.

comportamento, menosprezou o papel da estrutura comunitária de sua ciência. Assim, alega que

> O grande sucesso do método experimental tendia a selecionar alunos de graduação que preferiam descobrir novos fatos a formular teorias sobre velhos fatos. Também era verdade que o analista experimental tendia a se isolar do resto da psicologia e de outras ciências sociais... Poder-se-ia também dizer que, já que a análise experimental do comportamento era um campo novo, não era surpresa que os trabalhos relevantes fossem encontrados apenas em poucos periódicos. [520]

Wyatt, Hawkins e Davis[521] foram os primeiros a tentar refutar a tese do isolamento mútuo. Segundo eles, os usos dos achados de Krantz, nas décadas de 1950 e 1960, eram anacrônicos, e por isso eram imprecisos para entender a situação da análise do comportamento no começo da década de 1980. Razão para tanto seria o fato de que, desde a publicação dos artigos de Krantz, no início da década de 1970, ocorreu contínuo crescimento, em quantidades absolutas, de atividades acadêmicas e disciplinares da área, tais como a criação de publicações especializadas, de cursos, de linhas de pesquisas e de sociedades científicas.

Para Coleman e Mehlman,[522] os resultados do estudo de Wyatt, Hawkins e Davis[523] provavam que a situação de isolamento da Análise do Comportamento era menos precária do que o proclamado por seus críticos. De todo modo, em razão do provável efeito reativo da apreciação de Krantz, vinte anos depois, Coleman e Mehlman reproduziram parcialmente aquela análise, a fim de avaliarem o suposto anacronismo da tese do isolamento mútuo. Para tanto, os autores compararam a taxa de autocitação no JEAB com a taxa dos mesmos periódicos investigados na época, bem como analisaram as referências feitas ao JEAB em novos periódicos de aprendizagem animal e teorias do comportamento. A cronologia do estudo compreendeu publicações de 1969, último ano

[520] SKINNER, *A Matter...*, p. 317.

[521] WYATT, W. J.; HAWKINS, R. P.; DAVIS, P. Behaviorism: Are Reports of its Death Exaggerated? *The Behavior Analyst*, n. 9, p. 101-105, 1986.

[522] COLEMAN, MEHLMAN, op. cit.

[523] WYATT, HAWKINS, DAVIS, op. cit.

da análise de Krantz, até 1989. Primeiramente, Coleman e Mehlman notaram que a taxa de autocitação no JEAB havia diminuído em relação ao período analisado por Krantz, porém, em comparação com os demais periódicos, a taxa se mantinha a mais elevada entre os períodos avaliados. Esse seria o primeiro sinal da extensão dos achados de Krantz para o começo da década de 1990. Por isso, alertaram que "os leitores que foram perturbados pelas descobertas de Krantz deveriam, apesar das tendências favoráveis que foram descritas, ser perturbados pelos resultados do nosso estudo".[524]

Apesar da semelhança dos resultados, Coleman e Mehlman argumentam que, no estudo de Krantz, o termo "isolamento" foi utilizado de forma limitada, pois teve como respaldo o baixo volume de comunicação para além de sua especialidade. De acordo com os autores, esse é um critério insuficiente para determinar uma interpretação "patologizante" do isolamento da análise do comportamento, uma vez que, se outros indicadores fossem empregados – por exemplo, o contínuo desenvolvimento disciplinar da área –, os dados de Krantz seriam relativizados. Para corroborar essa alegação, Coleman e Mehlman citam o mencionado estudo de Wyatt, Hawkins e Davis como prova de que a "saúde" da análise do comportamento era menos precária do que tantas vezes sugeriu a tese de Krantz, ao ser utilizada por psicólogos de outras abordagens.

Contudo, o estudo de Wyatt, Hawkins e Davis não aferiu o desenvolvimento da análise do comportamento para além da própria disciplina e de suas relações com outras áreas. De tal modo, o que expôs foi o contínuo crescimento, em quantidades absolutas, de atividades acadêmicas e disciplinares, como a criação de publicações especializadas, de disciplinas, de linhas de pesquisa e de sociedades científicas. Com isso, Coleman e Mehlman deixaram de notar que a tese de Krantz não foi contrariada pelos resultados de Wyatt, Hawkins e Davis. Primeiro, porque Krantz, do mesmo modo, confirmou, mais de vinte anos antes, a percepção de que, em termos disciplinares e institucionais, a análise do comportamento estava em plena expansão. Todavia, Krantz salientou que essa substancial expansão era seguida de um contínuo isolamento. A medida foi assim julgada como representativa da incerta "saúde" da

[524] COLEMAN, MEHLMAN, op. cit., p. 48.

área, tendo em vista que as demais áreas da psicologia experimental, não obstante mantivessem também suas especificidades e delimitações, apresentavam produções científicas intercambiáveis entre si e julgavam tal interação necessária à produção científica.

Ainda na visão de Coleman e Mehlman, outro problema da análise de Krantz era situar-se em uma "ideologia" do progresso científico, em que a avaliação quantitativa da comunicação científica foi assumida como critério determinante do sucesso ou do fracasso de disciplinas científicas. Na visão dos autores, aderindo cegamente a essa ideologia, Krantz teria desconsiderado que a elevada taxa de autocitação no JEAB, em sua primeira década, era um fenômeno comum nos anos iniciais de qualquer novo periódico de um novo campo do conhecimento, o qual, com o transcorrer do tempo, tenderia a veicular uma produção menos endógena. Embora coerente com teses importantes da comunicação científica,[525] a crítica de Coleman e Mehlman é invalidada por seus próprios resultados, pois eles sugerem, em todos os seus aspectos, que, no decorrer das décadas de 1970 e 1980, em comparação com os outros periódicos, o JEAB manteve elevado seu padrão de autocitação. Ou seja, com o passar do tempo, o periódico manteve-se o mais endógeno da psicologia experimental estadunidense.

Apesar da sincronia dos achados de Coleman e Mehlman e de Krantz, os primeiros sugeriram efeitos positivos do isolamento da análise do comportamento, como a autossuficiência intradisciplinar, o consenso e a convergência entre seus praticantes. Essa afirmação teve como base a alegação de que elevadas taxas de autocitação existem em especialidades de outras ciências experimentais. Tal comparação, entretanto, parece fazer sentido apenas se a psicologia compartilhasse acordos gerais acerca de métodos e objetos de estudo, caso de ciências como a física e a biologia. Nestas, a limitação da expansão de seus produtos intelectuais, como ocorria na análise do comportamento, não é sinal de isolamento, pois internamente muitas das especialidades daquelas ciências compartilham acordos sobre teorias gerais. Com isso, muitos dos seus resultados são integrados por diferentes especialidades científicas.[526]

[525] CRANE, op. cit.; MEADOWS, op. cit.

[526] KUHN, *A estrutura...*

Nesse ponto, faz-se necessário ao menos um comentário sobre a ênfase dada às interpretações que sugerem o isolamento da análise do comportamento, uma vez que tal ênfase histórica poderia ser questionada pela constatação de que o isolamento é um fenômeno social existente no campo psicológico. Como nos lembra Ferreira,[527] as diferentes psicologias sempre possuíram fronteiras mais abertas para campos externos ao seu domínio, como a biologia, a educação, a antropologia, a medicina, ou a sociologia, do que para campos internos a ela. Tendo em vista tal fenômeno, de fato seria injusta a proeminência histórica dada ao isolamento da análise do comportamento. Todavia, o que se nota nessa tese é o argumento de que o isolamento desse campo apresentava especificidades não compartilhadas entre as demais abordagens e áreas da psicologia estadunidense, do início da segunda metade do século XX. Dentre as singularidades desse isolamento, na visão de psicólogos não praticantes da ciência skinneriana, estaria sua configuração comunitária como área e, ao mesmo tempo, como abordagem psicológica. Veja o fato de que, embora nunca tenha mantido relações amistosas e próximas com a APA, a análise do comportamento compunha a única divisão dessa associação científica, no começo da década de 1960, identificada com apenas uma teoria e um único autor.[528] Algo bem diverso das demais divisões, as quais, embora pudessem ter suas fronteiras demarcadas, não eram identificadas como representantes de somente uma visão científica na psicologia, mas, sim, com áreas da psicologia como a educacional, a psicologia no serviço público, a psicologia clínica, entre outras, que contavam com a participação de psicólogos de diferentes orientações teóricas e metodológicas. O que propiciava espaço de contato entre diferentes posições. Foi nesse sentido que o isolamento da análise do comportamento foi percebido como anômalo na comunidade psicológica estadunidense.

A despeito dos argumentos de que o isolamento da análise do comportamento possuía benefícios, os prejuízos talvez tenham sido maiores, tanto em termos científicos quanto em termos institucionais.

[527] FERREIRA, A. A. L. A psicologia como saber mestiço: o cruzamento múltiplo entre práticas sociais e conceitos científicos. *História, Ciências, Saúde-Manguinhos*, v. 13, n. 2, p. 227-238, 2006.

[528] BJORK, op. cit.; WOODWARD, op. cit.

Não por acaso, o próprio Skinner[529] lamentou o restrito impacto de sua posição científica e assumiu que seu isolamento institucional e científico era parte da explicação para a precariedade de praticantes de sua ciência nas décadas de 1950 e 1960. Também, não por uma coincidência, a tese do isolamento mútuo continua a ter ressonâncias na investigação atual da organização da análise do comportamento. Sobre isso, a historiadora da psicologia Alexandra Rutherford[530] pontuou que a estrutura comunitária da análise do comportamento, entre as décadas de 1950 e 1960, determinou a coesão interna dessa ciência e foi responsável pela ampla inserção da tecnologia operante em vários âmbitos da vida estadunidense. No entanto, a autora considera que a mesma estrutura é responsável por, ainda hoje, restringir avanços da tecnologia operante aos limites da comunidade de analistas do comportamento. Em razão desses e de outros fatores históricos, Rutherford supõe que os resultados de Krantz são úteis para a interpretação da situação contemporânea da análise do comportamento como grupo científico. Assim, conclui que a tese do isolamento faz tanto sentido atualmente quanto na década de 1970, pois a análise do comportamento estaria ainda isolada do *mainstream* da psicologia, uma vez que, no presente, "Skinnerianos publicam em seus periódicos, participam de suas próprias conferências, e treinam seus estudantes em certos redutos remanescentes da análise do comportamento".[531]

Para Rutherford, analistas experimentais e aplicados do comportamento mantêm uma linguagem especializada "que, não só os separou dos outros psicólogos, como criou um senso de coesão intragrupo que é palpável em qualquer encontro onde os skinnerianos predominam".[532] Dentre as consequências negativas desse modo de funcionamento estaria o fato de que tecnologias derivadas da psicologia skinneriana – anteriormente absorvidas por outras áreas profissionais – deixaram, ao longo do tempo, de ter suas origens identificadas naquela ciência, de modo que, atualmente, as novas descobertas da área não são consideradas, de modo relevante, para além da própria análise do comportamento.

[529] SKINNER, *A Matter...*

[530] RUTHERFORD, *Beyond the Box...*

[531] Ibidem, p. 151.

[532] Idem.

Ainda mais sintomático sobre o isolamento da análise do comportamento é o fato de que o debate sobre este tema seja, hoje, restrito aos seus praticantes. Veja os números especiais dos periódicos *The Behavior Analyst* e *European Journal of Behavior Analysis*, ambos de 2014, cuja temática central foi os problemas de comunicação da análise do comportamento. O que se observa nesse debate é a reprodução de controvérsias similares àquelas identificadas nos momentos que antecederam e sucederam a fundação do JEAB, nas décadas de 1940 e 1950. Dentre elas, observa-se a persistência polêmica com respeito ao controle das balizas linguísticas da ciência skinneriana. Algo percebido na apologia, de um lado, de uma maior permissividade e disposição para o diálogo horizontalizado com a psicologia e outras áreas do conhecimento[533] e, por outro, na extremada defesa pela separação da análise do comportamento do restante da psicologia[534] e pela necessidade de controle rígido dos usos da sua linguagem, tanto na comunidade científica quanto na arena pública.[535]

O papel da divulgação científica, tema recente nos debates sobre o isolamento da ciência skinneriana, se faz presente nos relatos autobiográficos de Skinner, quando do ápice das alegações de isolamento da comunidade científica adepta de sua ciência. Mais precisamente, em 1967, momento no qual as declarações de isolamento da análise do comportamento perpassam toda a comunidade psicológica estadunidense, Skinner se diz insatisfeito por, segundo ele, haver pouca promoção da sua ciência entre os primeiros praticantes da área, aos moldes do que foi a divulgação de Freud por Ernest Jones, e de Titchener por Edwing Boring. “Ninguém para o meu conhecimento, jamais tomou passos políticos para promover a análise do comportamento. O periódico e a Divisão foram questão de necessidade, não de relações públicas”.[536]

Naquele mesmo período, a ambiguidade de Skinner com respeito à divulgação da sua ciência é notável, uma vez que, a despeito da disseminação

[533] SCHLINGER, H. D. Publishing Outside the Box: Unforeseen Dividends of Talking to Strangers. *The Behavior Analyst*, v. 37, p. 77-81, 2014.

[534] ULMAN, J. D. The Ulman-Skinner Letters. *European Journal of Behavior Analysis*, v. 15, p. 11-19, 2014.

[535] REED, D. D. Determining How, When, and Whether you Should Publish Outside the Box: Sober Advice for Early Career Behavior Analysts. *The Behavior Analyst*, v. 37, p. 83-86, 2014.

[536] SKINNER, B. F. Carta para David Krantz. 28 de novembro de 1967. Arquivo B. F. Skinner da Universidade de Harvard.

da sua imagem pública na sociedade norte-americana ser cada vez mais expressiva, no âmbito acadêmico ele rejeitou várias oportunidades de divulgar seu behaviorismo para um público mais amplo. Foi o caso quando recusou o convite de Krantz para um simpósio sobre as principais escolas psicológicas, direcionado à comunidade científica e ao grande público, por ocasião da comemoração dos 75 anos da APA. Nesta mesa estariam Edwing Boring, para falar da tradição estruturalista de Titchener, Edna Heidreder, para discorrer sobre o funcionalismo, Wolfgang Koehler, para expor o panorama da Gestalt, nos Estados Unidos, e Skinner, para discorrer sobre o *status* do behaviorismo naquele momento. Mas, como em outras ocasiões, ele dispensou a oportunidade com a alegação de que "Eu já disse tudo que já tinha para dizer sobre o behaviorismo em minhas publicações e eu não sinto que eu poderia contribuir com nada novo para o simpósio. Eu sinto muito".[537]

[537] KRANTZ, D. Carta para B. F. Skinner. 21 de junho de 1966. Arquivo B. F. Skinner da Universidade de Harvard; SKINNER, B. F. Carta para David Krantz. 30 de junho de 1966. Arquivo B. F. Skinner da Universidade de Harvard.

A BIOGRAFIA CIENTÍFICA COMO REMINISCÊNCIA

A vida de Skinner e a vida de todos nós

> *Uma biografia chega a um fim natural quando o sujeito morre; uma autobiografia deve ser levada a um fim. Como aqueles romancistas que uma vez disseram aos seus leitores o que eventualmente teria acontecido com todos os seus personagens, eu preciso terminar dando as informações principais.*[538]

As memórias de Skinner, e sobre Skinner, mostraram-se instigantes, pois de um modo ou de outro são memórias de eventos que perpassam a vida de todos aqueles que se dedicam ao ofício científico. Os trâmites e relações institucionais conflituosos, no dia-a-dia acadêmico; a necessidade, ou muitas vezes obrigação, de associar-se a determinados grupos e pessoas e se afastar-atacar, automaticamente, outros; os impactos do reconhecimento, ou da falta dele; o desconhecimento e a negligência por outras perspectivas científicas; o isolamento e suas consequências na vida acadêmica; e, claro, a informalidade que entrelaça todos esses eventos na trama cotidiana da ciência são tópicos presentes nesta biografia de Skinner que perpassam a memória e vida de qualquer cientista.

Neste sentido, parece plausível assumir que a narrativa da vida de Skinner revela um universo mais ou menos conhecido por todos os envolvidos com a prática científica, no qual dois modos de vida convivem aparentemente desvinculados. Por um lado, uma vida formal, no qual o trabalho acadêmico é representado pelas regras do método científico,

[538] SKINNER, *A Matter...*, p. 385.

como regras declaradas publicamente como aquilo que define a ciência. Por outro, uma vida informal, com regras tácitas ou não declaradas, que igualmente ditam os rumos de parte do trabalho científico e da vida de seus praticantes, mas que é, no máximo, vista como parte dos bastidores da ciência. Decerto, da vida informal da ciência, não é possível abstrair regras gerais de funcionamento do cotidiano acadêmico, pois cada Universidade, cada departamento, cada laboratório e grupo científico, por menor e menos expressivo que seja, terá suas próprias regras informais e não declaradas. A questão que continua em aberto é por qual motivo a informalidade na ciência é tratada como parte de uma história secundária da ciência. Uma resposta incipiente para essa questão é a de que uma das regras não declaradas do jogo científico, aprendida rapidamente por qualquer pesquisador iniciante, seja justamente não proclamar as regras informais da ciência. O que ocorreria se de fato essas regras fossem declaradas e se tornassem objeto constante de análise é algo que ninguém pode prever. Apenas é possível afirmar que o ocultamento dessas regras têm funções sociais bem conhecidas, como a manutenção de hierarquias sedimentadas e a subalternazição dos sujeitos menos privilegiados, na arena acadêmica.

Neste ponto, arrisco uma extensão dos achados sobre uma biografia de Skinner para o cenário brasileiro, no qual há uma expressiva comunidade científica fundamentada nos princípios de sua ciência do comportamento. Tal esforço visa menos definir o que é esta comunidade científica no Brasil e mais avaliar como características fundantes da organização social da ciência skinneriana nos seus primórdios, em alguma medida, parecem reverberar, claro, com singularidades, no contexto nacional. O primeiro indício dessa compatibilidade histórica está na constatação de que os praticantes da análise do comportamento, no Brasil, compartilhariam o senso de isolamento e controle rígido dos seus limites linguísticos. Em análise da percepção de ex-behavioristas brasileiros sobre o funcionamento do campo, Rodrigues identifica, por exemplo, como haveria um intenso policiamento da linguagem mentalista, usada pelos praticantes da área, assim como uma supervalorização do próprio conhecimento. Chama a atenção ainda, expondo um fato análogo àquele ocorrido na comunidade analítico-comportamental nos Estados Unidos, nas décadas de 1950 e 1960, quando da fundação de seus dois primeiros periódicos, que alguns dos brasileiros entrevistados por

Rodrigues declararam terem sido "alvo de retaliação interna mais do que externa, ao contrário do que se poderia supor". Por essas razões, para ela:

> A questão da punição do grupo pelo próprio grupo, ou entre subgrupos, caso não seja uma idiossincrasia da experiência dos sujeitos desta pesquisa, nos parece particularmente problemática em parte porque especialmente delicada do ponto de vista humano, ético e acadêmico e em outra parte porque não ajuda muito na dissolução de oposições, sejam relativas a equívocos, sejam relativas a discordâncias. Ao contrário podem acirrar as existentes e provocá-las onde não ocorrem, reduzindo o número de *adeptos* e impedindo, senão a produção, pelo menos a divulgação mais ampla da abordagem e a interlocução com diferentes comunidades acadêmicas e a sociedade em geral.[539]

Se, de fato, a mencionada hostilidade interna existir na análise do comportamento brasileira, ela provavelmente difere daquela existente na história da análise do comportamento nos Estados Unidos. O uso do delineamento experimental de sujeito único não foi motivo de rejeição da ciência skinneriana no Brasil, uma vez que a análise do comportamento foi, durante décadas, sinônimo de psicologia experimental, no contexto nacional.[540] De todo modo, os achados de Rodrigues apresentam indícios de compatibilidade com respeito à caracterização da organização comunitária da análise do comportamento no ambiente acadêmico estadunidense.

Em entrevista mais recente, outra pesquisadora brasileira, Andery, discute igualmente fatores que denotam certa equivalência entre o funcionamento da análise do comportamento no Brasil e nos Estados Unidos. Essa similaridade surge como parte de seu comentário de que a análise do comportamento seria uma comunidade científica historicamente isolada e que essa situação deveria ser analisada em termos de prática cultural. Nas suas palavras,

> Atualmente, estou preocupada com a análise do comportamento enquanto prática cultural porque acho que os analistas

[539] RODRIGUES, M. E. *Behaviorismo radical: mitos e discordâncias*. Cascavel, PR: Edunioeste, 2002. p. 242-243.

[540] MATOS, M. A. Contingências para a análise comportamental no Brasil. *Psicologia: Teoria e Pesquisa*, v. 12, n. 2, p. 107-111, 1996.

do comportamento, enquanto grupo, manobraram-se para uma posição em que nós estamos em um canto isolado. É como se todo o mundo da ciência e da tecnologia pudesse nos ignorar, sem nenhum prejuízo para suas áreas e seu conhecimento. O que temos hoje na análise do comportamento? Pequenos grupos ou um pequeno grupo de cientistas e tecnólogos com pouco ou nenhum impacto em termos científicos gerais. Somos uma comunidade científica pequena, que fala de si/para si e que não conversa com quase mais ninguém. Além disso, acha que não precisa conversar com mais ninguém. (Eu não estou me excluindo dessa perspectiva, acho que também sou um pouco assim. Nos últimos anos, tenho tentado fazer um pouco diferente, mas acho que não tenho conseguido.) O que pode acontecer? Mesmo que a análise do comportamento consiga persistir por mais 20, 30, 50 anos publicando seus JEABs e JABAs, tendo um pedacinho aqui de intervenção possível, um tantinho ali de publicação, um lugar ou outro em algum departamento de Universidade, o impacto da produção de conhecimento e de tecnologia que emerge daí sobre a sociedade é muito pequeno para ser reconhecido como relevante. Em certo sentido, a posição atual da análise do comportamento enquanto prática cultural é pior do que há 30 ou 40 anos. A análise do comportamento era vista como uma abordagem reacionária, "americanófila". Mas pelo menos estava na cultura. Era um pólo de discussão. As pessoas sabiam falar: "Skinner, Deus me livre!". Hoje em dia, sequer despertamos reação emocional. Esse isolamento, que percebemos como isolamento científico, isolamento tecnológico, isolamento social em relação ao impacto acadêmico, é produto também da ausência de diálogo com as disciplinas que constituem nossas interfaces. De certa forma, existe uma recusa na análise do comportamento em reconhecer que nós temos um tanto de conhecimento que deveria de fato ser transformado por outros tantos de conhecimento e essa postura pode ser fatal.[541]

Ainda para Andery, esse cenário negativo, de modo geral, sinaliza que a ciência skinneriana poderia ser extinta sem causar qualquer alteração na psicologia como um todo. Caso deixe de ter professores da área,

[541] ANDERY, M. A. P. Entrevista de Maria Amália Pie Abib Andery. *Boletim Paradigma*, n. 7, p. 21-27, 2012. p. 24.

isso afetaria muito pouco a psicologia como profissão. Essa extinção seria impossível no caso de ciências como a biologia, pois

> Uma coisa é ser parte integrante ou constituinte de um sistema maior; então, se você desaparece, todo o resto do sistema sofre com isso; outra é estar isolado no sistema: se você desaparecer, o sistema continuará funcionando e, exceto por alguma pequena oscilação, permanecerá intacto. Esse é o risco que corremos, de termos nos transformado em um grupo isolado dentro do sistema.[542]

Embora os comentários de Andery sejam consonantes com uma das teses desta narrativa biográfica, de que o isolamento da análise do comportamento propaga-se desde os seus primórdios, há um ponto no qual sua interpretação diverge da exposta neste livro, qual seja, o papel de Skinner no processo de isolamento da área. Na perspectiva de Andery, Skinner apropriou-se do conhecimento de outras áreas, sendo "ingenuidade achar que Skinner falou tudo o que falou por causa do rato pressionando a barra." Por isso, avalia ainda que "Skinner seria um modelo de cientista muito diferente do analista do comportamento hoje. Mas é um modelo difícil de seguir, pelas exigências que impõe ao cientista." [543] Ainda que a postura de Skinner em termos intelectuais revele inquestionavelmente sua apropriação e diálogo com outras ciências, o que talvez seja pouco considerado na história da sua ciência é que o modo de vida acadêmico de seu fundador, especialmente sua relação com a vida política, institucional e burocrática da ciência, constitui também parte da explicação da situação de isolamento de seu grupo científico e, por vez, da própria recepção da sua ciência. Em outros termos, mesmo que Skinner tenha dialogado com outras áreas do conhecimento, isso não é motivo suficiente para isentá-lo da participação ativa nos rumos insatisfatórios da sua ciência, tendo em vista que o isolamento da análise do comportamento também se explica pelo isolamento institucional de seu fundador, algo assumido pelo próprio Skinner. Por último, vale lembrar que, apesar de trabalhar na interface com outras ciências, Skinner manteve discursos de desconhecimento e desprezo pela psicologia,

[542] Idem.

[543] Idem.

durante parte considerável de sua trajetória acadêmica, o que, segundo ele, generalizou-se entre os praticantes da sua ciência, que começaram a conceber a análise do comportamento como um sistema autocontido, portanto, autossuficiente.

Encerro sugerindo no mínimo duas formas de interpretar a narrativa descrita neste livro. A primeira delas é considerar toda a história traçada como algo possivelmente interessante, mas, ainda assim, mera história dos bastidores da ciência. A segunda opção, a que defendo, é ponderar que uma biografia do cotidiano científico sinaliza, para o bem ou para o mal, em maior ou menor medida, outros determinantes dos seus rumos, do percurso dos seus praticantes, dos seus produtos intelectuais e de suas inserções sociais nos mais diversos âmbitos da sociedade. Se a primeira forma de interpretar prevalecer, e lidarmos com esta história como uma história secundária, mantemos a crença de que a ciência é somente aquilo presente nas descrições lógicas dos chamados fatos científicos. Por outro lado, se considerarmos a segunda opção, de que ciência é uma complexa prática social determinada inclusive, e muitas vezes, por aquilo que nunca é descrito nos resultados de nossas pesquisas, o propósito desta biografia terá sido alcançado.

Referências

ANDERY, M. A. P. Entrevista de Maria Amália Pie Abib Andery. *Boletim Paradigma*, n. 7, p. 21-27, 2012.

ANDERY, M. A. P.; SÉRIO, T. M. A. P. Os programas de pesquisa de Skinner: proposições e problemas. In: GUILHARDI, H. (Org.). *Sobre comportamento e cognição*. São Paulo: Esetec, 2002. p. 257-268.

BAER, D. M. A brief, selective history of the Department of Human Development and Family Life at the University of Kansas: the Early Years. *JABA*, n. 26, p. 569-572, 1993.

BAER, D. M. A flight of behavior analysis. *The Behavior Analyst*, n. 4, p. 85-91, 1980.

BARLOW, N. (Ed.). *The Autobiography of Charles Darwin*: 1809-1882. W.W. New York: Norton & Company, 1958.

BAUM, W. M. The Harvard Pigeon Lab under Herrnstein. *Journal of the Experimental Analysis of Behavior*, v. 77, n. 3, p. 347-355, 2002.

BERRIEN, F. K. Undergraduate Psychology: an Extreme View. *American Psychologist*, v. 12, n. 6, p. 335-336, 1957.

BJORK, D. W. *B. F. Skinner*: A life. New York: Sheridan Books, 2006.

BREW, J. O.; GRIFFIN, D. R.; SKINNER, B. F.; CASTLE, E. S. William John Crozier. *Harvard University Gazette*, 17 mar. 1956, p. 194.

BURTON, M. Determinism, Relativist and the Behavior of Scientists. *Behaviorism*, v. 8, n. 2, p. 113-122, 1980.

BUXTON, C. E. Issues in Undergraduate Education in Psychology. *American Psychologist*, v. 11, n. 2, p. 84-95, 1956.

CAPSHEW, J. H. *Psychologists on the March*: Science, Practice, and Professional Identity in America, 1929-1969. Cambridge, MA: Cambridge University, 1999.

CAPSHEW, J. H..; HEARST, E. Psychology at Indiana University: from Bryan to Skinner. *Psychological Record*, v. 30, p. 319-342, 1980.

CARRARA, K. *Behaviorismo radical*: crítica e metacrítica. Marília, SP: Unesp, 2005.

CARVALHO NETO, M. B. Análise do Comportamento: Behaviorismo Radical, Análise Experimental do Comportamento e Análise Aplicada do Comportamento. *Interação*, v.6, n.2, p.13-18, 2002.

CATANIA, A. C. The Behavior of Organisms as Work in Progress. *Journal of the Experimental Analysis of Behavior*, v. 50, n. 2, p. 277-281, 1988.

CATANIA, A. C. The Watershed Years of 1958-1962 in the Harvard Pigeon Lab. *Journal of the Experimental Analysis of Behavior*, n. 77, p. 327-345, 2002.

CERULLO, J. J. Skinner at Harvard: Intellectual or Mandarin? In: SMITH, L. D.; WOODWARD, W. R. (Ed.). *B. F. Skinner and Behaviorism in American Culture*. Cranbury, NJ: Associated University Presses, 1996. p. 215-236.

CHIESA, M. *Radical Behaviorism*: the Philosophy and the Science. Boston: Authors Cooperative, 1994.

COATE, W. B. Weakening of Conditioned Bar-Pressing by Prior Extinction of its Subsequent Discriminated Operant. *Journal of Comparative and Physiological Psychology*, v. 49, n. 2, p. 135-138, 1956.

COLEMAN, S. R. Historical Context and Systematic Function of the Concept of the Operant. *Behaviorism*, v. 9, p. 207-225, 1981.

COLEMAN, S. R. Quantitative Order in B. F. Skinner's Early Research Program, 1928-1931. *The Behavior Analyst*, v. 10, p. 47-65, 1987.

COLEMAN, S. R. When Historians Disagree: B.F. Skinner and. E.G. Boring, 1930. The Psychological Record, 35, p. 301-314, 1985.

COLEMAN, S. R.; MEHLMAN, S. E. An Empirical Uptade (1969-1989) of D. L. Krantz's Thesis that the Experimental Analysis of Behavior is Isolated. *The Behavior Analyst*, v. 15, n. 1, p. 43-49, 1992.

COLEMAN, S. R.; REBECA, S. Kuhn's Structure of Scientific Revolutions in the Psychological Journal Literature, 1969-1983: a Descriptive Study. *The Journal of Mind and Behavior*, v. 4, p. 415-446, 1988.

COLEMAN, S. R.; SKINNER, B. F. 1926-1928: From Literature to Psychology. *The Behavior Analyst*, v. 8, n. 1, p. 77-92, 1985.

CORDESCHI, R. The Discovery of the Artificial: Some Protocybernetic Developments 1930-1940. *AI & Society*, v. 5, n. 3, p. 218-238, 1991.

CRANE, D. *Invisible Colleges*. Chicago: University of Chicago Press, 1972.

CRUZ, R. N. Possíveis relações entre o contexto histórico e a recepção do behaviorismo radical. *Psicologia: Ciência e Profissão*, v. 30, n. 3, p. 478-491, 2010.

CRUZ, R. N. Percalços na história da ciência: B. F. Skinner e a aceitação inicial da Análise Experimental do comportamento entre as décadas de 1930 e 1940. *Psicologia: Teoria e Pesquisa*, v. 27, n. 4, p.545-554, 2011.

CRUZ, R. N. Da informalidade à formalidade: o percurso inicial da organização social da análise do comportamento. *Perspectivas em Análise do Comportamento*, v. 2, n. 1, p. 77-89, 2011.

CRUZ, R. N. B. F. *Skinner e a vida científica: uma história da organização social da análise do comportamento.* Belo Horizonte, 2013. Tese (Doutorado em Psicologia) – Universidade Federal de Minas Gerais.

CRUZ, R. N. Desconhecimento e liberdade no caminho de uma nova ciência do comportamento. *Scientiae Studdia*, v. 12, n. 3, p. 465-490, 2014.

DANZIGER, K.; DZINAS, K. How Psychology got its Variables. *Canadian Psychology*, n. 38, p. 43-48, 1997.

DAY, W. F. On Certain Similarities Between the Philosophical Investigations of Ludwig Wittgenstein and the operationism of B. F. Skinner. *Journal of the Experimental Analysis of Behavior*, v. 12, n. 3, p. 489-506, 1969.

DEMOREST, A. P.; SIEGEL, P. Personal Influences on Professional Work: An Empirical Case Study of B. F. Skinner. *Journal of Personality*, v. 64, p. 243-261, 1996.

DENZIN, N. *Interpretative biography*. Newbury Park: Sage Publications, 1989.

DEWS, P. B. An Outsider on the Inside. *Journal of the Experimental Analysis of Behavior*, n. 48, p. 459-462, 1987.

DINSMOOR, J. A. A Note on the Historical Record: MPA and MABA. *The Behavior Analyst*, n. 2, p. 22-24, 1979.

DINSMOOR, J. A. A Visit to Bloomington: The First Conference on the Experimental Analysis of Behavior. *Journal of the Experimental Analysis of Behavior*, v. 48, n. 3, p. 441-445, 1987.

DINSMOOR, J. A. Resistance to Extinction Following Periodic Reinforcement in the Presence of a Discriminative Stimulus. *Journal of Comparative and Physiological Psychology*, v. 45, n. 1, p. 31-35, 1952.

DINSMOOR, J. A. The Effect of Periodic Reinforcement of Bar-Pressing in the Presence of a Discriminative Stimulus. *Journal of Comparative and Physiological Psychology*, v. 44, n. 4, p. 354-361, 1951.

DUNLAP, J. W. Recent Advances in Statistical Theory and Applications. *The American Journal of Psychology*, v. 51, n. 3, p. 558-571, 1938.

EISNTEIN, A. *Notas autobiográficas*. Rio de Janeiro: Nova Fronteira, 1982.

ELIAS, N. *Mozart*: sociologia de um gênio. Rio de Janeiro: Jorge Zahar, 1995.

EVANS, R. I. *B. F. Skinner*: The Man and his Ideas. New York: E. P. Dutton, 1968.

FERREIRA, A. A. L. A psicologia como saber mestiço: o cruzamento múltiplo entre práticas sociais e conceitos científicos. *História, Ciências, Saúde – Manguinhos*, v. 13, n. 2, p. 227-238, 2006.

FREUD, S. *The Standard Edition of the Complete Psycholoical Works of Sigmund Freud*. v. 20. London: Hogarth Press, 1958.

FULLER, P. R. Professors Kantor and Skinner: the "Grand Alliance" of the 40's. *The Psychological Record*, n. 23, p. 318-324, 1973.

GENGERELLI, J. A. Graduate School Reminiscences: Hull and Kofka. *American Psychologist*, v. 31, n. 10, p. 685-688, 1976.

GOLLUB, L. R. Between the Waves: Harvard Pigeon Lab 1955-1960. *Journal of the Experimental Analysis of Behavior*, n. 77, p. 319-326, 2002.

GUNDLACH, H. A psicologia como ciência e como disciplina: o caso da Alemanha. In: ARAÚJO, S. F. (Org.). *História e filosofia da psicologia*: perspectivas contemporâneas. Juiz de Fora: Ed. da UFJF. p. 133-165.

GUTTMAN, N. On Skinner and Hull: A Reminiscence and Projection. *American Psychologist*, v. 32, p. 321-328, 1977.

HABERER, J. Politização na ciência. In: DEUS, J. D. (Org.). *A crítica da ciência*: sociologia e ideologia da ciência. Rio de Janeiro: Zahar, 1979. p. 107-135.

HAGSTROM, W. O controle social dos cientistas. In: DEUS, J. D. (Org.). *A crítica da ciência*: sociologia e ideologia da ciência. Rio de Janeiro: Zahar, 1979. p. 81-107.

HARLOW, H. F. Publication policy for the Journal of Comparative and Physiological Psychology. *Journal of Comparative and Physiological Psychology*, v. 44, n. 1, p. 1-2, 1951.

HARVARD UNIVERSITY. *About the Society of Fellows*. 2004. Disponível em: <http://www.fas.harvard.edu/~socfell/about.html> Acesso em: 15 ago. 2012.

HEARST, E. The Behavior of Skinnerians. *Contemporary Psychology*, n. 12, p. 402-404, 1967.

HEARST, E. William Nathan Schoenfeld (1915-1996): Innovative Scientist, Inspiring Teacher, Relentless Questioner, Complicated Man. *Journal of the Experimental Analysis of Behavior*, n. 67, p. 1-9, 1997.

HERON, W. T.; SKINNER, B. F. An Apparatus for the Study of Animal Behavior. *The Psychological Record*, n. 3, p. 166-176, 1939.

HERON, W. T.; SKINNER, B. F. Rate of Extinction in Maze-bright and Maze-Dull Rats. *Psychological Bulletin*, n. 36, p. 520, 1939.

HERON, W. T.; SKINNER, B. F. Rate of Extinction in Maze-bright and Maze-Dull Rats. *The Psychological Record*, n. 4, p. 11-18, 1940.

HERRNSTEIN, R. J. Reminiscences Already? *Journal of the Experimental Analysis of Behavior*, v. 48, p. 448-453, 1987.

HILGARD, E. R. The Behavior of Organisms by B. F. Skinner. *Psychological Bulletin*, n. 36, p. 121-125, 1939.

HOAGLAND, H.; MITCHELL, R. T. William John Crozier, 1983-1955. *American Journal of Psychology*, v. 69, n. 1, p. 135-138, 1956.

JENKINS, W. O.; MCFANN, H.; CLAYTON, F. L. A Methodological Study of Extinction Following a Periodic and Continuous Reinforcement. *Journal of Comparative and Physiological Psychology*, v. 43, n. 3, p. 155-167, 1950.

KELLER, F. S. *At My Own Pace*: The Autobiography of Fred S. Keller. New York: Sloan Publishing, 2009.

KELLER, F. S. Psychology at Harvard (1926-1931): A Reminiscence. In: DEWS, P. B. (Ed.). *Festschrift for B. F. Skinner*. New York: Appleton, Century, Crofts, 1970.

KELLER, F. S.; SCHOENFELD, W. N. The Psychology Curriculum at Columbia College. *American Psychologist*, v. 4, n. 2, p. 165-172, 1949.

KELLER, F. S.; SCHOENFELD, W. N. *Principles of Psychology*: A Systematic Textin Thescience of Behavior. New York: Appleton-Century-Crofts, 1950.

KELLEHER, R. T.; MORSE, W. H. The Yerkes Connection. *Journal of the Experimental Analysis of Behavior*, n. 48, p. 456-457, 1987.

HERNSTEIN, R. J. Reminiscences Already? *Journal of the Experimental Analysis of Behavior*, v. 48, p. 448-453, 1987.

KONORSKI, J.; MILLER, S. On Two Types of Conditioned Reflex. *Journal of General Psychology*, v. 16, p. 264-272, 1937.

KRANTZ, D. L. Schools and Systems: The Mutual Isolation of Operant and Non-Operant Psychology as a Case Study. *Journal of the History of the Behavioral Sciences*, n. 8, p. 86-102, 1972.

KRANTZ, D. L. The separate worlds of operant and non-operant psychology. *Journal of Applied Behavioral Analysis*, v. 4, p. 61-70, 1971.

KRECH, D. Editorial. *Purposive behavior in animals and men*. New York: The Century, 1967.

KRECHEVSKY, I. The Behavior of Organisms by B. F. Skinner. *Journal of Abnormal and Social Psychology*, n. 34, p. 404-407, 1939.

KREVELEN, A. V. Undergraduate Psychology Curriculum. *American Psychologist*, n. 10, p. 647, 1955.

KUHN, T. S. *A estrutura das revoluções científicas*. São Paulo: Broch, 2006.

KUHN, T. S. *O caminho desde A Estrutura*. São Paulo: Unesp, 2006.

LATIES, V. G. Society for the Experimental Analysis of Behavior: The First 30 Years (1958-1987). *Journal of the Experimental Analysis of Behavior*, n. 48, p. 495-512, 1987.

LATIES, V. G. The Journal of the Experimental Analysis of Behavior at Fifty. *Journal of the Experimental Analysis of Behavior*, n. 89, p. 95-109, 2008.

LATIES, V. G. Society for the Experimental Analysis of Behavior: the first 30 years (1958-1987). *Journal of the Experimental Analysis of Behavior*, n. 48, p. 495-512, 1987.

LATOU, B.; WOOLGAR, S. *A vida de laboratório*: a produção dos fatos científicos. Rio de Janeiro: Relume-Dumará, 1997.

LEAHEY, T. H. The Mythical Revolutions of American Psychology. *American Psychologist*, v. 47, n. 2, p. 308-318, 1992.

LINDSLEY, O. L. Collecting the First Dollars for JEAB. *Journal of the Experimental Analysis of Behavior*, n. 48, p. 469-471, 1987.

MARX, M. H.; HENDERSON, R. L.; ROBERTS, C. L. Positive Reinforcement of the Bar Pressing Response by a Light Stimulus Following Dark Operant Pretests with No After Effect. *Journal of Comparative and Physiological Psychology*, v. 48, n. 2, p. 73-76, 1955.

MARX, M. H; HILLIX, W. A. *Systems and Theories in Psychology*. New York: McGraw-Hill, 1976.

MATOS, M. A. Contingências para a análise comportamental no Brasil. *Psicologia: Teoria e Pesquisa*, v. 12, n. 2, p. 107-111, 1996.

MEADOWS, A. J. *A comunicação científica*. Brasília: Briquet de Lemos, 1999.

MENZEL, H. Scientific Communication: Five Themes from Social Science Research. *American Psychologist*, v. 21, n. 11, p. 999-1004, 1966.

MEZAN, R. O Tronco e os ramos: Estudos de história da psicanálise. São Paulo: Companhia das Letras, 2014.

MICHAEL, J. A Brief Overview of the History of Western Michigan University's behavioral programs. *Journal of Applied Behavior Analysis*, v. 26, n. 4, p. 587-588, 1993.

MICHAEL, J. Flight from Behavior Analysis. *The Behavior Analyst*, n. 3, p. 1-22, 1979.

MICHAEL, J. Fred S. Keller (1899-1996): Introduction. *The Behavior Analyst*, v. 19, n. 1, p. 2-5, 1996.

MORRIS, E. K. et al. Some Reflections on 25 Years of the Association for Behavior Analysis: past, present, and future. *The Behavior Analyst*, v. 24, n. 2, p. 125-146, 2001.

MOURA, M. L. S. Dentro e fora da caixa preta: a mente sob um olhar evolucionista. *Psicologia: Teoria e Pesquisa*, v. 21, n. 2, p. 141-147, 2005.

MOXLEY, R. A. Sources for Skinner's Pragmatic Selectionism in 1945. *The Behavior Analyst*, n. 24, p. 201-212, 2001.

MOXLEY, R. A. The Modern/Posmodern Context of Skinner's Selectionist Turn in 1945. *Behavior and Philosophy*, n. 29, p. 121-153, 2001.

O'DONNELL, J. M. The Crisis of Experimentalism in the 1920s: E. G. Boring and his Uses of History. *American Psychologist*, n. 34, p. 289-295, 1979.

O'DONNELL, J. M. *The origins of Behaviorism*: American Psychology, 1870-1920. New York: New York University Press, 1985.

OLIVEIRA, B. J.; CONDÉ, M. L. Thomas Kuhn e a historiografia da ciência: ensaio. *Pesquisa em Educação em Ciências*, v. 4, n. 2, p. 1-11, 2002.

OSTERHOUT, W. J. V. Jacques Loeb. *The Journal of General Phisiology*, v. 8, 1928, p. ix-xcii.

OVERSKEID, G. Looking for Skinner and Finding Freud. *American Psychologist*, v. 62, n. 6, p. 590-595, 2007.

PAULINO, L. R. P. *Análise do Comportamento enquanto uma ciência normal*: possibilidade e considerações. Londrina, 2012. Dissertação (Mestrado em Filosofia), Departamento de Filosofia, Universidade Estadual de Londrina.

PETERSON, M. E. The Midwestern Association on Behavior Analysis: past, present, future. *The Behavior Analyst*, n. 1, p. 3-15, 1978.

PETERSON, M. E. A Reply to Dinsmoor. *The Behavior Analyst*, n. 2, p. 25, 1979.

PICKREN, W.; RUTHERFORD. A. *A History of Modern Psychology in Context*. New York: Wiley, 2010.

PRESSEY, S. L. The Place and Functions of Psychology in Undergraduate Programs. *American Psychologist*, v. 4, n. 5, p. 148-150, 1949.

QUINE, W. V. O. *The Time of My Life*: An Autobiography. Cambridge, MA: Bradford Books, 1985.

REED, D. D. Determining How, When, and Whether you Should Publish Outside the Box: Sober Advice for Early Career Behavior Analysts. *The Behavior Analyst*, v. 37, p. 83-86, 2014.

RODRIGUES, M. E. *Behaviorismo radical*: mitos e discordâncias. Cascavel, PR: Edunioeste, 2002.

ROSS, S. The Undergraduate Course in Experimental Psychology. *American Psychologist*, v. 5, n. 5, p. 160-161, 1950.

ROSS, S. Undergraduate Training of Some Psychologists. *American Psychologist*, v. 12, n. 6, p. 336-337, 1957.

ROUDINESCO, E. Sigmund Freud na sua época e em nosso tempo. Rio de Janeiro: Zahar, 2016.

RUBIN, H. B.; CUVO, A. J. The Behavior Analysis and Therapy Program at Southern Illinois University at Carbondale. *Journal of Applied Behavior Analysis*, v. 26, n. 4, p. 583-586, 1993.

RUCCI, A. J.; TWENEY, R. D. Analysis of Variance and the "Second Discipline" of Scientific Psychology. *Psychological Bulletin*, n. 87, p. 166-184, 1980.

RUTHERFORD, A. A "Visible Scientist": B. F. Skinner Writes for the Popular Press. *The European Journal of Behavior Analysis*, n. 5, p. 109-120, 2004.

RUTHERFORD, A. *Beyond the box*: B. F. Skinner's Technology of Behavior from Laboratory to life, 1950-1970s. Toronto: University of Toronto Press, 2009.

RUTHERFORD, A. Radical Behaviorism and Psychology's Public: B. F. Skinner in the Popular Press, 1934-1990. *History of Psychology*, n. 3, p. 371-395, 2000.

RUTHERFORD, A. B. F. Skinner's Technology of Behavior in American life: From Consumer Culture to Counter Culture. *Journal of History of the Behavioral Sciences*, n. 39, p. 1-23, 2003.

SAMELSON, F. Organizing for the Kingdom of Behavior: Academic Battles and Organizational Policies in the Twenties. *Journal of the History of the Behavioral Sciences*, v. 21, n. 1, p. 33-47, 1985.

SCHLIMM, D. Learning from the Existence of Models: On Psychic Machines, Tortoises, and Computer Simulations. *Synthese*, v. 169, n. 3, p. 521-538, 2009.

SCHLINGER, H. D. Publishing Outside the Box: Unforeseen Dividends of Talking to Strangers. *The Behavior Analyst*, v. 37, p. 77-81, 2014.

SCHOENFELD, W. N. Reminiscences, You Say? *Journal of the Experimental Analysis of Behavior*, v. 48, n. 3, p. 464-468, 1987.

SCHOENFELD, W. N. *Religion and Human Behavior*. Boston: Authors Cooperative, 1993.

SHAPIN, S.; SCHAFFER, S. *Leviathan and the Air-Pump*: Hobbes, Boyle and the Experimental Life. Princenton: Princenton University Press, 1985.

SHORTLAND, M.; YEO, M. *Telling Lives in Science*: Essays on Scientific Biography. Cambridge, UK: Cambridge University Press, 1996.

SIDMAN, M. Fred S. Keller: A Generalized Conditioned Reinforcer. *The Behavior Analyst*, v. 29, n. 2, p. 235-242, 2006.

SIDMAN, M. Fred S. Keller: Rememberings. *Journal of the Experimental Analysis of Behavior*, v. 66, n. 1, p. 1-6, 1966.

SIDMAN, M. *Tactics of Scientific Research*: Evaluating Experimental Data in Psychology. New York: Basic Books, 1960.

SÉRIO, M. T. A. P. *Um caso na história do método científico*: do reflexo ao operante. São Paulo, 1990. Tese (Doutorado em Psicologia), Pontifícia Universidade Católica de São Paulo.

SKINNER, B. F. A Case History in Scientific Method. *American Psychologist*, v. 11, n. 5, p. 221-233, 1956.

SKINNER, B. F. *A Matter of Consequences*. New York: University Press, 1984.

SKINNER, B. F. Antecedents. *Journal of the Experimental Analysis of Behavior*, v. 48, n. 4, p. 447-493, 1987.

SKINNER, B. F. A Quantitative Estimate of Certain Types of Sound--Patterning in Poetry. *American Journal of Psychology*, n. 54, p. 64-79, 1941.

SKINNER, B. F. *Beyond Freedom and Dignity*. New York: Alfred A. Knopf, 1971.

SKINNER, B. F. B. F. Skinner, an Autobiography. In: DEWS, P. B. (Ed.). *Festschrift for B. F. Skinner*. New York: Appleton-Century Crofts, 1970. p. 1-21.

SKINNER, B. F. *Ciência e comportamento humano*. São Paulo: Martins Fontes, 1978.

SKINNER, B. F. Has Gertrude Stein a Secret? *Atlantic Monthly*, n. 153, p. 50-57, 1934.

SKINNER, B. F. *Particulars of my Life*: Part One of an Autobiography. New York: University Press, 1984.

SKINNER, B. F. Preface to The Behavior of Organisms. *Journal of The Experimental Analysis of Behavior*, n. 2, p. 355-358, 1988.

SKINNER, B. F. *Science and Human Behavior*. New York: Macmillan, 1953.

SKINNER, B. F. The Alliteration in Shakespeare's Sonnets: A Study in Literary Behavior. *Psychological Record*, n. 3, p. 86-92, 1939.

SKINNER, B. F. The Concept of the Reflex in the Description of Behavior. *Journal of General Psychology*, n. 5, p. 427-458, 1931.

SKINNER, B. F. The Operational Analysis of Psychological Terms. *Psychological Review*, v. 52, p. 270-277, 1945.

SKINNER, B. F. *The Shaping of Behaviorist*: Part Two of an Autobiography. New York: Alfred A. Knopf, 1979.

SKINNER, B. F. Two Types of Conditioned Reflex: A Reply to Konorski and Miller. *Journal of General Psychology*, v. 14, p. 279-295, 1937.

SKINNER, B. F. *Verbal Behavior*. New York: Appleton-Century-Crofts, 1957.

SKINNER, B. F. *Walden Two*. New York: MacMillan, 1948.

SMITH, N. G.; MORRIS, E. K. A tribute to B. F. Skinner at 100: His Awards and Honors. *European Journal of Behavior Analysis*, v. 5, p. 121-128, 2004.

SODERQVIST, T. No genre of history fell under more odium than that of biography: the delicate relations between scientific biography and the historiography of science. In SODERQVIST, T. (Ed.), *The history and poetics of scientific biography* (pp. 241-262). Aldershot, HAM: Ashgate., 2006.

SPENCE, K. Editorial. In: HULL, C. L. *Principles of Behavior*: An Introduction to Behavior Theory. New York: Appleton-Century-Crofts, 1943.

TERRALL, M. Biography as cultural history of science. *Isis*, v. 97, p. 306-313, 2006

TODOV, J. Goodbye Teacher, Good Bye Old Friend. *Journal of the Experimental Analysis of Behavior*, v. 66, n. 1, p. 7-9, 1996.

TODOROV, J. Uma revisão de revisões por ocasião dos 70 anos de "O comportamento dos organismos", de B. F. Skinner. *Revista Brasileira de Análise do Comportamento*, v. 4, n. 1, p. 1-7, 2008.

TOURINHO, E. Z. Estudos conceituais na análise do comportamento. *Temas em Psicologia da SBP*, v. 7, n.3, p.213-222, 1999.

TRIPLET, R. G. Harvard Psychology, the Psychological Clinic, and Henry A. Murray: A Case Study in the Establishment of Disciplinary Boundaries. In: ELLIOT, C. A.; ROSSITER, M. W. (Org.). *Science at Harvard University*: historical Perspectives. Massachusetts: Lehigh University Press, 1992. p. 223-250.

ULMAN, J. D. The Ulman-Skinner Letters. *European Journal of Behavior Analysis*, v. 15, p. 11-19, 2014.

WENDT, R. The Development of a Psychological Cult. *American Psychologist*, v. 4, p. 426-429, 1949.

WYATT, W. J.; HAWKINS, R. P.; DAVIS, P. Behaviorism: Are Reports of its Death Exaggerated? *Behavior Analyst*, n. 9, p. 101-105, 1986.

WIENER, D. N. *B. F. Skinner*: Benign Anarchist. Needham Heights, 1996.

WINSTON, A. S.; BLAIS, D. J. What Counts as an Experiment? A Transdisciplinary Analysis of Textbooks, 1930-1970. *American Journal of Psychology*, n. 109, p. 599-616, 1996.

WIXTED, J. Jeab and the Skinnerian Interpretation of Behavior. *Journal of the Experimental Analysis of Behavior*, v. 89, n. 1, p. 137-139, 2008.

WOLF, E. The Behavior of Organisms by B. F. Skinner. *Pedagogical Seminary and Journal of Genetic Psychology*, n. 54, p. 475-479, 1939.

WOLF, M. M. Remembrances of Issues Past: Celebrating JABA's 25th anniversary. *Journal of Applied Behavior Analysis*, v. 26, p. 543-544, 1993.

WOLFLE, D. L. The Sensible Organization of Courses in Psychology. American Psychologist, v.2, n. 10, p.437-445, 1947.

WOODWARD, W. R. Skinner and Behaviorism as Cultural Icons: From Local Knowledge to Reader Reception. In: SMITH, L. D.; WOODWARD, W. R. (Org.). *Skinner and Behaviorism in american culture*. Bethlehem: Lehigh University Press, 1996. p. 7-34.

Correspondências e demais documentos de arquivo

AKISHIGE, Y. Carta para B. F. Skinner. 10 de junho de 1961. Arquivo B. F. Skinner da Universidade de Harvard.

BENJAMIN JR., L. T. Carta para B. F. Skinner. 26 de julho de 1977. Arquivo B. F. Skinner da Universidade de Harvard.

BERGMAN, L. Carta para Skinner. 27 de maio de 1968. Arquivo B. F. Skinner da Universidade de Harvard.

BEYER JR., K. H. Carta para B. F. Skinner. 15 de dezembro de 1959. Arquivo B. F. Skinner da Universidade de Harvard.

BONEAU, C. A. Carta para B. F. Skinner. 11 de abril de 1975. Arquivo B. F. Skinner da Universidade de Harvard.

BORING, E. G.' Notas de avaliação da tese de doutoramento de B. F. Skinner. Arquivo B. F. Skinner da Universidade de Harvard.

BRAYFIELD, A. H. Carta para B. F. Skinner. 17 de abril de 1967. Arquivo B. F. Skinner da Universidade de Harvard.

BRAYFIELD, A. H. Carta para B. F. Skinner. 12 de abril de 1968. Arquivo B. F. Skinner da Universidade de Harvard

BUGELSKI, R. Carta para B. F. Skinner. 12 de maio de 1937. Arquivo B. F. Skinner da Universidade de Harvard.

BUSH, R. R. Carta para B. F. Skinner. 6 de janeiro de 1969. Arquivo B. F. Skinner da Universidade de Harvard.

CHU, D. Carta para B. F. Skinner. 16 de dezembro de 1969. Arquivo B. F. Skinner da Universidade de Harvard.

CROZIER, W. Carta para Skinner. 4 de junho de 1931. Arquivo B. F. Skinner da Universidade de Harvard.

DAVERPORT, R. W. Carta para B. F. Skinner. 10 de outubro de 1947. Arquivo B. F. Skinner da Universidade de Harvard.

DIRETOR DE HARVARD [nome ilegível]. Carta para B. F. Skinner. 25 de março de 1935. Arquivo B. F. Skinner da Universidade de Harvard.

DUHANE, G. Carta para B. F. Skinner. 3 de outubro de 1958. Arquivo B. F. Skinner da Universidade de Harvard.

FERNBERG, S. W. Carta para B. F. Skinner. 11 de abril de 1938. Arquivo B. F. Skinner da Universidade de Harvard.

FERRIN, D. H. Carta para B. F. Skinner. 18 de janeiro de 1938. Arquivo B. F. Skinner da Universidade de Harvard.

FERRIN, D. H. Carta para B. F. Skinner. 17 de outubro de 1947. Arquivo B. F. Skinner da Universidade de Harvard.

GENTRY, R. E. Carta para B. F. Skinner. 27 de janeiro de 1967. Arquivo B. F. Skinner da Universidade de Harvard.

GREENE, J. E. Carta para B. F. Skinner. 18 de janeiro de 1965. Arquivo B. F. Skinner da Universidade de Harvard.

HANTS, H. D. Carta para B. F. Skinner. 17 de março de 1949. Arquivo B. F. Skinner da Universidade de Harvard.

HARRISON, R. C. Carta para B. F. Skinner. 25 de fevereiro de 1974. Arquivo B. F. Skinner da Universidade de Harvard.

HILLS, H. Carta para B. F. Skinner. 17 de janeiro de 1949. Arquivo B. F. Skinner da Universidade de Harvard.

HOWTZ, R. E. P. Carta para B. F. Skinner. 28 de novembro de 1934. Arquivo B. F. Skinner da Universidade de Harvard.

HULL, C. L. Carta para B. F. Skinner. 8 de janeiro de 1934. Arquivo B. F. Skinner da Universidade de Harvard.

HULL, C. L. Carta para B. F. Skinner. 4 de abril de 1934. Arquivo B. F. Skinner da Universidade de Harvard.

HULL, C. L. Carta para B. F. Skinner. 11 de dezembro de 1934. Arquivo B. F. Skinner da Universidade de Harvard.

HULL, C. L. Carta para B. F. Skinner. 14 de dezembro de 1934. Arquivo B. F. Skinner da Universidade de Harvard.

HULL, C. L. Carta para B. F. Skinner. 29 de novembro de 1935. Arquivo B. F. Skinner da Universidade de Harvard.

HULL, C. L. Carta para B. F. Skinner. 8 de janeiro de 1936. Arquivo B. F. Skinner da Universidade de Harvard.

HUNTER, W. S. Carta para B. F. Skinner. 28 de julho de 1930. Arquivo B. F. Skinner da Universidade de Harvard.

HUNTER, W. S. Carta para B. F. Skinner. 26 de junho de 1932. Arquivo B. F. Skinner da Universidade de Harvard.

HURVICH, D. J. Carta para B. F. Skinner. 11 de outubro de 1974. Arquivo B. F. Skinner da Universidade de Harvard.

JOHN, S. Memorial Fellowship Application Form. Arquivo B. F. Skinner da Universidade de Harvard.

KAPLAN, M. Carta para B. F. Skinner. 7 de setembro de 1966. Arquivo B. F. Skinner da Universidade de Harvard.

KELLER, F. S. Carta para B. F. Skinner. 2 de novembro de 1974. Arquivo B. F. Skinner da Universidade de Harvard.

KELLER, F. S. Carta para B. F. Skinner. 11 de agosto de 1979. Arquivo B. F. Skinner da Universidade de Harvard.

KELLY, E. L. Carta para B. F. Skinner. 22 de julho de 1958. Arquivo B. F. Skinner da Universidade de Harvard.

KRAYER, O. Carta para B. F. Skinner. 2 de maio de 1958. Arquivo B. F. Skinner da Universidade de Harvard.

KRANTZ, D. Carta para B. F. Skinner. 21 de junho de 1966. Arquivo B. F. Skinner da Universidade de Harvard.

LEET, L. T. Carta para B. F. Skinner. 18 de maio de 1933. Arquivo B. F. Skinner da Universidade de Harvard.

LINDZEY, G. Carta para B. F. Skinner. 10 de julho de 1967. Arquivo B. F. Skinner da Universidade de Harvard.

LITTLE, K. B. Carta para B. F. Skinner. 23 de junho de 1969. Arquivo B. F. Skinner da Universidade de Harvard.

LITTLE, K. B. Carta para B. F. Skinner. 13 de abril de 1973. Arquivo B. F. Skinner da Universidade de Harvard.

MCCONNELL, T. R. Carta para B. F. Skinner. 28 de abril de 1942. Arquivo B. F. Skinner da Universidade de Harvard.

MCCONNELL, T. R. Carta para B. F. Skinner. 31 de março de 1944. Arquivo B. F. Skinner da Universidade de Harvard.

MCCULLON, T. L. Carta para B. F. Skinner. 15 de outubro de 1937. Arquivo B. F. Skinner da Universidade de Harvard.

MILLER, G. A. Carta para B. E. Boothe, B. F. Skinner, G. F. Bennett, R. E. s.d. Arquivo B. F. Skinner da Universidade de Harvard.

MITRANO, A. J. Carta para B. F. Skinner. 25 de abril de 1935. Arquivo B. F. Skinner da Universidade de Harvard.

MITRANO, A. J. Carta para B. F. Skinner. 3 de março de 1936. Arquivo B. F. Skinner da Universidade de Harvard.

NEWMAN, E. B. Carta do Diretor do Departamento de Psicologia para B. F. Skinner. 29 de setembro de 1971. Arquivo B. F. Skinner da Universidade de Harvard.

RICE, B. Carta para B. F. Skinner. s/d. Arquivo B. F. Skinner da Universidade de Harvard.

RUSSEL, R. W. Carta para B. F. Skinner. 9 de abril de 1959. Arquivo B. F. Skinner da Universidade de Harvard.

SCARR, S. Carta para B. F. Skinner. 2 de dezembro de 1976. Arquivo B. F. Skinner da Universidade de Harvard.

SCARR, S. Carta para B. F. Skinner. 27 de maio de 1977. Arquivo B. F. Skinner da Universidade de Harvard.

SKINNER, B.F. Lista de orientandos. Setembro de 1978. Arquivo B.F. Skinner da Universidade de Harvard.

SKINNER, B. F. Carta para A. Bentley. 1947. Arquivo B. F. Skinner da Universidade de Harvard.

SKINNER, B. F. Carta para Arden Miller. 16 de junho de 1964. Arquivo B. F. Skinner da Universidade de Harvard.

SKINNER, B. F. Carta para Aron W. Siegman. 17 de janeiro de 1973. Arquivo B. F. Skinner da Universidade de Harvard.

SKINNER, B. F. Carta para Arthur H. Brayfield (diretor executivo da APA). 16 de dezembro de 1963. Arquivo B. F. Skinner da Universidade de Harvard.

SKINNER, B. F. Carta para Arthur H. Brayfield. 18 de abril de 1968. Arquivo B. F. Skinner da Universidade de Harvard.

SKINNER, B. F. Carta para Arthur H. Brayfield. 24 de abril de 1967. Arquivo B. F. Skinner da Universidade de Harvard.

SKINNER, B. F. Carta para B. E. Boothe. 30 de outubro de 1967. Arquivo B. F. Skinner da Universidade de Harvard.

SKINNER, B. F. Carta para o Comitê de Premiação Científica da APA. s/d. Arquivo B. F. Skinner da Universidade de Harvard.

SKINNER, B. F. Carta para David Krantz. 30 de junho de 1966. Arquivo B. F. Skinner da Universidade de Harvard.

SKINNER, B. F. Carta para David Krantz. 28 de novembro de 1967. Arquivo B. F. Skinner da Universidade de Harvard.

SKINNER, B. F. Carta para Dorothy. 6 de junho de 1969. Arquivo B. F. Skinner da Universidade de Harvard.

SKINNER, B. F. Carta para E. C. Tolman. 1º de abril de 1933. Arquivo B. F. Skinner da Universidade de Harvard.

SKINNER, B. F. Carta para o Editor da *New York Times Magazine*. 18 de abril de 1968. Arquivo B. F. Skinner da Universidade de Harvard.

SKINNER, B. F. Carta para Franklin Ford. 23 de maio de 1968. Arquivo B. F. Skinner da Universidade de Harvard.

SKINNER, B. F. Carta para Fred S. Keller. 17 de outubro de 1947. Arquivo B. F. Skinner da Universidade de Harvard.

SKINNER, B. F. Carta para Fred S. Keller. 8 de fevereiro de 1962. Arquivo B. F. Skinner da Universidade de Harvard.

SKINNER, B. F. Carta para Gardner Lindzey. 12 de julho de 1967. Arquivo B. F. Skinner da Universidade de Harvard.

SKINNER, B. F. Carta para Graham Duhane. 17 de outubro de 1958. Arquivo B. F. Skinner da Universidade de Harvard.

SKINNER, B. F. Carta para Harold D. Hants. 30 de março de 1949. Arquivo B. F. Skinner da Universidade de Harvard.

SKINNER, B. F. Carta para Harry Hurwitz. 5 de junho de 1969. Arquivo B. F. Skinner da Universidade de Harvard.

SKINNER, B. F. Carta para Henry E. Garrett. 7 de dezembro de 1940. Arquivo B. F. Skinner da Universidade de Harvard.

SKINNER, B. F. Carta para James F. Mathias. 29 de setembro de 1949. Arquivo B. F. Skinner da Universidade de Harvard.

SKINNER, B. F. Carta para Jay E. Greene. 22 de julho de 1965. Arquivo B. F. Skinner da Universidade de Harvard.

SKINNER, B. F. Carta para John T. Dunlop. 20 de maio de 1970. Arquivo B. F. Skinner da Universidade de Harvard.

SKINNER, B. F. Carta para J. R. Kantor. 5 de novembro de 1944. Arquivo B. F. Skinner da Universidade de Harvard.

SKINNER, B. F. Carta para Karl H. Beyer Jr. 7 de julho de 1959. Arquivo B. F. Skinner da Universidade de Harvard.

SKINNER, B. F. Carta para Kenneth B. Little. 18 de abril de 1973. Arquivo B. F. Skinner da Universidade de Harvard.

SKINNER, B. F. Carta para Krayer. 5 de maio de 1958. Arquivo B. F. Skinner da Universidade de Harvard.

SKINNER, B. F. Carta para Lewis Bergman, Editor. 29 de abril de 1968. Arquivo B. F. Skinner da Universidade de Harvard.

SKINNER, B. F. Carta para Lewis Bergman. 16 de maio de 1968. Arquivo B. F. Skinner da Universidade de Harvard.

SKINNER, B. F. Carta para Lewis Bergman. 3 de dezembro de 1969. Arquivo B. F. Skinner da Universidade de Harvard.

SKINNER, B. F. Carta para L. T. Leet. 22 de maio de 1933. Arquivo B. F. Skinner da Universidade de Harvard.

SKINNER, B. F. Carta para Marc Richelle. 8 de outubro de 1969. Arquivo B. F. Skinner da Universidade de Harvard.

SKINNER, B. F. Carta para Maria Therezinha de Lima Monteiro. 21 de novembro de 1969. Arquivo B. F. Skinner da Universidade de Harvard.

SKINNER, B. F. Carta para Maria Therezinha de Lima Monteiro. 4 de dezembro de 1969. Arquivo B. F. Skinner da Universidade de Harvard.

SKINNER, B. F. Carta para Nathan M. Pusey. 1º de maio de 1963. Arquivo B. F. Skinner da Universidade de Harvard.

SKINNER, B. F. Carta para Ogden Lindsley. 5 de agosto de 1963. Arquivo B. F. Skinner da Universidade de Harvard.

SKINNER, B. F. Carta para Ralph Gunter. 26 de outubro de 1949. Arquivo B. F. Skinner da Universidade de Harvard.

SKINNER, B. F. Carta para Ralph Gunter. 29 de dezembro de 1949. Arquivo B. F. Skinner da Universidade de Harvard.

SKINNER, B. F. Carta para Robert C. Harrison. 27 de fevereiro de 1974. Arquivo B. F. Skinner da Universidade de Harvard.

SKINNER, B. F. Carta para Robert Shepard. 28 de janeiro de 1972 (Northeastern University). Arquivo B. F. Skinner da Universidade de Harvard.

SKINNER, B. F. Carta para Sandra Scarr. 9 de dezembro de 1976. Arquivo B. F. Skinner da Universidade de Harvard.

SKINNER, B. F. Carta para Sandra Scarr. 6 de junho de 1977. Arquivo B. F. Skinner da Universidade de Harvard.

SKINNER, B. F. Carta para Theodore H. Balu. 21 de março de 1977. Arquivo B. F. Skinner da Universidade de Harvard.

SKINNER, B. F. Memorando a um membro do Departamento de Psicologia. Inverno de 1955. Arquivo B. F. Skinner da Universidade de Harvard.

SKINNER, B. F. Notas da Primeira Conferência de Análise Experimental do Comportamento (CEAB), n. 1, 9 de outubro de 1947.

SKINNER, B. F. Notas da Conferência de Análise Experimental do Comportamento (CEAB), n. 2, 29 de dezembro de 1947. Arquivo B. F. Skinner da Universidade de Harvard.

SKINNER, B. F. Notas da Conferência de Análise Experimental do Comportamento (CEAB), n. 3, 2 de abril de 1948. Arquivo B. F. Skinner da Universidade de Harvard.

SKINNER, B. F. Notas da Conferência de Análise Experimental do Comportamento (CEAB), n. 4, 5 de abril de 1948. Arquivo B. F. Skinner da Universidade de Harvard.

SKINNER, B. F. Notas da Conferência de Análise Experimental do Comportamento (CEAB), n. 5, 9 de abril de 1948. Arquivo B. F. Skinner da Universidade de Harvard.

SKINNER, B. F. Notas da Conferência de Análise Experimental do Comportamento (CEAB), n. 6, 5 de maio de 1940. Arquivo B. F. Skinner da Universidade de Harvard.

SKINNER, B. F. Notas da Conferência de Análise Experimental do Comportamento (CEAB), n. 7, 13 de maio de 1948. Arquivo B. F. Skinner da Universidade de Harvard.

SKINNER, B. F. Notas da Conferência de Análise Experimental do Comportamento (CEAB), n. 8, 13 de maio de 1948. Arquivo B. F. Skinner da Universidade de Harvard.

SKINNER, B. F. Notas da Conferência de Análise Experimental do Comportamento (CEAB), n. 9, 13 de maio de 1948. Arquivo B. F. Skinner da Universidade de Harvard.

SKINNER, B. F. Notas da Conferência de Análise Experimental do Comportamento (CEAB), n. 10, 27 de maio de 1948. Arquivo B. F. Skinner da Universidade de Harvard.

SKINNER, B. F. Notas da Conferência de Análise Experimental do Comportamento (CEAB), n. 11, 9 de julho de 1948. Arquivo B. F. Skinner da Universidade de Harvard.

SKINNER, B. F. Notas da Conferência de Análise Experimental do Comportamento (CEAB), n. 12, 1º de fevereiro de 1949. Arquivo B. F. Skinner da Universidade de Harvard.

SKINNER, B. F. Notas da Conferência de Análise Experimental do Comportamento (CEAB), n. 13, 8 de fevereiro de 1949. Arquivo B. F. Skinner da Universidade de Harvard.

SKINNER, B. F. Notas da Conferência de Análise Experimental do Comportamento (CEAB), n. 14, 18 de março de 1949. Arquivo B. F. Skinner da Universidade de Harvard.

SKINNER, B. F. Notas da Conferência de Análise Experimental do Comportamento (CEAB), n. 15, 12 de abril de 1949. Arquivo B. F. Skinner da Universidade de Harvard.

SKINNER, B. F. Notas da Conferência de Análise Experimental do Comportamento (CEAB), n. 19, 29 de agosto de 1949. Arquivo B. F. Skinner da Universidade de Harvard.

SKINNER, B. F. Notas da Conferência de Análise Experimental do Comportamento (CEAB), n. 20, 27 de fevereiro de 1950. Arquivo B. F. Skinner da Universidade de Harvard.

SKINNER, B. F. Notas da Conferência de Análise Experimental do Comportamento (CEAB), n. 21, 5 de abril de 1950. Arquivo B. F. Skinner da Universidade de Harvard.

SKINNER, B. F. Notas da Conferência de Análise Experimental do Comportamento (CEAB), n. 22, 26 de abril de 1951. Arquivo B. F. Skinner da Universidade de Harvard.

STEPHENSON, W. H. Carta para B. F. Skinner. 9 de outubro de 1941. Arquivo B. F. Skinner da Universidade de Harvard.

STEVENS, S. S. Carta para B. F. Skinner. 24 de abril de 1942. Arquivo B. F. Skinner da Universidade de Harvard.

TOLMAN, E. C. Carta para B. F. Skinner. 16 de novembro de 1931. Arquivo B. F. Skinner da Universidade de Harvard.

TOLMAN, E. C. Carta para Skinner. 9 de fevereiro de 1936. Arquivo B. F. Skinner da Universidade de Harvard.

TOLMAN, E. C. Carta para B. F. Skinner. 15 de setembro de 1937. Arquivo B. F. Skinner da Universidade de Harvard.

TOLMAN, E. C. Carta para Dana H. Ferrin. 26 de outubro de 1938. Arquivo B. F. Skinner da Universidade de Harvard.

TOLMAN, E. C. Carta para B. F. Skinner. 14 de novembro de 1938. Arquivo B. F. Skinner da Universidade de Harvard.

TOLMAN, E. C. Carta para B. F. Skinner. 23 de fevereiro de 1946. Arquivo B. F. Skinner da Universidade de Harvard.

TOLMAN, E. C. Draft: NIH: proposal. s/d. Arquivo B. F. Skinner da Universidade de Harvard.

TOLMAN, E. C.; KELLER, F. S. Gravação de áudio. s/d. Arquivo B. F. Skinner da Universidade de Harvard.

WELLS, H. B. Carta para B. F. Skinner. 19 de dezembro de 1944. Arquivo B. F. Skinner da Universidade de Harvard.

WOLFE, D. L. Carta para B. F. Skinner. 28 de dezembro de 1940. Arquivo B. F. Skinner da Universidade de Harvard.

Conheça também do mesmo autor

Bloqueio da escrita acadêmica – Caminhos para escrever com conforto e sentido

ISBN: 9786586140118

Formato: 14x21

Edição: 2020

A partir da leitura detalhada da obra de Robert Boice possivelmente, o único psicólogo a dedicar toda a carreira ao estudo do bloqueio da escrita, Robson Cruz aborda os desafios psicológicos da escrita acadêmica e os possíveis caminhos para uma escrita fluente e confortável de monografias, dissertações, teses e demais textos acadêmicos. Sem desprezar o caráter psicossocial de um fenômeno tão coletivo, mas vivenciado de forma tão individual, como é o bloqueio da escrita acadêmica, Robson Cruz vai além de simplesmente apresentar o trabalho de outro autor. Seu esforço é também o de situar a questão no cenário nacional, evidenciando que mesmo os redutos críticos das ciências humanas e sociais não estão imunes de reproduzirem formas elitistas e nefastas de controle social sobre a mais importante das habilidades acadêmicas. Escrito em linguagem acessível para estudantes e docentes de todas as áreas do conhecimento, algo raro na psicologia, este é um daqueles livros que gostaríamos de ter lido há muito tempo.

Este livro foi composto com tipografia Bembo
e impresso em papel Pólen Natural 80g.